성공하는 FC는 보험금을 판다

펴낸날 2014년 9월 15일
2쇄 펴낸날 2014년 10월 7일

지은이 김승환·정영조
펴낸이 주계수　|　**편집책임** 윤정현　|　**꾸민이** 윤정현, 전은정

펴낸곳 밥북　|　**출판등록** 제 2014-000085 호
주소 서울시 마포구 월드컵북로 1길 30 동보빌딩 301호
전화 02-6925-0370　|　**팩스** 02-6925-0380
홈페이지 www.bobbook.co.kr　|　**이메일** book@bobbook.co.kr

ⓒ 김승환·장영조, 2014.
ISBN ISBN 979-11-85913-08-7　　13320

※ 이 도서의 국립중앙도서관 출판시도서목록(CIP)은 e-CIP 홈페이지(http://www.nl.go.kr/cip)에서 이용하실 수 있습니다. (CIP 2014026195)

※ 이 책은 저작권법에 따라 보호받는 저작물이므로 무단전재와 복제를 금합니다.
※ 책값은 표지 뒷면에 표기되어 있습니다.

▶▶▶▶ 보험회사가 말하지 않는
2차 보험금의 비밀과 종신보험의 새로운 개념

성공하는 FC는
보험금을 판다

고객 권리를 찾는 2차 보험금으로 보험영업의 패러다임을 바꾼다
100세 시대, 종신보험의 새로운 가치로 보험시장의 한계를 넘는다

프롤로그

보험업에 처음 진출하였을 때를 생각해 보라. 어느 누가 좋은 직장에 취업했다고, 아니면 가치 있는 일을 선택했다고 말한 사람이 있던가?

아마도 거의 없을 것이다. 이처럼 보험업에 대한 인식은 시선이 그리 좋지만은 않다. 그래도 과거보다는 훨씬 개선되는 상황이긴 하다. 지인에게 찾아가면 괜히 부탁하는 것 같고, 지인도 그냥 하나 들어주며 도와준다는 생각을 하기도 한다.

과연 실상도 그런 것일까?

지금 이 글을 읽고 있는 FC들은 그렇지 않다는 것을 아실 것이다. 생명보험, 손해보험을 최소 3년 이상 제대로 하셨다면 절대로 그렇지 않음은 물론 오히려 가치 있는 일을 한다는 자긍심과 보람을 느낄 것이다. 물론 고객들에게도 선생님이나 은인으로 여겨지는 분도 많을 것이다.

그러면 과연 '을'의 처지가 아니라 당당하게 동등한 위치에서 FC 일을 하는 방법은 없을까? 고객에게 어떤 서비스를 하면 보험 설계사에 대한 선입견을 바꿀 수 있을까? 하는 질문에 대한 해답을 찾고자 2차 보험금에 대해 깊숙이 공부하기 시작하였다.

저자의 12년, 17년 보험 경력을 바탕으로 실전에서 보험 가입자들의 보험금 청구를 해오면서 보험 FC들이 몰라서 제대로 보험금을 수령하지 못하는 사례가 너무 많음을 알게 되었다. 특히 2차 보험금에 대해서는 전문적인 보상전문 FC의 역할이 크게 필요함을 인식하게 되었다.

보험사에 청구했는데, 지급 사유가 되지 않는다고 한 푼도 받지 못했거나 이런저런 이유로 원래 보험금의 20%밖에 받지 못했는데, 보상전문 FC를 통해 수백에서 수천만 원의 보험금을 받는다면, 그 고객은 그러한 FC를 어떻게 생각할까?

이제 더 이상 '을'이 아니다. 이제부터는 '갑'의 입장에서 당당하게 말할 수 있다.

과거의 Sales Process는 이제 더 이상 현실에서 적용하기 쉽지 않으며 마켓 발굴 측면에서도 한계점에 다다른 상황이다. Prospecting(가망고객 발굴)은 보험업에서 가장 중요하면서도 FC들의 영원한 숙제이다. 그런데 실전에서는 소개 요청이 그리 만만치 않은 실정이다.

그러나 몰라서 청구하지 못했던 보험금을 받아 준다든지, 청구했는데 받지 못했거나 일부만 받았던 보험금을 제대로 받게 해 준다면 과연 고객은 어떻게 할까? 그런 고객은 가장 소중한 언니, 누나, 어머니, 형 등등 가까운 가족을 가장 먼저 상담해 달라고 부탁을 한다.

이는 저자의 파트너 FC들이 실제 경험하고 있는 상황이다. 15년, 23년 되신 FC들께서도 가끔 문자를 주신다. "지점장님, 너무 감사합니다. 저에게 이런 큰 선물을 주셔서…", "지점장님, 잠이 오질 않아요. 빨리 사람 만나서 신 나게 일하고 싶어요…", "지점장님, 저도 이제 MDRT 할 수 있을 거 같아요." 등등.

2차 보험금 영업전략은 다른 FC들보다 차별화된 경쟁력을 가지고 새로운 Concept를 통해 고객관리 및 신규 마켓을 발굴하고 소개를 받을 수 있는 보험 영업의 새로운 블루오션이다.

최근 경기 침체 및 보험업의 경쟁이 치열해짐에 따라 보험업에 활동하는 FC의 수입 감소와 비전 상실로 보험업 전반에 걸쳐 역성장이 지속되는 실정이다.

보상전문 FC만이 미래의 보험 시장에서 경쟁력을 가진 보험 전문가로서 살아남을 수 있다고 확신한다. 이는 보험의 진정한 가치를 전달하는 보험업 본연의 자세이자 보험 영업을 하는 FC들이 Long-Run 할 수 있는 대안 임을 직시하기 바란다.

이 책을 통해 학습하는 시발점이 되어 실력 있는 보상전문 FC로 거듭 태어나기를 바란다.

김승환·정영조

프롤로그 4

1장 보험시장 기회를 넓혀라

01 급변하는 보험시장, 변화를 살펴라 12
02 Prospecting(가망고객 발굴), 맛집에서 찾아라 21
03 2차 보험금의 비밀과 고객 발굴

    1. 보험의 가치를 알게 하는 2차 보험금 27 | 2. 간단한 사례로 보는 2차 보험금 29

사례 따라잡기 1 여성들이 싫어하는 네버엔딩 스토리   48

2장 보험회사가 말하지 않는 2차 보험금

01 질병   54

    1. 뇌졸중 진단금 54 | 2. 뇌경색 진단금 59 | 3. 뇌출혈 진단금 60 | 4. 치매 61 | 5. 신생물이란? 63 | 6. 뇌종양 65 | 7. 갑상선암 66 | 8. 직장유암종 68 | 9. 대장점막내암 69 | 10. 흉복부장기와 비뇨생식기 장해 69 | 11. 급성심근경색 72

사례 따라잡기 2 자유를 찾아온 새터민의 갑상선암   74

02 재해와 상해   78

    1. 기왕증과 상해기여도 79 | 2. 추상장해 81 | 3. 척추 82 | 4. 추간판탈출증(디스크) 84 | 5. 십자인대 파열 86 |

6. 척추압박골절 87 | 7. 관절 치환 89 | 8. 자살 보험금의 진실 91

사례 따라잡기 3 서울시 공무원의 허리 93

3장 종신보험의 새로운 가치

01 종신보험의 가치, '가족사랑'의 종말 96

   1. 환갑잔치하던 시대의 가치 '가족 사랑' 96 | 2. 생로지병사에서 찾는 종신보험의 가치 101

02 인간의 존엄한 삶을 지키는 종신보험 110

03 종신보험이 존엄성을 지키는 구체적 사례 122

   1. 15~40대 122 | 2. 40~50대 131 | 3. 60대 이후 137 |
4. 종신이냐, 연금이냐가 삶의 질 갈라 140

사례 따라잡기 4 설렁탕 한 그릇 값 2,300만 원 144

4장 종신보험 가치 따라잡기

01 100세 시대가 가져다준 세 가지 과제 148

   1. 헬스케어 150 | 2. 암 158 | 3. 치매 171

02 보장의 가치를 빛내는 가족력과 유전력 181

   1. 가족력과 유전병의 이해 185 | 2. 암의 유전력과 가족력

196 | 3. 직업성 암 206

사례 따라잡기 5　초딩 짝꿍에게 받은 선물　　210

5장 유능한 FC의 체크 포인트

1. 고지위반–해지·무효·취소　　216
2. 통지의무　　231
3. 청구권 소멸 시효　　235
4. 부담보　　238
5. 납입면제　　241
6. 실효안내　　243
7. 암　　245
8. 심혈관질환　　248
9. 선천성기형　　252
10. 재해 상해/사망　　254
11. 자살　　259

사례 따라잡기 6　아이들은 아직 몰라요?　　263

에필로그　　269

 '공소연' 보험스쿨 소개

'공소연' 보험스쿨 소개　　276

1장

보험시장 기회를 넓혀라

01 급변하는 보험시장, 변화를 살펴라

우리나라 보험시장은 포화상태일까?
보험업에 종사하는 사람이라면 누구나 한번은 생각해본 물음이다.

보험영업에 처음 도전해 보려는 보험시장 입문자든 10년, 20년 보험시장에서 활동하고 있는 경력자든, 지속해서 변화하는 보험시장의 성장 가능성은 초미의 관심사일 수밖에 없다. 어떤 사람은 포화상태로 느낄 수도 있고 또 다른 어떤 사람은 무한한 기회의 장으로 생각할 수도 있다.

여러분의 생각은 어떠한가? 기회가 있다, 없다. 어디에 동의하는가?

보험시장을 바라보는 시각이 매우 주관적일 수밖에 없기 때문에 객관적인 자료인 보험개발원의 통계 자료를 살펴보고자 한다.

보험개발원이 2013년 2월 22일 발표한 우리나라 국민의 생명보험 가입 현황을 보면 2011년 말 생명보험 가입률은 61.5%이고 월 240,833원의 보험료를 납부하며 연간으로는 289만 원을 생명보험에 투자하고 있다. 또한, 2014년 보험개발원에서 발표한 생명보험 및 손해장기보험 가입자는 2012년 기준 5,004만 명 중 86.1%이다.

이 보험 가입률을 자세히 들여다보면 나이별로 보험 가입률에 차이가 보인다.

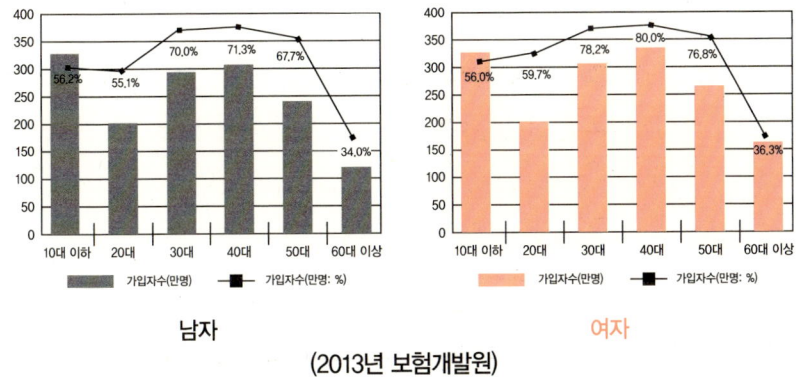

(2013년 보험개발원)

　인간의 생애에서 가장 활발하게 경제활동을 하는 시기인 30~40대 생명보험 가입률은 71.3%에서 그 후 하락하여 60대 이후에는 34%로 급감한다.

　자, 이제 다시 질문하겠다.
　당신에게 생명보험 시장은 기회가 있다고 생각하는가? 없다고 생각하는가? 아니면 기회를 만들 수 있다고 생각하는가?
　시장을 바라보는 시각의 차이 때문에 기회가 없다고 볼 수도 있고, 기회가 있다고 볼 수도 있다. 결론부터 말하자면 앞으로도 보험시장의 기회는 무궁무진하다고 확신한다. 보험시장이 앞으로도 성장 가능하다고 판단하는 근거는 많다. 그중 중요한 몇 가지 근거를 살펴보자.

　첫 번째 아직은 보험 가입률이 100%가 아니라는 점이다.
　특히 생명보험 가입률은 61.5%밖에 되지 않는다. 특히 61.5% 가입자 중 50대 이후에는 가입률이 떨어져 50대 이후 생명보험 가입자가 늘어날 수 있는 여지가 크다. 왜냐하면, 우리나라 국민의 평균수명이 계속 늘고 있고 앞으로도 더욱 늘어나 초고령 사회가 되기 때문이다.

오래 살면서 노후생활을 하는 동안에 의식주만 해결하면 되는 게 아니다. 사회생활을 비롯하여 질병의 치료, 노후 여가활동 등 젊어서 필요했던 것이 나이가 들어서도 여전히 필요하다. 젊었을 때보다 더 많은 게 필요할 수도 있다.

오래 살아서 삶에 더욱 필요성이 대두하는 것도 있다. 보험의 보장기능이 바로 그중 하나다. 오래 사는 만큼 오랜 시간 동안 위험에 노출되므로 이로부터 보호받을 수 있는 보험은 필수적이다.

그런 위험 중 하나가 육체의 물리적 퇴행이다. 장수하는 만큼 육체를 오랜 기간 사용했기 때문에 육체의 노화와 퇴행은 불가피하고, 이는 사회의 커다란 이슈가 될 것이다.

'자동차 10년 타기 운동본부'가 있듯이 우리 몸 100년 쓰기 운동본부가 생길지도 모른다. 자동차를 10년 탈 때 요소요소 정비하고 타듯이 우리 몸도 100년을 쓰려면 정비가 필요하다. 그런데 차 정비 시 들어가는 비용보다 인간의 몸을 정비하는데 들어가는 비용은 훨씬 더 비싸다.

이 비용을 사람들은 어떻게 준비할 것인가?

가장 현명한 방법의 하나가 보험이다. 그래서 우리에게 기회가 있다. 곳곳에서 이 기회들을 엿볼 수 있는 시그널이 있다. 그중 하나가 장수에 대비한 보험사의 상품 출시이다.

이제 100세 보장 만기는 당연하고 두 번 받는 암보험, 수술과 입원만 따로 드는 보험, 치매보험, 장기 유병 생활에 대비한 간병보험 등 오래 살기 때문에 더욱더 필요한 보험이 시장에 하나하나씩 등장하고 있고, 이는 우리에게 기회가 된다. 즉, 50대 인구 중 보험 가입률은 30%이다. 보험에 가입하지 않은 나머지 70%의 인구는 우리에게 엄청난 큰 시장을 제공할 것이다.

두 번째 종신보험의 새로운 가치 변화에 있다.

보험을 바라보는 시각(고객이 보험의 보장에 대해서 느끼는 가치)이 달라지고 있다.

1990년대 P 생명에서 종신보험을 판매할 때 내건 슬로건이 '가족 사랑'이었다. "이 세상에 가장이 없어도 자녀를 유학 보내는 가장의 약속", "이 세상에 가장이 없어도 결혼을 시킨다는 가장의 약속". 즉, 가장의 조기 사망에 따른 남아있는 가족의 위험을 보장해 주는 가족 사랑이 종신보험의 커다란 가치였다.

그런데 2014년 현재는 가족 사랑의 약속을 지켜야 하는 그때의 가장들이 너무 많이 살아있다. 가족 사랑의 약속을 지키기 위해서 죽어야 하나?

보험의 기본 가치 중 하나는 보장이다. 보장이란 보험금을 받을 수 있는 권리이다. 보험 가입자라면 보험금을 쉽게 받을 수 있어야 한다.

너무 오래 살아서 사망보험금을 받을 확률이 떨어진다면 이제 종신보험의 가치는 변화해야 한다. 왜 변화해야 할까?

백일잔치나 환갑잔치에 초대되어 가본 일이 있는가? 필자가 처음 보험업계에 투신한 1997년 즈음에는 백일잔치나 환갑잔치가 보편적이던 시대였다. 특히 환갑잔치는 한 인간의 61번째 생일을 축하하는 자리이다. 그 속뜻은 직장에서 은퇴도 했고, 오래 살았으니 죽기 전에 가까운 일가친척을 초대하여 건강할 때 서로 얼굴 보고 인사하며 축하해주는 의미이다. 직설적으로 표현하면 오래 살았고 언제 죽을지 모르니 얼굴이나 한번 보자는 의미이다.

1976년에 통계청에서 발표한 당시 생명표를 보면 그 당시 기준으로 1971년 태어난 남자는 58.99세 여자는 66.07세까지 살 것으로 예측했다. 남녀 평균 기대 여명이 62.33세라면 환갑잔치를 할 만하지 않은가?

통계청 1997년 생명표상 출생연도별 기대여명

연도	전체	남자	여자	차이(여-남)
1971	62.33	58.99	66.07	7.09
1973	63.09	59.61	67.03	7.42
1975	63.82	60.19	67.91	7.72
1977	64.51	60.75	68.74	7.99
1979	65.17	61.28	69.51	8.24
1981	66.19	62.28	70.54	8.26
1983	67.14	63.21	71.47	8.25
1985	68.44	64.45	72.82	8.37
1987	69.76	65.78	74.04	8.26
1989	70.82	66.84	75.08	8.25
1991	71.72	67.74	75.92	8.18
1993	72.81	68.76	76.80	8.04
1995	73.53	69.57	77.41	7.84
1997	74.39	70.56	78.12	7.56

그러나 2013년 통계청에서 발표한 2012년 생명표를 보면 1973년 출생자는 40세이다. 현재 40세인 남녀의 남아있는 기대여명은 남자가 앞으로 39.2세(79.2세), 여자 45.5세(85.5세)이다. 1973년생들은 태어날 때 예상보다 남자는 20년, 여자는 18.2년을 더 사는 것이다.

1973년생이 태어날 때 그들의 부모들은 일찍 사망할 확률이 높았기 때문에 사망 시 남아있는 가족에 대한 보장이 큰 관심사였다. 하지만 2014년 지금은 많은 가장이 80세를 넘어서 100세 시대를 살고 있다.

이렇게 오래 사는데 이 세상에 없어도 약속을 지킨다는 가장의 약속! 이제는 변해야 한다. 여기에 우리의 기회가 있다. 종신보험의 새로운 가치를 전달할 수 있기 때문이다. 이 새로운 종신보험의 가치는 인간의 최소한의 존엄에 관한 보장이다.

이 책에서 전달하고 싶은 가장 중요한 내용이다.

통계청 2014년 생명표상 출생연도별 기대여명

연령	남 자					여 자				
	2002	2011	2012	증 감		2002	2011	2012	증 감	
				'12-'02	'12-'11				'12-'02	'12-'11
0세	73.4	77.6	77.9	4.6	0.3	80.5	84.5	84.6	4.2	0.2
1세	72.8	76.9	77.2	4.4	0.3	79.9	83.7	83.9	4.0	0.2
5세	69.0	73.0	73.3	4.3	0.3	76.0	79.7	79.9	3.9	0.2
10세	64.0	68.0	68.3	4.3	0.3	71.0	74.8	75.0	3.9	0.2
15세	59.1	63.1	63.4	4.2	0.3	66.1	69.8	70.0	3.9	0.2
20세	54.2	58.2	58.4	4.2	0.3	61.2	64.9	65.1	3.9	0.2
25세	49.4	53.3	53.6	4.2	0.3	56.3	60.0	60.1	3.9	0.2
30세	44.6	48.5	48.8	4.1	0.2	51.4	55.1	55.2	3.8	0.1
35세	39.9	43.7	44.0	4.1	0.2	46.5	50.2	50.4	3.9	0.1
40세	35.2	39.0	39.2	4.0	0.2	41.7	45.4	45.5	3.8	0.1
45세	30.7	34.3	34.5	3.8	0.2	36.9	40.6	40.7	3.8	0.1
50세	26.5	29.9	30.1	3.6	0.2	32.2	35.8	35.9	3.7	0.1
55세	22.4	25.6	25.7	3.4	0.2	27.6	31.1	31.2	3.6	0.1
60세	18.5	21.4	21.5	3.1	0.1	23.1	26.5	26.6	3.5	0.1
65세	14.9	17.4	17.5	2.7	0.1	18.7	21.9	22.0	3.3	0.0
70세	11.6	13.7	13.8	2.1	0.1	14.7	17.6	17.6	2.9	0.0
75세	8.9	10.4	10.5	1.6	0.0	11.1	13.5	13.5	2.5	0.0
80세	6.6	7.6	7.7	1.1	0.0	8.1	9.9	9.9	1.9	-0.0
85세	4.9	5.5	5.5	0.6	0.1	5.8	7.1	7.1	1.2	-0.0
90세	3.7	4.0	4.0	0.3	0.0	4.2	5.0	5.0	0.7	-0.0
95세	2.8	2.9	3.0	0.1	0.0	3.2	3.6	3.5	0.3	-0.0
100세	2.3	2.3	2.3	0.1	0.0	2.5	2.7	2.6	0.1	-0.0

세 번째 고령화 사회가 기회이다.

우리나라의 초고령 사회 진입이 기회이다. 우리나라는 이제 누구도 겪어보지 못한 고령화 사회를 넘어 초고령 사회를 향해 가고 있다. 국민이나 정부, 사회 전반에 걸쳐 처음 겪는 현상이다 보니 준비가 너무나 부족하다.

보험시장도 같은 현상이다.

이전에 종신보험 상품을 구입했던 주된 세대인 베이비붐 세대가 앞으로 너무 오래 살게 된다. 그들이 가진 종신보험을 비롯한 대다수 보유 보험의 주요 보장이 70세, 80세 만기의 주계약과 특약으로 이루어져 있다. 80세 이후 100세의 삶을 바라보고 있는 지금, 보장은 70, 80세에 단절된다. 보장으로부터 단절되는 그 순간이 인생에 있어서 가장 보장이 필요한 시점이다.

한국보건산업진흥원 2013년 발표 자료에 의하면 우리나라 국민은 생애에 남자는 1억 177만 원, 여자는 1억 2,332만 원의 의료비를 쓰는데 그 중에서 65세 이후에 50%가량을 지출하며 특히 사망 직전 3년에 전체 의료비의 30%를 집중하여 지출한다.

인생의 계획을 70, 80세에 맞추어 세웠는데, 이제 삶은 80세를 훌쩍 넘어가니 위험이 도사릴 수밖에 없다. 그래서 우리나라 국민은 초고령 사회에 대비하여 다시금 보험계획을 세워야 한다. 보장성과 더불어 연금 계획에도 수정과 재설계가 불가피하다.

요즘 보험사마다 100세 고령화 시대를 준비하는 상품들을 판매하기 시작했다. 많은 보험사가 주계약이 100세인 상품이 주류이고, 두 번 받는 암보험, 수술비와 입원비만 주는 보험, 치매보험 등 우리에게 신 나게 영업할 기회가 오고 있다.

네 번째는 정보의 비대칭성 파괴가 곧 기회이다.

보험약관을 읽어 보았나? 너무 어렵고 이해할 수 없는 말로 가득하다. 아마 보험을 판매하는 설계사들도 100% 이해하지 못할 것이다. 이렇게 어려운 용어로 쓰여 있는 내용 때문에 고객은 자신의 보험 사고로부터 응당히 보장받아야 할 보상을 청구하지 못해서 받지 못하는 보험금이 상당하다. 또한, 보험사 측이 자신에게 유리한 약관 해석으로 고객에게 주지 않은 보험금도 상당하다. 이것은 정보 접근성의 비대칭 때문에 일어났고 이것을 해소하기 위해서는 보험계약자 편에 서서 정보를 제공해주는 일이 필요하다.

이 일을 해주는 전문가들은 보험전문 변호사, 손해사정사, 보상전문 FC들이다. 특히 보험사 측에서 일했던 손해사정사들이 보험계약자 측에서 보험금 청구를 도와주며, 변호사들도 보험전문 변호사로서 전문영역을 구축해가고 있다. 하지만 보상전문가로서 FC는 절대적으로 부족한 상태이다. 이제는 보험의 전문가인 FC가 정보의 비대칭을 파괴하며 활동할 수 있는 최적의 시기이다.

보상전문 FC는 고객이 몰라서 청구하지 못했던 보험금이나 보상 내용을 정확히 알 수 없어서 부족하게 받았던 보험금을 받을 수 있는 정보를 제공할 수 있다.

보험 본연의 기능인 보상을 받고자 보험에 가입한다는 명제 아래 FC들도 단순히 보장 니드에 맞추어 설계했던 형태에서 이제는 보험금을 받기 쉬운 형태로 보험을 설계할 필요가 있다.

예를 들면 하루 종일 사무실에서 일하는 사람과 영업, 배송, 건설현장 근무자가 있다고 할 때, 둘 중 추간판탈출증이 될 확률이 누가 더 높을까? 고혈압의 가족력이 있는 사람과 없는 사람의 질병 담보는 어떻게 설계해야 할까? 보험금을 최대한 많이 받을 수 있는 정보가 고객에게 주어진다면 FC는 틀림없이 보험금을 받기 유리하도록 보장설계를 할 것이다.

앞으로는 보장의 니드보다는 보상의 니드가 우선되고 보상 니드에 맞추어 보험을 설계할 줄 아는 보상전문 FC에게 기회가 있다. 특히 보상전문 FC는 같은 FC와 경쟁하는 것이 아니라 손해사정사나 보험전문 변호사와 경쟁하게 될 것이고 손해사정사나 변호사는 보험의 본질을 모르기 때문에 보상전문 FC가 더욱 경쟁력이 생기게 된다. 그 기회를 놓치지 않으려면 보험금 보상에 관한 지식을 배워야 한다.

앞에서 논의한 네 가지 논제 이상으로 준비된 사람이라면 보험시장은 레드 오션이 아니라 블루 오션이 될 수 있다.

인간은 신이 아니기 때문에 자기 마음대로 할 수 없는 일들이 100% 발생하기 마련이다. 태어나는 것도, 아픈 것도, 다치는 것도, 오래 사는 것도, 죽는 것도, 자신 마음대로 할 수 없으므로 늘 불안한 존재이다. 그래서 과거나 현재, 미래에도 늘 불안정성을 해결하는 방법의 하나로 보험이 필요했고 필요하다.

02 Prospecting(가망고객 발굴), 맛집에서 찾아라

보험시장 안에서는 어떤 형태로 든 경쟁이 존재한다. P사가 우리나라에 종신보험을 처음 판매한 초창기에는 그들만의 블루 오션이었다. 차후 종신상품의 판매회사가 늘어나면서 경쟁은 치열해졌다. 즉, 경쟁은 늘 있어 왔고, 앞으로도 있을 것이다.

경쟁에서 살아남고 보험시장에서 성공의 열매를 거두려면 어떻게 해야 할까? 여러분은 어떻게 해야 하나?

나 역시도 늘 이 문제로 고민했다. 보험사에서 FC, 매니저, 지점장으로 17년을 일하며 끊임없이 고민했던 것은 한가지였다. 다름 아닌 Prospecting(가망고객 발굴)이다. 즉, 만날 사람이었다.

보험업계에서 일해 본 경험 있는 분들은 누구나 공감할 것이다. 보험시장에 진입하는 FC 중에 1년 이상 근무한 설계사의 정착률이 있다. 바로 보험설계사의 근속확률이다. 보험업계의 일반적인 정착률 평균치는 100명이 연초에 입사하면 연말까지 남아있는 사람은 20여 명 정도이다. 그리고 3년 뒤에는 10여 명 정도가 남는다. 5년 정도 지나면 1명 이하이다. 10년 이상 종사한 보험설계사는 희귀종이라고 보면 된다.

10년 이상 보험 업계에서 몸담은 사람도 가장 큰 고민이 만날 사람, 즉 가망고객을 찾는 일이다. 그만두는 사람 10명 중 9명의 이직 원인은 만날 사람이 없다는 고민을 해결하지 못해서다. 보험의 가치와 영업의 부가가치가 큰 것에 대해서는 동감하여 어떻게든 고객을 만들기 위해 갖은 수단과 방법을 써가면서 버티고 노력하지만, 그 문제가 해결되지 않아서 결국 그만두고 만다.

　이론적으로 고객을 만나 상담하고 소개를 받으면 된다는 Sales Process에 대해서는 수도 없이 들었을 것이다. 그런데 그것이 배운 대로 된다면 무슨 고민이 있겠는가? 물론 기본인 것은 맞다. 그러나 현실의 영업 현장에서는 그게 그렇게 되지 않는다는 게 문제이다.

　Prospecting(가망고객 발굴), 이것이 저자가 17년간 늘 고민했고 이 책을 쓰게 된 이유이다.

　어떻게 하면 소개를 잘 받을 것인가? Prospecting(가망고객 발굴)을 잘할 것인가? 이것에 대한 고민!

　그래서 보험업계에 처음 발을 들여놓는 후배들에게 10년 이상 성공적으로 일하고 있는 선배들의 공통된 충고가 3W이다. 3W는 일주일에 3건 보험계약을 하는 것을 말한다.

　'3W = 성공'이라는 등식이 자연스러운 경험담이고, 이것을 위해 하루 3명의 고객을 만나는 것이 이 일에서 성공하기 위한 불문율이다. 많은 보험사가 전쟁터에서 받은 훈장처럼 3W 50주, 100주, 200주, 300주 등을 홍보하고 격려한다. 그래서 3W 영업이 힘들지만 가치가 있는 것이다. 만날 사람만 있다면 FC로서의 일은 이 세상에서 가장 재미있고 부가가치가 큰 일일 것이다.

　만날 사람이 많고 청약할 고객이 많다면 FC 본인의 소득이 증대되는 것은 물론이고, 회사에서 인정받고 가족에겐 능력 있는 가장이며, 거기에 고객들에게도 인생의 친구로서 고맙다는 말을 들어가면서, 정말 즐겁고 행복한 삶을 살 수 있다.

가망고객이 많아서 업계에 잘 정착한 MDRT업적 이상의 FC들은 Self Management가 되므로 출퇴근에 대한 간섭도 없고 스케줄도 스스로 정하여 활동하면서 본인의 취미생활이나 종교 활동, 그 밖의 관심분야 활동도 자유롭게 할 수 있다. 특히 자녀를 돌보며 일을 해야 하는 여성인 경우 엄마로서 자녀를 위해 시간을 안배할 수 있는 장점이 있다. 고정된 시간에 얽매이지 않고 Money Free, Time Free를 영위할 수 있는 job이 바로 FC이다.

이러한 FC job을 지속하기 위해서는 지속적인 Prospecting(가망고객 발굴)이 이루어져야 한다.

미국 생명보험 마케팅연구협회인 LIMRA(Life Insurance Marketing and Research Association)에서도 지속해서 연구했던 Prospecting(가망고객 발굴)을 잘할 수 있는 방법 중 하나가 소개요청이다. 그래서 끊임없이 보험회사의 매니저나 지점장들이 소개받아 오라고 하는 것이다. 소개받은 고객에게서 계약이 나올 확률은 3 대 1로 높기 때문에, 성공하는 조건인 3W를 하는데 반드시 소개를 받는 게 필요하다.

여러분이 소개받고 Prospecting(가망고객 발굴)을 하여 AP(Approach) 약속을 할 수 있는 확률을 보자.

연고 혹은 영향력 있는 인물	2 대 1
소개(Referral)	3 대 1
서신(DM) 중 회신한 고객	4 대 1
서신(DM) 중 회신 없는 고객	10 대 1
불특정 다수에 대한 방문이나 전화	15 대 1

위에서 알 수 있듯 가장 강력한 방법은 FC 자신의 연고 또는 지인의 소개이고, 그다음이 FC 자신의 기계약자로부터의 소개이다. 그래서 계약 확률이 높은 소개를 받기 위해 다양한 방법을 사용하고 있고, 본인의 인맥, 환경, 성향, 성격에 맞는 활동을 하고 있다.

Prospecting(가망고객 발굴)을 위해 FC들은 다양한 자기 자신만의 방법을 가지고 있다. 특히 보험시장에서 나름의 성공을 거두며 정착한 FC들의 특징은 본인들만의 성공률 높은 Prospecting(가망고객 발굴) 방법을 가지고 있다는 점이다.

FC들의 방법들을 살펴보면, 먼저 기본에 충실하고 성실히 기계약자를 관리하는 형태이다. 이 방법은 고객의 명단이 확보될 때까지 지속적인 영업활동과 처음 영업 시작부터 고객과 잦은 전화통화, 그리고 방문을 통한 얼굴도장 찍기 등이다. 이는 작은 것부터 세심하게 고객과 인간적인 친분과 신뢰를 쌓아가야 하므로 시간이 필요하다. 성실함과 시간을 기다릴 수 있는 인내가 필요하다.

보험사마다 그만둔 FC들의 고객도 회사의 중요한 자산이다.

보험회사들이 보유한 기계약의 유지율은 건강한 회사의 바로미터이다. 고객관리를 받지 못한 고객(고아계약)은 실효 및 해약 확률이 높으므로 각 보험회사는 이들 고객의 관리를 위하여 여러 가지 제도를 가지고 있고 이를 고아계약 관리라고 한다(회사마다 불리는 관리 시스템 이름은 다르다). 연차가 된 FC 중에는 회사가 지속해서 제공하는 고아계약 명단이 훌륭한 Prospecting(가망고객 발굴) 방법이 되고 있다.

우리는 모두 중학교, 고등학교, 대학 등 동창회나 다수의 모임에 나가고 있다. 이곳은 학연 및 혈연 등을 기본으로 한 친목뿐만 아니라 여러 방면에서 값어치가 있는 많은 정보가 오고 간다. 이런 모임들이 활성화되려면 연락을 하고 회비를 걷고 모임공지를 하는 총무의 활동이 중요한 일 중 하나이다. 이 총무들이 하는 일 중에 연락과 조율이 주요한 일이고, 그 일을 잘하려면 모임 전체 인원과 원활한 소통이 있어야 하므로 잦은 통화와 만남이 자연스럽다. 이런 모임의 총무 일도 Prospecting(가망고객 발굴)의 좋은 방법이다.

CEO 과정에 고액 학비를 투자하여 Prospecting(가망고객 발굴)을 하는 FC, 인터넷 등에서 가공하여 만든 DB를 돈 주고 사는 FC, 아예 DB 제공을 약속받고 다니던 회사 자체를 이동하는 FC, 성폭력 예방 교육 등 각종 회사나 모임 등과 연계해서 세미나 영업을 통한 명단 확보로 가망고객 발굴을 하는 FC 등, 다양한 방법으로 Prospecting(가망고객 발굴)을 위해 열심히 뛰어다니고 있다.

위에서 열거한 것보다 더 다양한 방법으로 Prospecting(가망고객 발굴)을 하기도 하는데 여러 방법 중에 공통점이 있다. 이들의 공통점은 열심히 prospecting(가망고객발굴) 하면서 결국 '보험 가입할 사람 소개해 줘.', '주변 사람 좀 소개해 줘.'라는 말을 하는 것이다. 그래서 FC는 주변 사람에게 수동적 자세의 Prospecting(가망고객 발굴) 활동에서 벗어나 FC 본인의 적극성이 담보되어야 Prospecting(가망고객 발굴)이 효과를 발휘하여 계약이라는 결과로 나타난다.

유명한 맛집은 처음 온 손님이 먹어보고 맛있어서 다시 찾고 입소문을 내 탄생하듯이, 보험 영업에서도 고객이 고객을 무한 연쇄 소개해주는 핵폭발 소개를 만드는 방법은 과연 없을까? 있을까?

맛집의 음식은 다른 식당보다 월등한 맛의 경쟁력을 가지고 있어서 어딜 가도 그 집의 고유한 맛을 볼 수 없으니 그 맛집을 다시 찾는다. 즉, 같은 메뉴라도 그 맛을 다른 어느 식당에서 맛볼 수 없다면 그 고유한 맛의 맛집은 손님으로 문전성시를 이룰 것이다.

FC도 이런 상황을 만들면 된다. 보험업계에서 오랜 시간 동안 높은 업적을 꾸준히 달성하는 FC들의 공통점은 바로 그들만의 뭔가가 있다는 것이다. 그것이 지식이든, 정성이든, 성실이든, 다른 FC들과 비교 우위에 있는 특기가 있다.

그래서 이 책을 읽고 있는 FC들도 고객에게 자신만이 잘해줄 수 있는 무엇인가가 있다면 맛집처럼 영업의 선순환을 만들 수 있지 않을까? FC가 을의 처지에서 부탁하듯 소개해 달라고 하지 않아도 고객이 고마워서 오히려 상담을 의뢰하며 부탁하게 된다면 어떨까?

이 책에서 이야기하고자 하는 주제가 바로 이것이다.

03 2차 보험금의 비밀과 고객 발굴

1. 보험의 가치를 알게 하는 2차 보험금

어버이날에 여러분은 부모님께 무엇을 해드리나요?

오랜만에 찾아뵙고 카네이션만 달아드렸습니까? 카네이션과 함께 하얀 봉투도 드렸습니까? 부모님이 카네이션만을 기다리실까요? 아니면 봉투도 같이 기다릴까요? 부모님은 무엇을 더 좋아하실까요?

부모님은 카네이션과 함께 봉투도 받으실 자격이 있다. 기대를 했든, 기대를 하지 않았든 선물을 받는다는 것은 행복하고 즐거운 일이다. 고객도 마찬가지이다. 한 가지 말해두자면 FC가 고객에게 3만 원 이상의 현금이나 물품의 선물은 보험업법 위반이다.

고객도 열심히 보험료를 납입했으니 FC가 합법적이고 정당한 방법으로 돈을 준다면 좋아하지 않을까? 법을 어기지 않고 정당한 방법으로 백만 원, 천만 원, 일억 이상을 준다면 고객은 행복하고 즐거운 감정을 넘어서 FC에게 진심으로 감사한 마음이 들 것이다.

어려운 상황이거나, 위험하거나, 낯선 곳에서 받았던 친절한 행동에 대한 감사의 마음은 누구나 살면서 한 번쯤 느껴본 감정이다. 고객이 보험금을 받는다는 것은 크든 작든 간에 어려운 상황에 놓여 있을 가능성이 높다. 이 상황에서 고객이 보험금과 FC가 열심히 도와주는 진심의 마음을 선물로 받는다면, 우리는 고객에게 소개해 달라, 가입해달라, 이야기하지 않아도 소개해주고, 필요한 부분을 추가 가입해 줄 것이다. 내 경험에 의하면 이렇게 선물과 같은 보험금을 받은 고객이 제일 먼저 자신의 가족을 소개해 준다.

누군가에게 가족을 소개해 준다는 것은 동양 사회에서 어떤 의미일까?

우리는 중요한 사람이나 감사의 마음을 전해야 하는 사람을 집으로 식사 초대하는 사회이다. 그러므로 가족을 소개해 준다는 것은 아주 영향력 있는 소개를 해주는 것이다. 고객이 몰라서 받지 못하는 보험금이든, 보험사의 의도든 실수이든 간에 받지 못한 보험금을 받아주면 된다.

그러한 보험금이 얼마나 될까?

대답은 '아주 매우 많다'이다.

4년 전 일요일 아침, 조기 축구회에서 운동하다 사고가 났는데 후유장해 진단으로 보험금을 받을 수 있다는 사실조차 몰랐고, 보험회사나 자신의 담당 FC도 알려주지 않았던 보험금을 저자가 설명한 대로 해서 전혀 생각하지도 않았던 보험금 2,300만 원을 받은 분이 있다.

이런 일이 있다면 고객 입장에서는 복권 당첨된 기분이라며 매우 좋아한다. 그다음에 고객이 하는 일은 이야기하지 않아도 가족인 형제, 자매를 먼저 소개해 준다. 또한, 당연히 본인의 보장에 대해 추가로 Up Grade도 한다. 고객은 돈을 받는 순간 막연하게 생각하고 들어두었던 보험의 진정한 가치를 느끼게 되기 때문이다.

최고의 맛집도 먹어봐야 그 맛에 놀라고 흥분하고 소문낼 거 아닌가?

바로 그 순간이다. 그래서 소개가 나온다. 그래서 맛있는 건 자식과 부모님 먼저 주듯이 가족을 제일 먼저 소개해 준다.

과거에 많은 보험 가입자가 보험에 대한 불신으로 보험을 중도 해지하고 보험업을 하는 설계사들을 하찮게 여기기도 했다. 이는 고객으로서 가입할 때와 실제 보험금을 받을 상황이 되었을 때 말이 달라서 생긴 불신의 결과이다. FC가 보상에 대한 전문 지식을 공부하여 고객의 권리를 찾아준다면 고객의 보험 만족도는 상승할 것이며, 보험업에 종사하는 FC들에 대한 인식도 바뀔 것이고, 보험에 대한 인식 또한 더욱 긍정적으로 변모할 것이다.

2. 간단한 사례로 보는 2차 보험금

보험금을 찾아주는 서비스를 해주기 위해서는 찾아줄 수 있는 보험금은 무엇이 있는지부터 알아야 한다.

이 책에서는 고객에게 찾아주는 보험금을 두 가지로 나눈다.

1차 보험금이라는 것은 간단한 수술비, 입원비와 실비 보험을 간단히 청구하여서 받는 보험금을 말한다. 1차 보험금은 복잡하지 않고 고객도 상식적으로 청구 가능한 보험금 종류이다.

예들 들면 감기로 동네 내과에 갔다 온 경우, 편도선 수술하고 4일 입원한 경우처럼 부담 없이 청구하고 보험사도 부담 없이 보험금을 지급해 주는 보험금이다.

두 번째인 2차 보험금이 우리가 집중해야 하고 관심을 두고 공부 해야 하는 보험금이다. 암에 관련된 보험금, 후유장해에 관한 보험금, 자살에 관한 사망보험금, 실효나 해지, 해약된 계약의 보험금 등 복잡한 내용이 있는 보험금이다.

이렇게 내용을 알고 있어야 청구할 수 있는 보험금이므로 이 책을 읽고 있는 분들의 보험금 지급에 대한 지식이 어느 정도인지 테스트 해 보겠다.

독자분 각자가 보험금 청구 가능한 케이스와 이유를 생각해보고 보험금 청구가 불가능하다면 왜 불가능한지 맞혀보길 바란다.

사례 1 생명보험 가입 후 13개월이 경과한 날, 과음 후 집에서 배우자와 부부싸움 중에 아파트 베란다에서 뛰어내려 사망함.

사례 2 2011년 1월 3일 계단에서 굴러서 디스크(추간판탈출) 진단을 받았고 수술은 하지 않음.

사례 3 2005년 10월 10일 종신보험 가입 후 2013년 12월에 시행한 건강검진에서 대장 용종을 제거하고, 조직검사 결과 점막하층 2mm 침범한 양성종양 판정을 받음.

사례 4 CI 보장특약이 없는 종신보험 가입 후 뇌경색 발생, 수술은 하지 않았으며 편마비 증상 때문에 보행이 심하게 불편함.

사례 5 4년 전 조기 축구 하다가 십자인대가 파열되어 수술하였음(그 당시 입원비와 수술비 수령 받음).

위 다섯 가지 중에서 지금 시점에서 보험금을 청구하지 못하는 경우가 몇 가지인지 맞혀보기 바란다. 정답을 이유와 함께 정확하게 다 아는 독자도 있을 것이다. 그러나 다수의 보험사 지점에 강의를 다닌 경험으로 볼 때 정확하게 답을 맞히고 이유까지 아는 FC는 거의 없었다. 결론부터 말씀드리면 다섯 가지 모두 보험금을 청구할 수 있다.

사례별로 자세히 알아보자.

> **사례 1** 생명보험 가입 후 13개월이 경과한 날, 과음 후 집에서 배우자와 부부싸움 중에 아파트 베란다에서 뛰어내려 사망함.

생명보험 가입한 지 2년이 되지 않으면 자살 보험금을 받지 못한다는 것은 알 것이다. 손해보험은 기간에 상관없이 아직도 자살보험금은 지급하지 않고 있다. 그러나 위의 경우는 받을 수도 있다. 왜냐하면, 자살이 아닐 수도 있기 때문이다. 심신상실 상태에서 내린 결정은 자살이 아니다. 결국, 심신상실 상태에 관한 법리 해석이 중요한 사항이 된다. 심신상실 상태라는 것은 법원에서만 판단하고 결정할 수 있다.

> 심신장애로 인하여 사물을 변별할 능력이 없거나 의사를 **결정**할 능력이 없는 상태를 말한다. 심신상실로 인한 **책임무능력자**가 되기 위해서는 심신장애라는 생물학적 요소와 심신장애로 인하여 사물의 변별능력과 의사결정능력이 없다는 심리적 요소가 있어야 한다. 심신상실의 요인으로는 정신병·정신박약, 심한 의식장애 또는 기타 중한 심신장애적 이상을 들 수 있다. **형법**상 심신상실자는 책임무능력자로서 처벌되지 않는다(형법 10조 1항).

평상시처럼 술을 안 마셨다면 아파트에서 뛰어내렸을까? 그랬다면 고의적 자살이 명백하다. 당사자가 평상시처럼 결정할 수 있는 상황이 아니고

의사결정능력이 없는 심리적 요인에서 행한 행동이란 판정이 내려진다면 재해사망 보험금까지도 받을 수 있다. 이것은 약관에 나와 있는 내용으로 이런 경우에는 일반사망과 함께 재해사망 보험금까지 받을 수 있다.

아래 내용은 생명 보험 표준 약관 내용이다.

> 제17조(보험금을 지급하지 아니하는 보험사고) 회사는 다음 중 어느 한 가지의 경우에 의하여 보험금 지급사유가 발생한 때에는 보험금을 드리지 아니합니다.
> 1. 피보험자(보험대상자)가 고의로 자신을 해친 경우. 다만, 다음 각 목적의 경우에는 그러하지 아니합니다.
>   가. 피보험자(보험대상자)가 심신상실 등으로 자유로운 의사결정을 할 수 없는 상태에서 자신을 해친 경우.
>   피보험자(보험대상자)가 심신상실 등으로 자유로운 의사결정을 할 수 없는 상태에서 자신을 해침으로써 사망에 이르게 된 경우에는 재해사망보험금(약관에서 정한 재해사망보험금이 없는 경우에는 재해 이외의 원인으로 인한 사망보험금을 지급하고, 재해 이외의 원인으로 인한 사망보험금이 없는 경우에는 "보험료 및 책임준비금 산출방법서"에서 정하는 바에 따라 회사가 적립한 사망 당시의 책임준비금을 지급)을 지급합니다.
>
> 〈생명보험 표준약관〉

그래서 2년이 되지 않아도 생명보험뿐만 아니라 손해보험에서도 일반사망 및 재해사망 보험금까지 둘 다 보험금을 받을 수 있다. 그러나 의도적으로 계획했다는 증거가 발견되면 당연히 받을 수 없다. 유서가 있거나 감당하기 힘든 빚이 있거나 하는 상황은 의도적이라고 볼 수 있기 때문이다. 유서보다 더 불리한 것은 사망자의 부채이다. 재산보다 더 많은 부채가 있다면 법에서는 자살로 보는 경향이 더 강하다.

심신상실 상태의 법리 해석은 경찰관의 사망사고에 대한 수사기록을 기초로 한다. 유가족이나 대리인이 경찰서에 정보공개요청을 하면 경찰서에서는 요청을 접수한 날부터 10일 이내에 정보를 공개하게 되어있다. 신청한 공개정보 내용인 변사 사실 확인원과 내사 종결 보고서를 전문가가 검토해야 한다. 그래서 자살이라도 무조건 못 받는 것도 아니고 심신상실 상태라도 무조건 보험금을 받는 것은 아니다. 올바른 법리 해석을 통해서만 보험금 청구가 가능하다.

또한, 우리나라는 아직 자살이라면 사회적으로 곱지 않은 시각으로 보기 때문에 담당 FC에게도 알리지 않고 일반 사망 보험금만 보상받는 고객도 많다. 아마 자살 사건을 다 살펴보면 고객이 몰라서, FC가 몰라서 추가로 받아야 하는 재해 사망보험금과 일반 사망보험금이 천문학적으로 많을 것이라 예상된다.

공공기관의 정보공개에 관한 법률 시행규칙 [별지 제1호서식] <개정 2011.11.1>   정보공개시스템(www.open.go.kr)에서도 신청할 수 있습니다.

정보공개 청구서

	접수일		처리기간	
청구인	(단체명 및 대표자 성명)		주민등록(여권·외국인등록)번호	
	주소(소재지)		사업자(법인·단체)등록번호	
	전화번호	팩스번호	전자우편주소	
청구 내용				
공개 방법	[ ]열람·시청 [ ]사본·출력물 [ ]전자파일 [ ]복제·인화물 [ ]기타( )			
수령 방법	[ ]직접방문 [ ]우편 [ ]팩스전송 [ ]정보통신망 [ ]기타( )			
수수료	[ ]감면 대상임 [ ]감면 대상 아님			
	감면 사유			

「공공기관의 정보공개에 관한 법률」 제10조제1항 및 같은 법 시행령 제6조제1항에 따라 위와 같이 정보의 공개를 청구합니다.

년   월   일

청구인   (또는 인)

(기관의 장) 귀하

유 의 사 항

수수료 감면 사유란은 「공공기관의 정보공개에 관한 법률 시행령」 제17조제3항에 따라 수수료 감면 대상에 해당하는 경우에 적으며, 감면 사유를 증명할 수 있는 서류를 첨부하시기 바랍니다.

접 수 증

접수번호	청구인 성명
접수부서	접수자 성명
	(서명 또는 인)

귀하의 청구서는 위와 같이 접수되었습니다.

년   월   일

접 수 기 관 장 [직인]

210mm×297mm[일반용지 70g/㎡(재활용품)]

사례 2 2011년 1월 3일 계단에서 굴러서 디스크(추간판탈출) 진단을 받고 수술은 하지 않았음.

일반적인 FC들은 추간판탈출 진단을 받은 날로부터 6개월 후에 후유장해 진단을 받는다는 사실을 잘 알지 못한다. 또한, 재해나 상해로 다쳤을 때 신체에 장해가 생기면 언제 장해 측정을 해야 하는지 하는 문제가 생긴다. 장해가 계속해서 진행된다면 즉, 180일 이내에 장해지급율이 확정되지 않는다면 장해진행이 종결될 때까지 기다렸다가 장해진단을 내릴 수도 없고, 사고 즉시 장해진단을 낼 수도 없다. 1, 2개월 후 상태가 호전되어 완치될 수도 있기 때문이다. 그래서 재해일로 부터 180일이 되는 날 장해를 확정하고 그 후 악화하면 추가 장해진단을 하는 것이 합리적이다. 재해나 상해 원인으로 발생한 추간판탈출은 진단 시점에서 180일이 경과한 시점에 장해 진단을 받아서 보험금을 청구할 수 있다.

장해분류표

〈척추(등뼈)의 장해〉
가. 장해의 분류

장해의 분류	지급률
1) 척추(등뼈)에 심한 운동장해를 남긴 때	40
2) 척추(등뼈)에 뚜렷한 운동장해를 남긴 때	30
3) 척추(등뼈)에 약간의 운동장해를 남긴 때	10
4) 척추(등뼈)에 심한 기형을 남긴 때	50
5) 척추(등뼈)에 뚜렷한 기형을 남긴 때	30
6) 척추(등뼈)에 약간의 기형을 남긴 때	15
7) 심한 추간판탈출증(속칭 디스크)	20
8) 뚜렷한 추간판탈출증(속칭 디스크)	15
9) 약간의 추간판탈출증(속칭 디스크)	10

나. 장해판정 기준

1) 척추(등뼈)는 경추(목뼈) 이하를 모두 동일부위로 한다.

2) 척추(등뼈)의 장해는 퇴행성 기왕증 병변과 사고가 그 증상을 악화시킨 부분만큼, 즉 본 사고와의 관여도를 산정하여 평가한다.

3) 심한 운동장해
   척추체(척추뼈 몸통)에 골절 또는 탈구로 인하여 4개 이상의 척추체(척추뼈 몸통)를 유합 또는 고정한 상태.

4) 뚜렷한 운동장해
   ① 척추체(척추뼈 몸통)에 골절 또는 탈구로 인하여 3개의 척추체(척추뼈 몸통)를 유합 또는 고정한 상태.
   ② 머리뼈와 상위경추(상위목뼈: 제1,2목뼈)간의 뚜렷한 이상전위가 있을 때.

5) 약간의 운동장해
   척추체(척추뼈 몸통)에 골절 또는 탈구로 인하여 2개의 척추체(척추뼈 몸통)를 유합 또는 고정한 상태.

6) 심한 기형
   척추의 골절 또는 탈구 등으로 인하여 35°이상의 전만증 및 척추후만증(척추가 뒤로 휘어지는 증상) 또는 20°이상의 척추측만증(척추가 옆으로 휘어지는 증상) 변형이 있을 때.

7) 뚜렷한 기형
   척추의 골절 또는 탈구 등으로 인하여 15°이상의 전만증 및 척추후만증(척추가 뒤로 휘어지는 증상) 또는 10°이상의 척추측만증(척추가 옆으로 휘어지는 증상) 변형이 있을 때.

8) 약간의 기형
    1개 이상의 척추의 골절 또는 탈구로 인하여 경도(가벼운 정도)의 전만증 및 척추후만증(척추가 뒤로 휘어지는 증상) 또는 척추측만증(척추가 옆으로 휘어지는 증상) 변형이 있을 때.

9) 심한 추간판탈출증(속칭 디스크)
    추간판탈출증(속칭 디스크)으로 인하여 추간판을 2마디 이상 수술하거나 하저자의 추간판이라도 2회 이상 수술하고 마미신경증후군이 발생하여 하지의 현저한 마비 또는 대소변의 장해가 있는 경우.

10) 뚜렷한 추간판탈출증(속칭 디스크)
    추간판 1마디를 수술하여 신경증상이 뚜렷하고 특수 보조검사에서 이상이 있으며, 척추신경근의 불완전 마비가 인정되는 경우.

11) 약간의 추간판탈출증(속칭 디스크)
    특수검사(뇌전산화단층촬영(CT), 자기공명영상(MRI) 등)에서 추간판 병변이 확인되고 의학적으로 인정할 만한 하지방사통(주변부위로 뻗치는 증상) 또는 감각 이상이 있는 경우.

12) 추간판탈출증(속칭 디스크)으로 진단된 경우에는 수술 여부에 관계없이 운동장해 및 기형장해로 평가하지 아니한다.

〈생명보험 표준약관〉

생명보험 표준약관에서 제시하고 보상해주는 장해 분류 중 약간의 추간판탈출증은 CT와 MRI 판독 결과와 하지방사통만 있어도 10% 지급률에 해당한다. 즉 수술하지 않아도 본인이 가입한 개인 보험에 부과된 재해나 상해 특약에 담보하는 10% 보험금을 지급 받을 수 있다. 그러나 개인보험에 가입 시점에 따라 보상 내용은 다르다.

보험약관은 보험회사의 득실에 따라 수시로 변하기 때문에 1999년 2월 이전에 가입한 보험에 담보된 재해나 상해에서는 추간판탈출에 대한 보상 내용이 없다. 즉, 1999년 2월 전 가입자는 보상 불가, 또한 2005년 4월 이전과 이후가 다르다. 1999년 2월 이후 2005년 4월 이전 가입자는 추간판탈출증에 대한 외상 기여도가 보상에 대한 중요한 포인트이다. 외상 기여도가 30% 이상이어야 재해로 인정받아 후유장해에 대한 보험금을 받을 수 있다. 외상 기여도가 무엇인지 알기 위해서는 생명 보험에서 제시한 재해와 손해보험에서 주로 쓰는 상해가 무엇인지 정확하게 알아야 한다.

재해란 우발적인 외래의 사고(단, 경미한 외부요인 제외)를 말하며, 경미한 외부요인이란 추간판탈출을 일으킨 사고의 기여도가 얼마인가가 경미한지 경미하지 않은지의 기준이 된다. 의사가 환자를 관찰한 결과 병변을 주게 된 외상의 기여도 30%를 기준으로 삼는다. 의사가 외상 기여도를 30% 이상이라고 판정 내리면 추간판탈출증이 재해로 인정받는 것이고 외상 기여도를 30% 미만으로 판정 내리면, 재해로 인정받지 못하여 보상에서 제외되는 것이다. 손해보험에서 많이 쓰는 상해란 급격하고 우연한 외래의 사고를 말하며 외상 기여도는 30%를 기준으로 한다.

이제 같은 추간판탈출증이라도 외상 기여도에 따라, 재해나 상해 여부에 따라 보상에 대한 결과는 다르다. 또한, 약관 변경에 따라 2005년 4월 이후 가입한 보험에 담보되어 있는 재해나 상해 보상의 외상 기여도를 기본적으로 50% 정도 삭감하여 보상한다.

예를 들어 2007년 가입한 재해상해 특약에 3억 들어있었다면 '3억× 10% = 3천만 원'에 외상 기여도 삭감 50%를 감안하여 1,500만 원의 후유장애 보험금을 받을 수 있다. 실무에서는 다양한 변수가 있을 수 있으므로 정형화된 공식은 없다.

추간판탈출증은 재해나 상해 기여도 측정 등의 변수가 많아서 보험금 청구에 혼란을 초래한다. 또한, 비슷한 병변이지만 추간판탈출증과 확실하게 구분되어 퇴행성 질병에 속하는 4가지 진단명이 있다. 척추간협착증, 추간판팽윤증, 척추분리증, 척추전방위전위증. 이 4가지 진단명은 질병이다. 재해나 상해 담보로는 보상을 받지 못한다.

그러면 추간판탈출증으로 진단받고 수술을 받으면 어떻게 되나?

수술을 받으면 15%이며, 두 마디이거나, 같은 마디를 2번 수술하면 20% 지급률에 해당하는 후유장애 보상을 받을 수 있다. 이런 부분에 대해서는 약관에 자세하게 나와 있다.

이렇게 추간판탈출을 자세히 논의하는 이유는 우리나라 인구 중 병원에 입원하는 이유 전체 3위가 추간판탈출증이기 때문이다. 그만큼 FC가 자주 만날 수 있는 케이스이다.

사례 3 2005년 10월 10일 종신보험 가입 후 2013년 12월에 시행한 건강검진에서 대장 용종을 제거하고, 조직검사 결과 점막하층 2mm 침범한 양성종양 판정을 받았음.

건강검진으로 용종을 제거하면 1종 수술비 보장받는 것은 다 안다. 그런데 점막하층 2mm까지 침윤했다는 것을 조직검사를 통해 발견하면 이것은 경계성 종양이다. 그러므로 암 보험금의 20%의 보험금을 받을 수 있다.

1종 수술비는 10만 원이나 20만 원인데 경계성 종양(암 진단금 3,000만 원 가입)으로 판정되면 600만 원 정도를 받을 수 있다. 더욱이 2008

년 1월 이전에 가입하신 분의 경우에는 이것이 경계성 종양이 아니라 일반암으로 인정받아서 3,000만 원의 암 진단 보험금을 받을 수 있다.

대장용종을 제거했던 경험이 있는 사람은 조직검사서를 다시 한번 체크해볼 필요가 있다. 이러한 현상은 의사들이 질병 분류 코딩을 잘못하는 경우가 많이 있기 때문이다. 의사들이 내린 질병 분류 코드는 무엇이고 왜 중요한가?

질병 분류 코드는 보험사의 보험금 지급 사유에 근거가 되는 자료이기 때문에 보험금 청구 시 중요하다.

특히 2011년 1월 1일부터 시행하고 있는 제6차 한국표준 질병·사인 분류에는 국제 질병분류를 기초로 우리나라에서 많이 발생하는 300대 질병을 세분화하고, WHO(국제보건기구)에서 권고한 2006년부터 2008년까지 국제 질병분류 업데이트 내용을 반영하고, 통계청에서 한국표준 질병·사인분류 질병 코딩지침서를 발간하여 의사들이 사용하고 있다.

예를 들면 WHO에서 대장의 특정 경계성 종양을 다년간 각국의 환자들을 상대로 추적 관찰한 결과, 경계성 종양 발병 후 예후가 양성종양처럼 위험하지 않고 암으로 발전하지 않는다고 확진되면, 경계성 종양에서 양성종양으로 코드 번호를 바꾸어 권고할 수 있다. 역으로 양성종양이지만 예후가 지속적으로 암으로 발전한다면 암 코딩으로 변경될 수 있다.

2008년 1월 1일 전에 대장암이었던 질병이 이후에 경계성 종양으로 코드 변경되었다면 의사들은 어떤 질병코드로 코딩을 할까? 지금 막 전문의가 된 의사가 있다면 병원에 방문한 환자의 보험 가입 연도까지 감안하여 2008년 이전 가입자에게는 암 코딩을 하고 2008년 이후 가입자들에게는 경계성 종양 코딩을 구분해서 해줄까? 현재 환자를 진찰하는 의사들은 현재 6차 질병분류코드로 진단하고 코딩한다.

이렇게 경계성 종양으로 진단받은 진단서로 보험사에 대장암 보험금을 청구하면 보험사는 2008년 이전에 가입한 고객인 경우 진단서에는 경계성 종양이지만 2008년 이전에는 같은 질병이 암이었으므로 암 진단금과 수술비 등 암 보장을 해줄까?

결론적으로 의사도 보험사의 잘못도 아니다. 고객이 알아야 청구 가능한 사안이다.

> **사례 4** 뇌졸중 진단금이 없는 종신보험 가입 후 뇌경색 발생, 수술은 하지 않았으며 편마비 증상 때문에 보행이 심하게 불편함.

열공성 뇌경색으로 수술도 안 하고, 입원도 하지 않았다면 보험금을 받을 길이 있을까?

답은 받을 수 있다.

열공성 뇌출혈은 뇌의 미세 혈관이 막히거나 터져서 그 주변에 약하게 뇌 손상이 오는 경우이다. 감기처럼 잠깐 왔다 갈 수도 있다. 수술할 정도는 아니지만, 편마비 증상이 올 수도 있고 이른 시일 내에 정상으로 돌아올 확률이 높다. 편마비 상태로 한쪽 팔을 사용하지 못하면 최대 장해율 60%까지 진단받을 수 있다.

2005. 4. 1. 이전에는 팔을 하나로 봤는데 그 이후에는 팔 세 곳의 관절 마디 마디를 각각 장해율로 측정하여 그 장해율을 합산해서 팔 하나에 최대 60%까지 장해진단을 받을 수 있다. 한쪽 발을 못 쓰면 그것도 60%까지 받을 수 있다.

장해분류표

〈장해의 정의와 신체 부위〉

가. 장해의 정의

1) "장해"라 함은 상해 또는 질병에 대하여 치유된 후 신체에 남아있는 영구적인 정신 또는 육체의 훼손상태를 말한다. 다만, 질병과 부상의 주증상과 합병증상 및 이에 대한 치료를 받는 과정에서 일시적으로 나타나는 증상은 장해에 포함되지 않는다.
2) "영구적"이라 함은 원칙적으로 치유 시 장래 회복의 가망이 없는 상태로서 정신적 또는 육체적 훼손상태임이 의학적으로 인정되는 경우를 말한다.
3) "치유된 후"라 함은 상해 또는 질병에 대한 치료의 효과를 기대할 수 없게 되고 또한 그 증상이 고정된 상태를 말한다.
4) 다만, 영구히 고정된 증상은 아니지만, 치료 종결 후 한시적으로 나타나는 장해에 대하여는 그 기간이 5년 이상인 경우 해당 장해 지급률의 20%를 보험가입금액에 곱하여 산출한 금액을 지급한다.

나. 신체 부위

"신체부위"라 함은 ① 눈 ② 귀 ③ 코 ④ 씹어먹거나 말하는 기능 ⑤ 외모 ⑥ 척추(등뼈) ⑦ 체간골 ⑧ 팔 ⑨ 다리 ⑩손가락 ⑪발가락 ⑫흉·복부장기 및 비뇨생식기 ⑬신경계·정신행동의 13개 부위를 말하며, 이를 각각 동일한 신체 부위라 한다. 다만, 좌우의 눈, 귀, 팔, 다리는 각각 다른 신체 부위로 본다.

장해는 보험료 납입기간 중 피보험자가 장해분류표 중 동일한 재해 또는 재해 이외의 동일한 원인으로 여러 신체 부위의 장해지급률을 더하여 50% 이상이면, 그때부터 보험료 납입면제가 되어 앞으로 보험료를 내지 않고도 보험의 혜택은 계속 받을 수 있다. 합산 장해 80%가 되면 사망보

험금을 받을 수도 있다.

  특히 뇌경색, 뇌출혈 등 발생 후 후유장해가 남았다면 시간 경과에 따라 발생 초기 때보다 점점 호전되는 경우가 왕왕 있다. 그래서 발병 후 180일 되는 시점에서 지체없이 후유장해 진단을 받는 것이 중요한 포인트이다. 시간이 지나 호전되어 장해가 측정되지 않는 경우도 많다.

사례 5 4년 전 조기 축구 하다가 십자인대가 파열되어 수술하였음(그 당시 입원비와 수술비 수령 받음).

  운동(축구, 야구 등)을 하다가 십자인대가 파열된 사람을 주변에서 흔히 볼 수 있다. 그래서 수술비를 받는다. 그러나 6개월(180일) 후 장해 판정을 받아서 2차 보험금을 받을 수 있다는 사실을 아는 고객이나 FC는 많지 않다. 그와 더불어 보험금 청구기한을 일반적으로 2년으로 알고 있는데 4년 전의 사고여서 청구할 수 없는 것으로 아는 분들이 대부분이다.

  일반적으로 보험금 청구권 소멸 시효는 2년이 맞다. 그러면 언제부터 2년인가? 짐작하듯이 사고발생일로 부터 2년이라 생각하면 된다. 잊고 있거나 바빠서 청구하지 못한 보험금은 보험사고 발생일로부터 2년 안에만 청구하면 된다. 그러나 소멸시효는 보험사고 발생 때부터 기산하는 것이 원칙이지만, 피보험자 등이 보험사고 발생 사실을 알 수 없는 사정이 있는 경우 보험사고의 발생을 알았거나 알 수 있었던 때부터 기산한다.

  후유장해는 의사가 후유장해 진단을 내려야 확정된다. 십자인대 파열 사고는 4년 전에 발생했지만, 후유장해 진단을 받지 않았고 후유장해에 따른 보험금을 청구할 수 있다는 사실 자체를 인지하지 못하고 있었기 때문에 후유장해 진단이 확정되어 후유장해 진단서가 발급되는 시점부터 2년의 보험금 청구권 소멸시효의 기산일이 시작된다.

그래서 후유장해의 보험금 청구는 재해일이 아니라 후유장해 진단서 발급일로부터 2년이 될 수 있으며 고객이 가입하고 있는 약관과 상황에 따라 종합적으로 판단해야 할 문제이다. 즉, 4년 전 사고라도 후유장해 진단서가 오늘 발급되었다면 오늘부터 앞으로 2년 안에 보험금 청구가 가능하다.

십자인대 파열은 인대 접합수술이나 봉합수술 후에 동요측정으로 장해율을 측정한다. 일반인의 다치지 않은 건강한 관절에도 동요가 측정될 수 있다. 십자인대 파열 후유장해 진단은 정상적인 관절의 동요 값과 수술받은 관절의 동요를 측정하여 두 값의 차이가 5mm면 5%, 차이가 10mm면 10%, 그리고 차이가 15mm면 20% 지급한다.

장해분류표

〈다리의 장해〉
가. 장해의 분류

장해의 분류	지급률
1) 두 다리의 발목 이상을 잃었을 때	100
2) 한 다리의 발목 이상을 잃었을 때	60
3) 한 다리의 3대 관절 중 1관절의 기능을 완전히 잃었을 때	30
4) 한 다리의 3대 관절 중 1관절의 기능에 심한 장해를 남긴 때	20
5) 한 다리의 3대 관절 중 1관절의 기능에 뚜렷한 장해를 남긴 때	10
6) 한 다리의 3대 관절 중 1관절의 기능에 약간의 장해를 남긴 때	5
7) 한 다리에 가관절이 남아 뚜렷한 장해를 남긴 때	20
8) 한 다리에 가관절이 남아 약간의 장해를 남긴 때	10
9) 한 다리의 뼈에 기형을 남긴 때	5
10) 한 다리가 5cm 이상 짧아진 때	30
11) 한 다리가 3cm 이상 짧아진 때	15
12) 한 다리가 1cm 이상 짧아진 때	5

나. 장해판정 기준

1) 골절부에 금속내 고정물 등을 사용하였기 때문에 그것이 기능장해의 원인이 되는 때에는 그 내고정물 등이 제거된 후 장해를 판정한다.

2) 관절을 사용하지 않아 발생한 기능장해(예컨대 캐스트로 환부를 고정시켰기 때문에 치유 후의 관절에 기능장해가 생긴 경우)와 일시적인 장해에 대하여는 장해보상을 하지 아니한다.

3) "다리"라 함은 엉덩이관절(股關節)로부터 발목관절까지를 말한다.

4) "다리의 3대 관절"이라 함은 고관절, 무릎관절 및 발목관절을 말한다.

5) "한 다리의 발목 이상을 잃었을 때"라 함은 발목관절로부터 심장에 가까운 쪽에서 절단된 때를 말하며, 무릎관절의 상부에서 절단된 경우도 포함된다.

6) 다리의 관절기능 장해 평가는 하지의 3대 관절의 관절운동범위 제한 및 동요성 유무 등으로 평가한다. 각 관절의 운동범위 측정은 미국의사협회(A.M.A.) "영구적 신체장해 평가지침"의 정상각도 및 측정방법 등을 따르며, 관절기능 장해를 표시할 경우에는 장해부위의 장해각도와 정상부위의 측정치를 동시에 판단하여 장해상태를 명확히 한다.

　가) "기능을 완전히 잃었을 때"라 함은
　　① 완전 강직(관절 굳음) 또는 인공관절이나 인공골두를 삽입한 경우
　　② 근전도 검사상 완전마비 소견이 있고 근력검사에서 근력이 "0등급(Zero)"인 경우

　나) "심한 장해"라 함은
　　① 해당 관절의 운동범위 합계가 정상운동범위의 1/4 이하로 제한된 경우

② 객관적 검사(스트레스 엑스선)상 15mm 이상의 동요관절(관절이 흔들리거나 움직이는 것)이 있는 경우
③ 근전도 검사상 심한 마비 소견이 있고 근력검사에서 근력이 "1등급(Trace)"인 경우
다) "뚜렷한 장해"라 함은
① 해당 관절의 운동범위 합계가 정상운동범위의 1/2 이하로 제한된 경우
② 객관적 검사(스트레스 엑스선)상 10mm 이상의 동요관절(관절이 흔들리거나 움직이는 것)이 있는 경우
라) "약간의 장해"라 함은
① 해당 관절의 운동범위 합계가 정상운동범위의 3/4 이하로 제한된 경우
② 객관적 검사(스트레스 엑스선)상 5mm 이상의 동요관절(관절이 흔들리거나 움직이는 것)이 있는 경우

7) "가관절이 남아 뚜렷한 장해를 남긴 때"라 함은 대퇴골에 가관절이 남은 경우 또는 경골과 종아리뼈의 2개 뼈 모두에 가관절이 남은 경우를 말한다.

8) "가관절이 남아 약간의 장해를 남긴 때"라 함은 경골과 종아리뼈 중 어느 한 뼈에 가관절이 남은 경우를 말한다.

9) "뼈에 기형을 남긴 때"라 함은 대퇴골 또는 경골에 기형이 남아 정상에 비해 부정유합된 각 변형이 15°이상인 경우를 말한다.

10) 다리의 단축은 상전장골극에서부터 경골내측과 하단까지의 길이를 측정하여 정상측 다리의 길이와 비교하여 단축된 길이를 산출한다.
다리 길이의 측정에 이용하는 골표적(bony landmark)이 명확하지 않은 경우나 다리의 단축장해 판단이 애매한 경우에는 scanogram을 통

하여 다리의 단축 정도를 측정한다.

다. 지급률의 결정
1) 1하지(다리와 발가락)의 후유장해 지급률은 원칙적으로 각각 합산하되, 지급률은 60% 한도로 한다.

2) 한 다리의 3대 관절 중 1관절에 기능장해가 생기고 다른 1관절에 기능장해가 발생한 경우 지급률은 각각 적용하여 합산한다.

  열거한 다섯 가지 사례를 통해 자신의 2차 보험금에 관한 지식을 평가해볼 수 있었을 것이다.

  이 다섯 가지 사례는 2차 보험금의 일부이고 아주 기초적인 내용이다. FC가 알고 있으면 고객에게 큰 도움이 될 만한 2차 보험금에 관한 내용은 상상 이상으로 아주 많다. FC가 2차 보험금에 관하여 올바른 지식을 갖고 있어야 2차 보험금 청구에 관한 정보가 고객에게 정확하게 전달된다. 또한, 보험금 청구에 관한 정보가 보험회사에 일방적으로 비대칭 되어있는 현실에서 고객의 권리를 보호할 수 있는 유일한 방법이다.

사례 따라잡기 1

여성들이 싫어하는 네버엔딩 스토리

여성들이 남자 친구와 데이트할 때 또는 남친의 친구들과 식사나 술자리에서, 그리고 직장 회식자리에서 대화 주제로 싫어하는 것으로 등수를 매기면 1등에 꼽힐 이야기에 얽힌 사례이다.

이는 바로 군대 이야기, 그것도 군대에서 축구 한 이야기이다. 이 군대 축구 이야기에 2차 보험금에 관한 내용이 있다.

A사의 지점에서 공소연 2차 보험금 강의에서 저자의 강의를 들은 한 FC는 보험계약 에피소드를 이야기하면서 2차 보험금을 설명하였다.

그는 2차 보험금인 추상장해도 후유장해 진단을 받고 보험금을 받을 수 있다는 사실을 알고, 그 후 사람을 만나면 얼굴을 유심히 보는 습관이 생겼다고 했다. 그리고 얼굴에 상처가 있으면 추상장해를 화두로 2차 보험금에 대하여 자연스럽게 대화하고 계약도 받고 2차 보험금도 받을 수 있게 정보를 준다는 이야기로 추상장해를 설명하였다.

추상장해는 목 위의 얼굴에 재해나 상해로 인한 상처를 합산하여 5cm가 넘으면 보험금을 청구할 수 있다. 상처의 길이는 5cm가 이어져 있지 않아도 되고 각각의 상처의 길이를 재서 합산해도 가능하다. 또한, 넓이로도 측정 가능하며 얼굴은 머리카락이 생기는 시점인 이마까지이다.

그렇게 강의가 끝나고 안경을 낀 잘생긴 남자가 질문을 했다. 군대에서 축구 하다 안경 쓴 채로 넘어져 얼굴을 다쳐서 상처가 아직 남아 있는데 정말 청구 가능하냐는 거다.

그는 2008년 장교로 복무하던 시절에 연병장에서 부하들과 축구경기 중에 안경을 쓴 상태에서 드리블하며 전진하던 중, 상대방과 부딪쳐 넘어졌고 그 사고로 4개월간 국군 양주병원에 입원하였다.

그 4개월간 폐쇄적 비골정복술, 부분피판술(콧등), 눈밑과 콧날개, 상구순부 흉터 제거와 눈밑과 상구순부, 근육에 피부 봉합 수술을 받았고, 그때까지도 얼굴에 10cm가 넘는 상처의 흔적이 남아 있었다.

사고 당시 지방에 계신 어머님이 식당을 하시면서 지인들에게 들어놓은 보험이 9개가 있었고, 그 보험으로 수술비와 입원비 보상을 받은 걸 기억하고 있었다. 그런데 재대 후 본인이 보험사에 입사하여 증권 분석을 하면서 FC 스스로 어머님이 들어놓은 보험을 정리하고 종신보험으로 갈아타서 지금 유지하고 있는 보험은 우체국 보험밖에 없었고 해약한 나머지 8개 보험은 어느 보험사인지 기억도 하지 못했다.

2차 보험금 대상인 추상장해도 후유장해 진단서 발급대상이다. 그러므로 보험금 청구권 소멸시효는 후유장해 진단서 발급 시점인 20014년부터 2년간이다.

비록 지금은 해약한 상태이지만 2008년 사고 당시에는 9개 보험을 유지하고 있었기 때문에 현재 2008년 사고로 인한 후유장해 보상을 받을 수 있다.

우리가 청구하는 보험금은 실효나 해지, 해약된 이후 보험사고에 대한 보험금을 청구하는 것이 아니라 과거에 보험이 유지되고 있을 때에 발생한 보험사고에 대하여 보험금을 청구하는 것이고, 단지 계약자가 보험금 청구에 대한 권리 행사를 인지하지 못했기 때문에 인지한 지금 적법한 절차로 보험금을 청구하는 것이다.

그러나 각보험에 약관 내용에 따라 달리 해석 될 수도 있다.

정확하게 기억 못 하는 8개의 보험사는 생명보험협회, 손해보험협회의 홈페이지에 접속하여 본인의 공인인증서로 조회가 가능하다. 하지만 실효, 해약한 정보의 조회가 원활하지 않아서 자세한 보장내용은 해당 보험사의 콜센터나 가까운 지점을 방문해야 하고, 이도 가입 일자, 상품명 등 제한적으로 가르쳐 준다.

군대의 장교를 포함한 부사관인 직업 군인은 국가에서 단체보험에 가입해 놓는다. 2008년 당시 추상장해를 입은 FC는 LIG 손해보험에 군 단체보험이 가입되어 있었다. 그 사실은 육군본부 맞춤형 복지 상담관에게 직접 전화해 보면 자신이 복무했던 당시 군 단체보험의 보장 내용에 대하여 자세히 알 수 있다. 해당 부대에서는 단체보험에 관하여 자세히 모른다. 군 특성상 담당자가 수시로 바뀌는 일이 많기 때문이다.

참고로 군 단체보험은 재해상해특약 1억이며, 경찰 역시 재해상해특약 1억이고, 소방관은 지방자치단체에서 가입해주므로 해당 지자체 여건에 따라 3,000~5,000만 원의 재해상해특약에 가입되어 있다.

특히 군 단체보험은 그 가입 시점에 따라 주의하여야 할 것이 있다. 2008년 1월 1일 전후의 약관 내용이 다르다는 사실이다.

2008년 1월 1일 이전 군 단체보험은 보험금 청구권 소멸시효가 1년이라 보험 사고 발생 후 1년이 경과 되면 보험금 청구가 불가능하고 2008년 1월 1일 이후 가입한 군 단체보험은 그렇지 않다. 또한, 2013년 2월 이후 가입한 군 단체보험은 재해상해 담보의 변화가 있다.

2013년 2월 이전 군 단체보험의 재해상해특약은 3%~80%까지 재해상해를 보장해 주었지만, 2013년 2월 이후에는 재해상해 보장이 50% 이상부터 해주는 것으로 내용이 변경되었다. 시청이나 도청 공무원 등 일반직 공무원은 단체 가입 내용이 각각 다르다.

  강의를 듣고 상담을 의뢰한 그 FC는 전문가의 도움으로 본인의 개인보험과 군 단체보험에서 2차 보험금으로 2,500만 원을 수령했다.

2장

보험회사가 말하지 않는 2차 보험금

01 질병

1. 뇌졸중 진단금

　뇌졸중이란 뇌혈관 자체의 이상으로 뇌 기능에 장애가 생기는 질환을 의미하며, 여기에는 뇌출혈과 뇌경색이 포함된다. 생명보험이나 손해보험의 뇌졸중 관련 진단금 상품을 살펴보면 뇌출혈에 대해서만 보장하는 상품이 가장 많고 뇌경색에 대해서는 일부 상품에서만 보장하고 있는 것이 특징이다.
　뇌출혈과 관련된 분쟁은 뇌출혈의 발생 원인이 '자발성'이냐 '외상성'이냐의 문제로 주로 발생한다.
　자발성이란 원인이 질병임을 의미하는 것이고 외상성은 사고에 의한 것을 의미하는데, 뇌졸중 진단금에서는 자발성만 보험금 지급 대상이기 때문이다. 이를테면 자발성 뇌출혈로 인해 쓰러지면서 머리에 외상을 입어 외상성 뇌출혈로 오진된 사례처럼 자발성과 외상성의 구분이 모호한 경우가 많아 문제가 발생할 여지가 있다.
　뇌경색에서는 특히 열공성과 진구성이 문제 되는 경우가 많다.
　'열공성'이란 미세 혈관이 막힌 경미한 뇌경색을 의미하는 것으로, 보험사에서는 이를 뇌경색으로 인정하지 않으려 한다. 반면 '진구성'이란 언제 발병하였는지 알 수 없는 상태, 오래전에 발병하여 흔적만 남은 상태를 의미하는 것으로, 보험사에서는 이 역시 진단금 지급을 꺼린다. 열공성이나 진구성 뇌경색의 경우 보험사에서는 협력의료기관에 자문을 구해 진단금이 지급되지 않는 질병분류코드로 변경하여 보험금을 면책하는 사례가 많다.

 최근 보험 상품에서는 뇌졸중의 보상을 강화한 중대한 뇌졸중 특약들이 판매되고 있다. 중대한 뇌졸중은 사망 보험금의 일부를 선지급하는 CI보험 형태나, 진단금을 추가로 지급하는 특약 형태로 구성되어 있다. 일반 뇌졸중 진단금 상품과 달리 '중대한'이라는 단어가 붙은 만큼 보상 기준과 심사 역시 굉장히 까다로운 수준으로 반영 되어 있다.
 뇌졸중이 어떤 방식으로 어떻게 발생하는지가 약관의 내용과 일치해야 할 뿐만 아니라, 뇌졸중으로 인한 신경학적 결손이 신경계 후유장해의 지급률 25%에 해당하는 정도이어야만 진단금이 지급된다. 즉, 중대한 뇌졸중 진단금을 지급받기 위해서는 후유장해의 평가가 선행되어야 하기 때문에 보험금 청구가 이중으로 어렵고, 자연스레 분쟁도 많이 일어나는 것이다.
 그런가 하면 고지의무 위반이 문제가 되는 사례들도 있다. 보험 가입 전 두통으로 병원을 찾은 예가 있다던가, 혹은 성인병을 고지하지 않았다는 등의 경우 보험사에서 뇌졸중과 연관 지어 보험금을 면책하기도 하기 때문이다. 특히 발병 시점을 알기 어려운 열공성 뇌경색의 경우, 보험 가입 전 발병을 의심할 수 있으므로 고지의무 위반과 연관시키는 경우가 많다.

1) CI보험의 뇌졸중

CI보험에서는 '중대한 뇌졸중'이라고 하여 뇌졸중의 보장 내용을 한층 더 업그레이드하고 있지만, 실질적으로는 과연 보상이 가능한지 의문이 들 정도로 지급 기준이 까다롭고 분쟁이 잦다.

① '중대한 뇌졸중'이라 함은 중대한 뇌졸중 분류표에서 정한 뇌혈관의 급격한 장애- I60 (거미막밑 출혈), I61 (뇌내출혈), I62 (기타 비외상성 머리내 출혈), I63 (뇌경색증) -로 인해 뇌혈액순환의 급격한 차단이 생겨서 그 결과 영구적인 신경학적결손(언어장애, 운동실조, 마비 등)이 나타나는 질병을 말합니다.

② 위 ①의 뇌혈액순환의 급격한 차단은 의사가 작성한 진료기록부상의 전형적인 병력을 기초로 하여야 하며, 영구적인 신경학적결손이란 주관적인 자각증상(Symptom)이 아니라 신경학적 검사를 기초로 한 객관적인 신경학적증후(Sign)로 장해분류표에서 정한 "신경계에 장해가 남아 일상생활 기본동작에 제한을 남긴 때"의 지급률 25% 이상인 장해 상태를 말합니다.

③ 일과성 허혈 발작, 가역적 허혈성 신경학적 결손은 보장에서 제외합니다. 또한 외상으로 인한 경우, 뇌종양으로 인한 경우, 뇌수술 합병증으로 인한 경우, 신경학적결손을 가져오는 안동맥의 폐색의 경우에도 보장에서 제외합니다.

④ 중대한 뇌졸중의 진단 확정은 병력, 신경학적 검진과 함께 뇌 전산화 단층촬영(CT), 핵자기 공명영상법(MRI), 뇌혈관조영술, 양전자방출단층술(PET), 단일광자방출 전산화 단층술(SPECT), 뇌척수액검사 등을 기초로 영구적인 신경학적결손에 일치되게 중대한 뇌졸중에 특징적인

> 소견이 발병 당시 새롭게 출현함을 근거로 하여야 합니다.
>
> 〈생명보험 CI 약관〉

일반 보험에서도 다툼이 많은데 CI보험의 중대한 뇌졸중 진단비는 더 얼마나 다툼이 많을까? 질병분류코드의 일치는 물론 뇌졸중 진단에 앞서 신경계의 후유장해를 인정받아야 하는 전제조건이 있다. 즉, 후유장해가 남지 않았다면 청구 자체가 불가능하다.

신경계의 후유장해 인정은 그 자체가 인정 과정에 보험사와의 분쟁의 여지가 많고 보험금 청구에서 일반 뇌졸중보다 까다롭다.

2) 뇌졸중과 ADLs

아침에 일어나서 씻고 식사를 하고 외출복으로 갈아입고 회사로 출근하는 일과 같은 지극히 일상적이고 평범한 행동에 장해가 있다면 이는 상당히 불편하게 느껴질 수밖에 없다.

ADLs는 위와 같은 '이동 동작', '음식물 섭취', '배변·배뇨', '목욕', '옷 입고 벗기'의 5가지 일상생활 기본동작을 정리한 것이다.

영구적인 장애를 보장하는 개인보험의 후유장해 특약에서는 ADLs의 어떤 동작에 얼마 만큼의 장해가 남았는가에 따라 보험금을 책정한다.

또한, 중대한 뇌졸중 진단비 특약에서도 ADLs의 제한이 25% 이상일 것을 보험금 지급 요건으로 하고 있다.

일상생활 기본동작(ADLs) 제한 장해평가표

유 형	제한 정도	지급률 (%)
이동 동작	– 특별한 보조기구를 사용함에도 불구하고 다른 사람의 도움이 없이는 방 밖을 나올 수 없는 상태	40
	– 휠체어 또는 다른 사람의 도움 없이는 방 밖을 나올 수 없는 상태	30
	– 목발 또는 walker를 사용하지 않으면 독립적인 보행이 불가능한 상태	20
	– 독립적인 보행은 가능하나 파행이 있는 상태, 예를 들어 난간을 잡지 않고는 계단을 오르고 내리기가 불가능한 상태, 계속하여 평지에서 100m 이상을 걷지 못하는 상태	10
음식물 섭취	– 식사를 전혀 할 수 없어 계속적으로 튜브나 경정맥 수액을 통해 부분 혹은 전적인 영양공급을 받는 상태	20
	– 수저 사용이 불가능하여 다른 사람의 계속적인 도움이 없이는 식사를 전혀 할 수 없는 상태	15
	– 숟가락 사용은 가능하나 젓가락 사용이 불가능하여 음식물 섭취에 있어 부분적으로 다른 사람의 도움이 필요한 상태	10
	– 독립적인 음식물 섭취는 가능하나 젓가락을 이용하여 생선을 바르거나 음식물을 자르지는 못하는 상태	5
배변·배뇨	– 배설을 돕기 위해 설치한 의료장치나 외과적 시술물을 사용함에 있어 타인의 계속적인 도움이 필요한 상태	20
	– 화장실에 가서 변기 위에 앉는 일과 대소변 후에 화장지로 닦고 옷을 입는 일에 다른 사람의 계속적인 도움이 필요한 상태	15
	– 배변, 배뇨는 독립적으로 가능하나 대소변 후 뒤처리에 있어 다른 사람의 도움이 필요한 상태	10
	– 빈번하고 불규칙한 배변으로 인해 2시간 이상 계속되는 업무를 수행하는 것이 어려운 상태	5
목욕	– 다른 사람의 계속적인 도움 없이는 샤워 또는 목욕을 할 수 없는 상태	10
	– 샤워는 가능하나, 혼자서는 때밀기를 할 수 없는 상태	5
	– 목욕시 신체(등 제외)의 일부 부위만 때를 밀수 있는 상태	3
옷입고 벗기	– 다른 사람의 계속적인 도움 없이는 전혀 옷을 챙겨 입을 수 없는 상태	10
	– 다른 사람의 계속적인 도움 없이는 상의 또는 하의중 하나만을 착용 할 수 있는 상태	5
	– 착용은 가능하나 다른 사람의 도움없이는 단추를 잠그는 등의 마무리는 불가능한 상태	3

ADLs 제한은 상해나 질병에 관계없이 위 표와 동일하게 평가된다. 단, 후유장해 특약은 상해만 보장하거나 질병만 보장하는 상품으로 나뉘어 있으므로 ADLs 제한의 원인과 가입하고 있는 보험의 보장 내용을 살펴본 뒤 보험금을 청구하여야 한다. 후유장해 보험금은 위 ADLs 제한의 지급률을 후유장해 특약 가입 금액에 곱하여 계산한다.

보험금은 영구장해일 경우 100% 지급을 원칙으로 하며 한시장해는 5년 미만은 불인정, 5년 이상은 20%를 지급한다. 중대한 뇌졸중 진단비의 경우 ADLs 제한 합계가 25% 이상이면 진단비 가입 금액의 100%가 지급되고, ADLs 제한 합계가 25% 미만이면 진단비 전액이 면책된다(단 보험계약일로부터 1년 미만의 발병은 50%).

ADLs 제한 평가는 곧 보험금 지급의 가능 여부나 지급될 보험금의 액수에 영향을 미치기 때문에 객관적이고 공정한 평가를 받는 것이 중요하다.

2. 뇌경색 진단금

뇌경색의 앞에 붙는 '진구성'은 발병 시점을 추측하기 어려울 때, 치료의 시점을 놓치고 우연히 발견한 뇌경색을 일러 진구성 뇌경색이라 한다. 발병 시점과 진단 시점의 사이에 시차가 있다 하더라도 진구성 뇌경색 역시 뇌경색의 일종임은 틀림없다. 그러나 보험사에서는 진단비 지급을 꺼리는 진단이기도 하다.

첫 번째 이유는 '발병 시점을 알 수 없기 때문'이다.

보험은 보험 가입 기간 내 일어난 사고, 질병에 대해서만 보상을 하는데 언제 발병한 지 알 수 없는 질병을 보상하기는 껄끄럽기 때문이다.

두 번째 이유는 '진구성 뇌경색의 상병코드'에 대한 부분이다. 뇌경색 진단비는 진단서의 상병코드가 I63, I65, I66에 해당할 경우 지급된다. 그런데 진구성 뇌경색은 I69나 G46으로 진단되는 경우도 간혹 있다. 또는 I63, I65, I66으로 제대로 진단되었음에도 보험사에서 확인이 필요하다고 안내 후, 의료자문을 하여 주치의를 설득하거나 협력의료기관에 문의해 진단을 I69나 G46으로 바꿔버리는 경우도 있다. 보험사에서는 '병원에서 발병 시점을 알 수 없다'고 했다거나 '상병코드가 I69나 G46이 맞는다' 했다고 주장한다.

진구성 뇌경색으로 진단비 면책을 통보받았다면 보험사의 심사에 의학적, 약관적 이의를 제기할 수 있는 접근이 필요하다.

3. 뇌출혈 진단금

단단한 두개골 속에서 많은 기능을 복합적으로 수행하는 뇌는 굉장히 연약한 부위이다.

여기서 발생한 출혈은 뇌 기능에 심각한 지장을 가져올 뿐만 아니라 사망에 이를 정도로 위험하기 때문에 뇌출혈은 3대 위험 질병으로 꼽히고 있으며 보험에서도 높은 진단금을 보장하고 있다. 그러나 질병이 중하고 진단금 보장 액수가 높을수록 보험금의 지급 기준은 까다롭기 그지없다.

> I60 거미막밑 출혈
> I61 뇌내출혈
> I62 기타 비외상성 머리 내 출혈

모든 질병의 진단은 한국표준질병-사인분류의 코딩 지침에 따라 질병분류코드를 부여하게 되어 있다. 질병분류코드 중에서도 위 세 가지에 해당하는 코드가 부여되어야 뇌출혈 진단금을 청구할 수 있다.

뇌출혈의 발병 시기, 증상, 치료 방법 등이 보험사의 내부적 심사 지침에 부합하지 않을 경우, 협력의료기관의 의료 자문을 거쳐 위 세 가지 진단코드를 부정하고 진단금이 지급되지 않는 다른 코드를 주장하며 보험금을 면책하기도 한다.

뇌출혈의 발생 원인은 사고에 의한 외상성과 사고와 관계없이 질병으로만 발생하는 자발성이 있는데, 진단금은 이 중 자발성의 경우만을 보장한다.

보험 가입 시 고지의무를 위반한 사항이 있다면 보험금 청구 시 불리한 정황에 처할 수 있다. 고지하지 않았던 내용과 뇌출혈이 전혀 일련의 관계도 없다면 무관하지만(예를 들어 관절염과 뇌출혈, 위궤양과 뇌출혈), 관계가 조금이라도 의심되는 경우에는 진단금의 지급이 거절될 수 있다. 이런 경우 소비자는 고지의무 위반 내용과 뇌출혈 사이에 의학적으로 관련이 없음을 입증하여야만 진단금을 수령할 수 있다.

4. 치매

의료기술의 발달과 삶의 질 향상으로 사람의 기대 수명은 날로 높아지고 있다. 이에 따라 노인성질환의 일종인 '치매' 역시 문제가 되고 있으며 치매에 대한 진단비나 간병비 등을 보장하는 보험 상품 역시 인기를 끌고 있다. 한편 치매는 사고로 인해 외상성으로 발병하는 경우도 있다.

종신보험이나 실비보험 가입자는 대부분 상해후유장해 특약에 가입되어 있는데, 외상성 치매일 경우 특정 조건을 갖추면 상해후유장해 특약에도 보험금을 청구할 수 있다. 그리고 노인성질환으로 발병한 치매는 질병후유장해 특약에서 보상 가능하다.

장해의 분류	지급률(%)
극심한 치매: CDR 척도 5점	100
심한 치매: CDR 척도 4점	80
뚜렷한 치매: CDR 척도 3점	60
약간의 치매 : CDR 척도 2점	40

① '치매'라 함은
- 뇌 속에 후천적으로 생긴 기질적인 병으로 인한 변화 또는 뇌 속에 손상을 입은 경우.
- 정상적으로 성숙한 뇌가 상기에 의한 기질성 장해에 의해서 파괴되었기 때문에 한번 획득한 지능이 지속적 또는 전반적으로 저하되는 경우.

② 치매의 장해평가는 전문의에 의한 임상치매척도(한국판 Expended Clinical Dementia Rating) 검사 결과에 따른다.

위 내용에서 알 수 있듯 후유장해 특약에서 치매를 보상하는 기준은 임상치매평가척도인 CDR을 따른다.

CDR은 기억력, 지남력, 판단 및 문제 해결, 사회활동, 가정생활 및 취미, 개인관리 등의 상태를 파악하여 0점에서 5점까지 총 7개 분류로 진단하는데, 2점은 중증도 치매, 3점은 중증 치매, 4점은 심각한 치매, 5점은 말기 치매에 해당한다.

치매로 올바른 후유장해 보험금을 수령하기 위해서는 CDR 평가를 공정히 받는 것이 선행되어야 한다. 평가결과에 따라 보험금 지급 가부 및 보험금 액수가 달라질 수 있기 때문이다.

5. 신생물이란?

신생물이란 새로 생긴 이상 조직을 이르는 말로, 보통 종양을 의미한다. 현대인이 가장 두려워하고 경계하는 질환인 '암'이 종양이다. 신생물은 인체에 미치는 악영향의 정도에 따라 다시 양성과 악성으로 나눈다.

우리가 암이라고 부르는 것이 악성신생물(악성종양)이다. 악성신생물의 특징으로는 크게 세 가지를 대표적으로 꼽을 수 있다

첫 번째 이상 조직이 매우 빠르게 증식하고, 두 번째 장기의 바깥 부위에서 발생한 뒤 장기의 내부로 파고 들어가 정상 조직을 파괴하는 침윤활동을 하며, 세 번째 림프절을 타고 다른 장기로 전이하여 발생한 장기 이외의 장기에도 침윤한다는 점이다.

양성신생물은 악성과는 달리 위험도가 가장 낮은 종양에 속한다. 거의 전이를 일으키지 않는 것은 물론 발생한 장기에도 침윤하는 일이 없이 덩어리만을 이루고 있는 경우가 많으며, 발육 속도도 느린 편이다. 혹 또는 결절이라고 부르기도 하며, 혹 안에 물이 차 있는 낭종, 소화기관 등 둥글거나 긴 주머니 안쪽에 생긴 용종, 지방으로 된 혹인 지방종, 혈관 조직으로 이루어진 혈관종 등이 보통 양성신생물에 속한다.

신생물은 실비 외에 암 관련 특약(암진단비, 암수술비, 암입원비 등)과 관련이 깊은 질환인데, 악성신생물 질병코드에 해당하는 질환일 경우에는 암보험 가입 금액의 100%를 지급하지만, 양성신생물 질병코드에 해당하는 질환일 경우에는 전혀 지급되지 않는다.

분류	상병코드	암보험금 지급률
악성 신생물 (악성종양=암)	C00~C97	100%
제자리 신생물 (상피내암)	D00~D09	10~30%
양성 신생물 (양성종양)	D10~D36	면책
행동양식 불명 또는 미상의 신생물 (경계성종양)	D37~D48	10~30%

상피내의 신생물은 상피내암을 의미하며, 행동양식 불명 또는 미상의 신생물은 보통 경계성종양을 의미하는 것으로, 이 두 가지는 암보험 가입 금액의 10~30%(보험 상품별로 지급률 상이)를 지급한다.

하지만 양성신생물 가운데도 특별한 케이스들이 있다.

1) 종양이란?

종양이라는 것은 조직의 자율적인 과잉적 성장이며, 이것은 개체에 대해서 의의가 없거나 이롭지 않을뿐더러 정상조직을 파괴하는 것이다. 또한, 종양을 영어로 Neoplasia(New + Growth, 신생물)이라고 하는데 의미상 새로운 성장(발육)이라는 뜻이다.

2) 양성종양·악성종양

양성종양은 비교적 서서히 성장하며 신체 여러 부위에 확산과 전이를 하지 않고 제거하여서 치유시킬 수 있는 종양을 말한다. 특이한 경우를 제외하고 대개의 양성종양은 생명에 위협을 초래하지 않는다.

악성종양은 빠른 성장과 침윤성 성장 및 체내 각 부위에 확산하며 전이하여서 생명에 위협을 초래하는 종양을 말한다. 악성종양은 암과 같은 말이라고 보면 된다.

3) 경계성종양

악성종양이 아닌 모든 종양을 양성종양으로 구분하기도 하지만 양성종양과 악성종양의 두 가지 모두의 가능성을 지닌 특이한 종양이 바로 경계성종양이다.

경계성종양은 처음부터 암세포를 가지고 있지만, 아직 악성종양이 아닌 상태로 양성종양처럼 별다른 전이 없이 덩어리로만 머물러 있을지, 아니면 갑작스럽게 악성종양으로 변질될지 예측할 수 없기 때문에 경계를 요하는 종양이다.

각각의 종양이 특색을 가지고 있듯이 보험에서도 각각의 종양마다 지급되는 보험금에도 차이가 있다. 보통 악성종양(암)일 경우에는 보험금 전액이 지급 된다. 경계성종양은 악성종양과 양성종양 사이에서 암은 아니면서 양성종양보다 특별한 주의를 요하기 때문에 보험금의 10~30%만 지급된다. 하지만 조직검사 결과, 치료 방법, 치료 예후에 따라서 암으로 준하여 볼 수 있는 사례들이 있다.

6. 뇌종양

뇌종양의 종류 가운데는 특히 '악성'의 발병률이 높은 것들도 있지만, 대부분 뇌종양은 양성인 경우이며 이는 시신경종양 역시 마찬가지이다.

종양이 양성인지 악성인지를 판가름하는 것은 조직검사 결과를 우선하며 종양을 이루고 있는 세포가 신체에 직접적인 해를 끼치지 않는 것은 양성, 암세포를 보유하여 뇌 조직을 파괴하는 것은 악성으로 분류한다.

조직검사 결과를 토대로 분류된 시신경교종의 악성도는 질병분류코드를 통해 진단서에 기재된다.

양성은 D로 시작하는 코드, 악성은 C로 시작하는 코딩이다. 그리고 D코드인지 C 코드인지에 따라 암보험의 보상 역시 차등 지급된다. 즉, 양성인 예가 많은 시신경종양은 암 보상이 거절되는 경우가 많다.

여기서 짚고 넘어가야 할 부분이 있다. 양성과 악성의 판가름은 조직검사 결과를 우선으로 하지만 시신경교종은 임상학적 관점에 따라 진단을 내리는 경우도 있는 것이다. 임상학적 진단이란 종양의 세포에 대한 조직검사 결과를 떠나 환자에게서 나타나는 증상이나 합병증, 후유증 및 종양의 발생 위치적 특성, 크기, 치료방법 등 실질적인 상태와 상황에 따라 각각의 케이스로 내리는 진단을 말한다.

시신경종양은 양성이라 하더라도 발생 위치 및 크기 등에 따라서는 시신경을 압박하여 유발하는 병증이 악성의 예와 비슷한 경우가 많기 때문에, 양성 악성의 분류를 단순히 조직검사 결과에만 의존하지 않고 임상학적으로도 분류하는 게 의학계의 또 다른 견해이다.

단지 임상학적 진단은 2차적 진단으로 담당의가 처음부터 진단해 주는 것이 아니라 의학적 의견을 제시할 경우 충분한 검토를 통해 결정되며, 양성 시신경종양을 임상학적으로 악성으로 진단받았더라도 보험사에서 쉽게 용인하지 않으므로 설득하는 과정이 필요하다는 어려움은 존재한다.

임상학적 암 진단과 더불어 암의 전이가 있었다면 반드시 체크해야 한다.

7. 갑상선암[1]

질병분류코드 C44에 해당하는 〈기타 피부암〉과 질병분류코드 C73에 해당하는 〈갑상선암〉은 다른 암의 10~30% 정도의 일부만이 보장되고 있다.

갑상선수질암은 갑상선암의 한 종류로 질병분류코드 C73의 범주에 해당한다. 갑상선암 중 가장 발병률이 가장 낮고 예후가 좋지 않은 종으로 분류되지만, C73으로 진단되는 이상 암보험금은 10~30%만이 지급되고 있다. 하지만 임파선 등 다른 장기로 암이 전이된 분들은 반드시 정당한

---

1 갑상샘, 갑상샘암으로 표기하는게 옳으나 갑상선이 일반적으로 쓰이므로 여기서는 갑상선으로 표기합니다.

암보험금이 얼마인지 체크해 볼 필요가 있다.

전이의 양상을 보인 갑상선수질암은 전이의 상태, 병증 등에 따라 C73 외 다른 암 질병분류코드로 진단되기도 하며, 그러한 경우 가입한 보험 상품에 따라 암보험금 100%를 수령할 수도 있기 때문이다.

보험사에서는 전이가 있더라도 갑상선수질암의 질병분류코드를 C73 외에는 인정하지 않으려는 완강한 태도를 보이지만, 갑상선수질암의 암보험금은 무조건 일부만 지급되는 것이 아니라는 점을 명심하고, 반드시 암보험금 100% 지급 가능성을 확인해 봐야 한다.

갑상선암은 크게 세포의 분화가 잘 된 '분화암'과 분화가 덜 된 '미분화암'으로 나눌 수 있다. 분화암은 치료가 쉽고 예후도 좋지만, 미분화암은 병증이 빠르고 치명적으로 진행되어 치료가 어렵고 예후도 좋지 않다.

사람들이 흔히 갑상선암을 '착한 암'이라 부르는 이유는 대부분의 갑상선암이 분화암에 속하기 때문이지만, 미분화암은 상대적으로 위험하다. 그러나 갑상선 미분화암도 암보험에서는 분화암과 동일하게 소액암으로 보상 처리된다.

2007년 4월 1일 이전 보험 상품에서는 갑상선암도 다른 여타 암과 동일하게 보험 가입 금액의 100%를 보상하였으나, 갑상선암의 발병률이 높아지자 치료와 예후가 여타 암에 비해 좋은 점을 들어 이후 상품에서는 보험 가입 금액의 10~30%만 보상하는 것으로 축소 변경되었다.

다만 2007년 4월 1일~2011년 3월 31일까지 판매된 보험 상품에 가입되어 있고, 갑상선 미분화암이 임파선 또는 다른 장기에 전이의 양상을 보였다면 암보험금을 10~30%가 아닌 100%로 수령할 가능성이 있다. 전이가 일어난 갑상선암은 주치의의 의학적 검토를 통해 일반암에 해당하는 제2의 진단코드 부여가 가능한데, 제2의 일반암 진단코드가 부여될 경우 보험사에 추가적인 보험금 청구를 시도해 볼 수 있다.

8. 직장유암종

직장유암종은 조직검사상으로는 암이 아닌 것으로 분류되지만 실질적으로 보이는 증상이나 예후 등이 암과 동일하여 분류의 논란이 일고 있는 종양이다. 보험회사에서 직장유암종의 애매모호한 분류를 이용하여 암진단비를 제대로 지급하지 않는 경우가 많다. 직장유암종은 D37.5로 경계성종양에 해당하는 코드로 분류된다. 일반적으로 진단은 조직검사 결과를 우선적인 기준으로 삼기 때문이다.

주치의 가운데는 간혹 처음부터 직장유암종의 진단을 암인 C코드로 분류하는 경우도 있으나, 보험사에서 협력의료기관의 의료 자문를 통해 진단을 D37.5로 변경하여 심사하는 경우도 있다. 직장유암종을 암으로 분류할 것이냐 경계성종양으로 분류할 것이냐에 따라 지급될 암진단비는 적게는 3배에서 많게는 10배까지 차이 날 수도 있다.

실제로 직장유암종은 종양의 크기나 활동 정도, 병증, 치료 방법 및 예후 등에 따라 암으로 재진단받는 것이 가능하다. 그리고 왜 해당 환자의 진단을 암으로 보는 것이 타당한가에 대한 의학적, 질병분류체계적, 약관적 근거를 제시함으로써 보험사의 심사를 뒤집는 것도 가능하다.

그리고 법원의 판례에서도 직장유암종의 크기나 활동 정도, 병증, 치료 방법 및 예후 등에 따라 암으로 인정한 사례도 있다. 다만 문제는 법원에서 소비자가 아닌 보험사의 손을 들어 준 판례도 있다는 점이다. 그런데 동일한 질병이라도 종양의 크기, 병증, 치료방법, 예후 등에 따라 서로 다른 두 개의 상병코드가 부여 가능한 경우도 있다.

9. 대장점막내암

대장점막내암을 어떤 의학적 관점에서 분류하느냐에 따라 제자리신생물로 분류될 수도, 악성신생물로 분류될 수도 있다.

대장점막내암이라 함은 암세포가 대장을 이루고 있는 겹겹의 층 중에서 상피층과 점막 고유층을 침범하였되 점막하층은 침범하지 않은 상태를 말한다. 암세포가 상피층에만 국한되어 있는 경우에는 대장상피내암이라 하여 제자리신생물 코드인 D01을 부여하는 것에 망설임이 없으나, 대장점막내암은 상피내암과 악성신생물 사이쯤의 병기이므로 분류가 엇갈릴 수 있다.

보험사에서는 대장점막내암의 보험금 청구 건이 접수되면 제자리신생물로 분류하여 보험금을 지급하려는 것이 보통이다.

제자리신생물 D코드로 진단되었으면 진단대로 보험금을 지급한다는 명분으로 암보험금의 일부만을 지급하고, 악성신생물 C코드로 진단되었으면 주치의가 분류체계에 혼동이 있었을 것이라며 주치의를 설득하거나 협력의료기관에 자문을 구해 진단을 제자리신생물 D코드로 변경하여 암보험금의 일부만을 지급하는 형태를 취한다.

대장점막내암은 그 정도에 따라 분류가 엇갈릴 수 있기에 보험사의 심사가 무조건 잘못되었다고 할 수는 없지만, 제자리신생물이 아니라 악성신생물로써 인정 가능한 경우까지도 제대로 보상하지 않는 사례도 많다는 것이 문제이다.

10. 흉복부장기와 비뇨생식기 장해

우리의 신체는 언제나 다양한 위험에 노출되어 있다. 주로 피부나 근육, 뼈 부위가 상해를 입기 쉽지만 예기치 못한 큰 사고로 인해 장기가 훼손되는 경우도 있다. 생명보험 및 손해보험의 〈상해후유장해〉 담보에서는 장기의 장해를 다음과 같이 세 분류로 나누어 보상하고 있다.

재해분류표

장해의 분류	지급률
1) 흉복부장기 또는 비뇨생식기 기능에 심한 장해를 남긴 때	75
2) 흉복부장기 또는 비뇨생식기 기능에 뚜렷한 장해를 남긴 때	50
3) 흉복부장기 또는 비뇨생식기 기능에 약간의 장해를 남긴 때	20

장해 판정 기준

1) '흉복부장기 또는 비뇨생식기 기능에 심한 장해를 남긴 때'라 함은
   ① 심장, 폐, 신장, 또는 간장의 장기이식을 한 경우
   ② 장기이식을 하지 않고서는 생명유지가 불가능하여 혈액투석 등 의료처치를 평생토록 받아야 할 때
   ③ 방광의 기능이 완전히 없어진 때

2) '흉복부장기 또는 비뇨생식기 기능에 뚜렷한 장해를 남긴 때'라 함은
   ① 위, 대장 또는 췌장의 전부를 잘라내었을 때
   ② 소장 또는 간장의 3/4 이상을 잘라내었을 때
   ③ 양쪽 고환 또는 양쪽 난소를 모두 잃었을 때

3) '흉복부장기 또는 비뇨생식기 기능에 약간의 장해를 남긴 때'라 함은
   ① 비장 또는 한쪽의 신장 및 한쪽의 폐를 잘라내었을 때
   ② 장루, 요도루, 방광누공, 요관 장문합이 남았을 때
   ③ 방광의 용량이 50cc 이하로 위축되었거나 요도협착으로 인공요도가 필요할 때
   ④ 음경의 1/2 이상이 결손 되었거나 질구 협착 등으로 성생활이 불가능할 때
   ⑤ 항문 괄약근의 기능 장해로 인공항문을 설치한 경우(치료과정에서 일시적으로 발생하는 경우는 제외)

> 4) 흉복부장기 또는 비뇨생식기의 장해로 인하여 일상생활 기본 동작에 제한이 있는 경우 '일상생활 기본동작(ADLs) 제한 장해평가표'에 따라 장해를 평가하고 둘 중 높은 지급률을 적용한다.
>
> 5) 장기간의 간병이 필요한 만성질환(만성간질환, 만성폐쇄성질환 등)은 장해의 평가 대상으로 인정하지 않는다.

주의할 점은 〈상해후유장해〉 담보에서는 위 장해가 상해로 인해 발생하였을 경우만을 보상한다는 점이다. 질병으로 인한 장해는 따로 질병후유장해 담보에 가입되어 있어야지만 보상받을 수 있다.

특히 여성분의 난소 물혹 제거나, 자궁경부암 등의 원인으로 하여 난소 제거 수술을 받게 되는 경우가 있다. 이때에 한쪽에 난소 제거를 하게 되면 후유장해분류에 해당되지 않지만, 양쪽 다 제거하면 후유장해 50%에 해당되어 보험료 납입면제 혜택을 받고, 질병후유장해 담보가 있으면 담보 금액의 50% 후유장해 보험금을 받을 수 있다.

또한 위암으로 위 전절제 수술을 받아도 후유장해 50%로 납입면제가 가능하고 혈액투석을 계속적으로 받아야 할 경우는 납입면제와 더불어서 혈액투석을 하게 된 동일한 원인으로 배변장해가 추가적으로 발생했을 때에는 혈액투석과 배변장해를 합산할 수 있다. 이때 합산하여 후유장해율이 80%가 넘으면 일반사망 보험금이나 고도후유장해 보험금을 보상받을 수 있다.

이렇듯 보험금 청구는 직접적으로 보험금인 금전보상을 받을 수도 있고 받지는 못하더라도 보험료 납입면제로 금전보상과 같은 혜택을 받을 수 있는 경우가 많아서 상담 시 FC가 보험금 보상에 관한 지식을 갖추는 게 고객에게는 중요한 일이다.

11. 급성심근경색

급성심근경색으로 진단비를 청구했다가 보험사로부터 거절 당했다면, 아마도 다음 사례 중 한 가지에 해당할 것이다.

1) 추정진단(의증)으로 인한 면책

모든 진단비는 '확정진단'을 지급 요건으로 한다. 확정진단이란 다양한 정밀검사를 통해 어떤 질병인지 확실히 밝혀진 진단을 의미한다. 반면 추정진단(의증)은 어떤 질병으로 의심은 되지만 확신을 가질 수 없다는 모호한 소견이다. 추정진단에까지 진단비를 지급하게 되면 심사의 객관성 및 공정성이 떨어지게 되므로 보험사는 절대 추정진단을 인정하지 않는다.

그런데 급성심근경색은 질병의 특성상 확정 진단이 불가능한 경우가 있다. 특히 증상으로 인해 확정 진단에 도달할 만한 검사 결과가 부족하거나, 정밀검사를 시행하기 전에 사망한 경우 등이 그 예다.

이와 같은 특수한 상황에서는 확정진단이 불가능한 사유에 대한 증명, 그리고 확정진단에 준할 만한 의학적인 자료가 뒷받침된다면 진단비를 수령할 수 있다.

2) 질병분류코드의 불일치

급성심근경색 진단비는 진단서상의 질병분류코드가 I21, I22, I23에 해당할 경우를 지급 요건으로 한다. 그런데 심근경색임에도 불구하고 질병분류코드가 불일치하거나, 보험사가 심사를 의뢰한 제3의 의료기관에서 질병분류코드가 변경되어 진단비가 면책되는 사례가 더러 있다.

예를 들어 심근경색증이 발생하였으나 증상이 경미하여 치료의 시기를 놓쳤다가 다른 검사에서 우연히 발견한 경우, I25.2 오래된 심근경색증으로 진단될 수 있다. 진단이 늦어졌지만 I21~I23에 해당하는 급성심근경색이었음을 의학적으로 입증하지 않는다면 억울함을 풀기 어려울 것이다.

3) CI보험 및 '중대한 급성성심근경색 진단비'의 까다로운 지급 요건

CI보험이나 중대한 진단비에서는 질병분류코드의 일치와 동시에 흉통, 심근효소의 증가, 심초음파상 ST분절의 상승이라는 세 가지 조건을 모두 갖출 것을 지급 요건으로 한다. 그러나 이 역시 급성심근경색의 특성상 세 조건을 모두 충족할 수 없는 경우도 있기 때문에, 의료조사를 통해 진단비 청구 가능성을 살펴보아야만 한다.

또한, CI보험 및 중대한 진단비에서는 '심근의 미세경색이나 작은 손상'은 보상하지 않는다고 정하고 있는데, 그에 대한 명확한 기준이 없기 때문에 보험사의 자의적인 해석에 방어가 필요한 경우도 있다.

4) 고지의무위반으로 인한 면책

위에서 살펴본 진단비 지급 요건에는 모두 부합하지만, 보험 가입 시 고지의무를 위반한 사실 때문에 발목이 잡히는 경우도 있다. 고지의무를 위반하였더라도 고지하지 않은 내용과 급성심근경색 사이에 연관이 없다면 보험금을 지급하는 것이 타당하나, 조금이라도 연관성이 의심되는 경우에는 일이 쉽지 않다.

예를 들어 가입 전 흉통으로 인해 병원을 내원한 적이 있다던가, 협심증, 고혈압 등의 성인병이 있었다면 보험사에서 연관성을 주장하여 면책을 결정할 수도 있다.

만약 두 질병 사이에 연관이 없음을 적극적으로 증명해 내지 못한다면 보험사의 결정을 뒤집을 수 없다.

사례 따라잡기 2

자유를 찾아온 새터민의 갑상선암

 친하게 지내고 있는 후배 지점장의 지점에서 공소연 2차 보험금에 관한 강의를 다 끝내자 한 여성 FC가 조용히 질문을 했다.
 자신은 이 일을 시작한 지 6개월밖에 안 된 FC인데 열심히 하다 보니 회사에서 보유하고 있던 '고아계약'을 이관받게 되었고, 그렇게 해서 만난 고객이 자유를 찾아서 월남한 새터민으로 여자분이었다.
 이관 절차를 이야기하던 중 고객의 지나온 이야기를 듣고 인간적인 안타까움도 느끼게 되었다.
 그녀는 힘들게 북에서 넘어와 이제는 결혼하고 살면서 저축도 하며 열심히 살았는데 갑상선암이라는 진단을 받은 것이다. 그녀는 단신으로 탈북했기 때문에 혼자라는 막연한 불안감에 다행히도 크지는 않지만 보험에 가입해 있었고, 소액암 진단비와 수술비, 그리고 입원비만 받은 상태에서 이 FC를 만나게 되었다. FC는 강의에서 갑상선암 발병 시 임파선까지 전이되면 일반암으로도 청구 가능하다는 말을 들은 터라 상담을 요청했다.

 많은 고객이 만약 갑상선암으로 진단을 받은 후 혹은 치료를 끝낸 후에, 들어놓은 보험이 생각나서 평소 잘 들여다보지도 않던 보험약관을 꺼내어 본다. 암 진단금 2천만 원! 정말 들어놓기를 잘했다는 생각이 드는 순간 아래에 단서 조항이 눈에 들어온다.

"갑상선암은 암 진단금의 100%가 아닌 20%가 지급된다."

갑상선암은 보험사에서 지칭하는 일명 소액암의 범주에 속하는 암이다. 발병률이 높은 대신 치료율도 높기 때문에 일반 위암이나 유방암, 폐암 등과 같은 보장을 해주지 않는다. 여기까지는 약관에 명시되어 있는 정당한 보상 기준이라 할 수 있지만 보험사에서 알려주지 않는, 고객과 FC도 모르고 지나치는 2차 보험금의 비밀이 있다.

"이 특별약관에 있어서 "갑상샘암"이라 함은 악성신생물(암) 분류표 중 분류번호 C73에 해당하는 질병을 말합니다."

약관을 살펴보면 갑상선암으로 암 진단금의 20%만 지급되는 경우는 C73으로 진단 코드를 부여받았을 때라는 것을 알 수 있다. 즉, 다시 말해 C73이 아닌 다른 암 코드로 진단 시에는 약관에 별도 정한 사항이 없다면 작성자 불이익 원칙이 적용되어서 일반암으로 간주해 암 진단금 100%가 지급되어야 한다.

그런데 갑상선암은 주로 임파선으로 전이되는 경우가 많아 위와 같이 C77 코드가 함께 부여되기도 하는데, 이 경우에는 암 진단금이 어떻게 지급될까?

약관대로라면 C73 이외의 암 코드가 함께 진단되어 있으므로 암 진단금의 100%가 지급될 것처럼 보인다. 그러나 보험사에서는 결코 C77을 일반암 코드로 인정하지 않는다. 그 이유로 주진단은 갑상선암이고 임파선 전이는 그에 따른 종속 상태이며, C77 코드는 갑상선 외 다른 암에서의 전이 시에만 코딩 될 수 있다는 것을 든다.

보험사의 주장이 일리가 없는 것은 아니다. 그러나 그 주장이 모두 옳은 것만도 아니다. 전이가 일어난 이상 일반적인 갑상선암과 동일한 소액암의 위험도만 있다고 볼 수 없고, 보상은 보험사가 아닌 소비자에게 유리하게 이루어지는 것이 옳기 때문이다.

실제로 임파선 전이된 갑상선암의 경우 암 진단금 100%가 지급된 사례들이 다수 존재한다. 다만 제대로 된 진단금을 지급받기 위해서는 그에 상응하는 타당한 의학적, 약관 해석적 근거가 필요하므로 개인적인 청구로는 어렵고 전문가의 도움을 받아야 가능하다.

결국, 진단서에 C77코드가 부여되었건, 부여되지 않았더라도 전이 사실이 확실하다면 보험사에 암 진단금 100%를 청구해볼 수 있다.

갑상선암은 크게 세포의 분화가 잘 되는 '분화암'과 분화가 덜 된 '미분화암'으로 나눌 수 있다.

분화암은 치료가 쉽고 예후도 좋지만, 미분화암은 병증이 빠르고 치명적으로 진행되어 치료가 어렵고 예후도 좋지 않다. 사람들이 흔히 갑상선암을 '착한 암'이라 부르는 이유는 대부분의 갑상선암이 분화암에 속하기 때문이지만, 미분화암은 그렇지 않다.

그러나 갑상선 미분화암도 암보험에서는 분화암과 동일하게 소액암으로 보상 처리된다. 2007년 4월 1일 이전 보험 상품에서는 갑상선암도 다른 여타 암과 동일하게 보험 가입 금액의 100%를 보상하였으나, 갑상선암의 발병률이 높아지자 치료와 예후가 여타 암에 비해 좋은 점을 들어 이후 상품에서는 보험 가입 금액의 10~30%만 보상하는 것으로 축소 변경되었다.

물론 갑상선 미분화암은 일반 암과 동일한 위험도를 가진 암이지만 보험약관에서는 그 종류나 성질과 관계없이 갑상선암을 통틀어 소액암으로 규정하고 있어, 다소 형평성에 어긋나는 부분이 있기는 해도 어쩔 수 없이 일부의 보상에 만족할 수밖에 없는 것이 현실이다.

　다만 2007년 4월 1일~2011년 3월 31일까지 판매된 보험상품에 가입되어 있고, 갑상선 미분화암이 임파선 또는 다른 장기에 전이의 양상을 보였다면 암 보험금을 10~30%가 아닌 100%로 수령 할 수 있는 희망이 존재한다. 전이가 일어난 갑상선암은 주치의의 의학적 검토를 통해 일반암에 해당하는 제2의 진단코드 부여가 가능한데, 제2의 일반암 진단코드가 부여될 경우 보험사에 추가적인 보험금 청구를 시도해 볼 수 있기 때문이다.

　2차 보험금을 아는 FC를 만난 새터민 고객은 그의 작은 관심으로 일반암 보험금 1,600만 원을 추가로 지급 받고, 어려운 가운데서도 열심히 살아가는 데 작은 힘을 얻었다.

02 재해와 상해

상해사고와 재해사고를 일반인들은 그저 다침이나 외상 정도의 의미로만 인지하지만, 보험회사에서 의미하는 상해사고와 재해사고의 요건은 조금 더 까다롭다.

상해사고는 ① 급성 질병처럼 일정 기간을 두고 서서히 진행되는 것이 아닌 순간적인 사고에 의한 상해. ② 우연성이 예정된 것이 아닌 우연한 상해. ③ 외래성 신체 내부에서 진행되는 이상이 아닌 외부의 물리적인 개입에 의한 상해로 규정하여 이 세 가지 요건을 갖추었을 때 비로소 상해로 인정되며 손해보험회사에서 많이 사용되는 의미이다.

한편 재해사고는 우발적인 외래의 사고를 재해사고라고 하며, 경미한 외부요인은 제외한다. 그러면 경미한 외부요인의 기준은 무엇일까? 그것은 의사가 판단하고 결정하는 상해기여도에 따라 결정된다. 즉, 의사가 사고 나서 후유장해 발생 원인이 외부 상해의 요인에 의한 기여도가 30%를 넘지 않는다고 판단하면 경미한 외부요인이 되고, 상해기여도가 30%를 넘는다고 판단하면 비로소 재해에 해당한다.

1. 기왕증과 상해기여도

상해후유장해는 3% 이상의 후유장해 판정이 있어야 하며, 영구장해인 경우에는 보험 가입 금액의 100%에 장해율을 곱한 금액을, 한시장해인 경우에는 5년 이상인 때에만 보험 가입 금액에 장해율을 곱한 금액의 20%를 지급 받을수 있다. 보험에서 말하는 상해사고의 요건을 충족하고 있고, 상해후유장해 담보에 가입되어 있으며 3% 이상의 영구장해 진단을 받았음에도 보험금이 삭감될 수 있다.

보험회사에서 보험금 삭감의 근거로 이야기하는 '상해기여도'란 무엇일까?

상해기여도란 외상기여도라고도 불리며, 해당 사고에서 입은 부상에 상해 사실이 얼마만큼 많이 개입하였느냐 하는 정도를 의미한다.

기왕증이라는 말도 상해기여도와 유사하게 쓰이는 개념인데, 이는 해당 사고에서 입은 부상 부위에 상해사고 이전부터 질병이 있었음을 의미한다. 상해사고가 일어나기 전부터 골다공증을 앓고 있었다면 이 골다공증이 바로 기왕증이며, 골다공증이 없었을 경우 상해사고로 순수하게 입었을 부상의 정도를 책정하는 것이 상해기여도이다. 다시 말해 보험사의 논리는, 만약 골다공증을 앓고 있지 않았다면 해당 상해사고를 당했더라도 지금의 40% 정도만 부상을 입었을 것이니, 보험금도 40%만 지급하겠다는 것이다.

'~하지 않았다면 ~했을 것이다'는 보험사의 주장은 어떻게 들으면 논리적이기도하다.

하지만 기왕증 때문에 위 사고가 발생한 것은 아닐뿐더러, 상해사고의 사실이 명확한데도 상해기여도를 따지겠다는 것은 불합리하다. 병이 없었다면 덜 다쳤을 것이라는 논리와 넘어지지 않았다면 다치지 않았을 것이라는 논리가 충돌하는 것이다.

보험회사에서 기왕증을 근거로 상해기여도를 책정하여 보험금을 삭감하겠다고 하면 소비자들은 병이 있었던 것에 괜스레 위축감을 가지게 되어 이를 수긍하는 경우가 많다. 그러나 기왕증이 있었더라도 분명한 상해사고가 있었고, 그 상해사고가 질병으로 인한 것이 아닌데도 보험회사에서는 상해기여도의 비율이나 책정이 불가피한 것으로 이야기한다면, 약관의 해석, 의학적인 자료 등을 통해 소비자에게 보다 유리하게 조정할 수 있거나 전액을 지급받을 수도 있음을 알아야 한다. 다만 생명보험과 손해보험의 약관 및 보상 방법이 다르고, 계약 일자마다 약관의 내용에도 차이가 있기 때문에 각각을 검토 후 알맞은 대응을 해야 한다.

특히 생명보험사는 보상의 기본 원칙이 열거주의이다. 그래서 약관상에 보장 대상이 되는 재해와 보험금을 지급하지 않는 재해라고 별표에 의해서 따로 열거하고 있다. 반면에 손해보험회사의 보상 기본원칙은 포괄주의여서 모두 다 보상하지만 보상하지 않는 것들을 명시하고 있다.

또한, 교통사고의 경우 맥브라이드 방식으로 노동력 상실을 평가하여 보장하게 되며 생명보험이나 화재보험에는 수상 후 후유장해가 나타날 경우 AMA 평가 방법을 이용한다. AMA방식 장해평가법은 미국의사협회에서 정해놓은 운동각도를 측정해서 신체장해 정도를 표시하여 장해율을 측정하는 방법이다. 즉, 맥브라이드(Mc-Bride) 법은 장해의 부위, 종류, 정도에 따라 정밀하게 장해율을 평가할 수 있도록 구분해 놓고, 이를 토대로 노동능력상실률의 정도를 평가한다.

맥브라이드(Mc-Bride) 노동능력상실률 장해평가방법은 자동차사고, 배상책임사고, 근로자재해보험 등과 같이 피해자의 민사상 손해배상이 이루어져야 하는 경우에 사용 하는 후유장해 평가 방법이다.

2. 추상장해

개인보험에서 후유장해 담보는 장해를 보장하는 담보이다. 주로 신체 부위의 기능 장해에 관한 것이 보장 내용의 주를 이루지만 얼굴이나 머리, 목의 영구적인 흉터에 대해서도 보장하고 있다. 과연 얼만큼의 흉터가 있어야 장해가 인정되며, 또 얼만큼의 보험금이 지급될까?

추상장해 보상 인정 기준은 아래와 같다.

장해의 분류	지급률
1) 외모에 뚜렷한 추상을 남긴 때 　– 얼굴: 손바닥 크기 1/2 이상의 추상 　　　　길이 10cm 이상의 추상 반흔 　　　　직경 5cm 이상의 조직함몰 　　　　코의 1/2 이상의 결손 　– 머리: 손바닥 크기 이상의 반흔 및 모발 결손 　　　　머리뼈의 손바닥 크기 이상의 손상 및 결손 　– 목: 손바닥 크기 이상의 추상	15%
2) 외모에 약간의 추상을 남긴 때 　– 얼굴: 손바닥 크기 1/4 이상의 추상 　　　　길이 5cm 이상의 (외모의/두부 또는 안면부)흉터 　　　　직경 2cm 이상의 조직함몰 　　　　코의 1/4 이상의 결손 　– 머리: 손바닥 1/2 크기 이상의 반흔 및 모발 결손 　　　　머리뼈의 손바닥 1/2 크기 이상의 손상 및 결손 　– 목: 손바닥 크기 1/2 이상의 추상	5%

'손바닥 크기'라 함은 해당 환자의 수지를 제외한 수장부의 크기를 말하며, 12세 이상의 성인에서는 8x10cm(1/2 크기는 40㎠, 1/4 크기는 20㎠), 6~11세의 경우는 6x8㎠(1/2 크기는 24㎠, 1/4 크기는 12㎠), 6세 미만의 경우는 4x6(1/2 크기는 12㎠, 1/4 크기는 6㎠)으로 간주한다.

추상장해란 상처나 화상 등으로 피부의 변색, 모발의 결손, 조직의 결손 및 함몰 등이 성형수술로도 더 이상 없어지지 않는 영구적인 흉터를 의미한다. 즉, 흉터의 크기와 위치가 위 표의 내용에 부합하되 영구적인 경우 후유장해 보상이 가능하다.

특히 외모에 약간의 추상을 남긴 때 길이 5cm 이상일 경우 후유장해 분류 지급률 5%가 지급되는데 이때 길이는 단독으로 5cm 이상도 가능하지만, 얼굴 이곳저곳에 있는 상처를 합하여 5cm 이상이어도 후유장해 보험금을 지급받는 데 문제가 없다.

특히 자동차 사고에서 생긴 얼굴에 상처는 단순히 성형수술비에 대한 보상만 청구하는 경우가 많은데 자동차 사고와 별개로 개인적으로 가입하고 있는 보험에서 추상장해로 보험금을 추가로 청구할 수 있다.

3. 척추

척추는 우리 몸의 기둥이라 할 수 있는 부위이기 때문에 보험에서도 비중 있게 다루는 부위 중 하나이다.

질병이나 상해로 인한 척추의 장해 상태가 영구적으로 지속할 것으로 진단된 경우 후유장해 담보에서 보상을 받을 수 있는데, 척추와 관련된 후유장해 보장에는 압박골절, 탈구, 측만증, 후만증, 전만증, 추간판탈출증(디스크)이 포함된다.

척추측만증과 척추전만증의 후유장해 보상 인정 기준은 아래와 같다.

장해의 분류	지급률
1) 척추에 심한 기형을 남긴 때– 척추의 골절 또는 탈구 등으로 인하여 전만증 및 후만증 35도 이상, 측만증 20도 이상	50%
2) 척추에 뚜렷한 기형을 남긴 때– 척추의 골절 또는 탈구 등으로 인하여 전만증 및 후만증 15도 이상, 측만증 10도 이상	30%
3) 척추에 약간의 기형을 남긴 때– 1개 이상의 척추의 골절 또는 탈구로 인하여 경도의 전만증 및 후만증 또는 측만증	15%

척추측만증이란 척추가 옆으로 휘어지는 증상을 의미하고, 척추후만증 및 척추전만증이란 척추가 뒤 또는 앞으로 휘어지는 증상을 의미한다. 척추의 골절 또는 탈구 등으로 인하여 어느 정도 허리가 휘어지는가에 따라 보상의 정도는 달라진다.

생명보험, 손해보험에서의 후유장해 진단서는 국가장애나 자동차보험 등과는 달리 AMA 방식의 진단서를 발급받아야 한다.

그런데 치료를 시행한 주치의는 자신의 치료 결과 장애가 남는다는 사실을 꺼림칙해 하기 때문에 진단서 발급을 꺼리거나, 발급을 해주더라도 객관적이지 못한 평가가 이루어질 수도 있다.

척추측만증과 척추후만증 및 척추전만증은 사고로 인해 발생할 수도 있지만 질병적 요인으로 인해 발생할 수도 있다. 후유장해 담보는 상해만 보장하거나 질병만 보장하는 경우가 많으므로 가입한 담보가 무엇인지에 따라 보상 가능 여부가 달라질 수 있다.

또한, 상해 후유장해 담보에 가입되어 있고 사고로 다친 경우, 척추측만증 및 척추전만증은 퇴행적 질병 요인을 100% 배제할 수 없기 때문에 보험사에서 보험금의 삭감 또는 면책을 주장할 때는 전문가에게 도움을 요청하기 바란다.

4. 추간판탈출증(디스크)

우리가 흔히 '허리 디스크'라고 부르는 추간판탈출증은 어깨 회전근개나 무릎의 반월상연골 등과 함께 참 분쟁이 많이 일어나는 질환이다. 퇴행에 따라 질병으로 발병할 수도 있고 사고로 발병할 수도 있기 때문에 이것이 질병이냐 상해냐를 놓고 의견이 맞서는가 하면, 상해로 인정한다고 하더라도 '외상 기여도'라는 부분을 감안하는 문제에서 또 좀처럼 의견 일치가 되지 않는다.

추간판탈출증 후유장해보험금 분쟁은 역시 상해 인정 여부와 외상 기여도 책정이 핵심 포인트이다.

장해의 분류	지급률 (%)
1) 척추(등뼈)에 심한 운동장해를 남긴 때	40
2) 척추(등뼈)에 뚜렷한 운동장해를 남긴 때	30
3) 척추(등뼈)에 약간의 운동장해를 남긴 때	10
4) 척추(등뼈)에 심한 기형을 남긴 때	50
5) 척추(등뼈)에 뚜렷한 기형을 남긴 때	30
6) 척추(등뼈)에 약간의 기형을 남긴 때	15
7) 심한 추간판탈출증(속칭 디스크)	20
8) 뚜렷한 추간판탈출증(속칭 디스크)	15
9) 약간의 추간판탈출증(속칭 디스크)	10

상해로 허리디스크를 청구하는 사례 대부분은 교통사고뿐만 아니라 무거운 물건을 들다가 아니면 넘어져서 다쳤다고 하는 분들이다.

하지만 그런 분명한 사고임에도 큰 사고가 아닌 작은 사고일 경우에 보험회사에서 허리디스크를 질병이라고 하는 이유는 무엇일까?

사람은 나이가 들어가면서 누구나 신체 부위에서 퇴행성 변화를 겪는다. 특히 뼈인 척추의 경우에는 직립보행을 하는 이상 10대에서부터 자연스레 퇴행이 진행되며 본인이 느끼지 못하더라고 잠재적으로 허리디스크의 위험이 존재하다.

　잠재된 질병은 퇴행이 심해져 나타나기도 하며, 외부 충격으로 발병하기도 한다. 디스크의 질병분류코드 역시 상해를 나타내는 S 코드가 아닌 M 코드로 분류된다.

　허리디스크 상해로 인정받게 되면 상해후유장애 보험금에 대한 청구도 뒤따라 올 수 있기 때문에, 보험사는 과거의 병원 방문기록 등을 살펴서 상해 사실 없이 허리와 관련된 진료가 있으면 이를 근거로 내세운다. 또 보험회사 협력병원에 자문을 구해서 질병의 소견을 받아, 보험금의 지급을 거절하거나 일부분만 지급하는 경우가 수두룩하다. 보험사고의 근본적 원인이 교통사고라 하더라도 허리디스크의 특성상 100% 상해를 인정받기는 어렵다.

　여기서 중요한 것은 보험회사로부터 질병이 아닌 상해로 인정받으려면 디스크에 대한 상해 기여도가 중요하다.

　추간판탈출증은 특별히 외상의 원인이 없더라도 사람이 나이가 들어감에 따라 퇴행의 병력을 가지게 되는 부분이며, 외상 기여도란 순수하게 사고가 질환의 발병에 미친 정도에 따라 보험금을 책정하는 것, 반대로 말하자면 퇴행성 병력이 있었던 부분만큼 보험금을 감액하는 약관의 규정인데, 무엇에 근거하여 어떻게 산출할 것인가에 대한 기준점이 전혀 제시되어 있지 않아 보험사와 이견 조율이 필요한 부분이다.

　이처럼 추간판탈출증의 보험금 분쟁은 질병으로 보느냐 상해로 보느냐의 차이이고, 그 후에는 외상 기여도를 얼마나 유리한 조건으로 인정받느냐가 핵심이 된다.

　디스크가 상해 요인으로 발생하였다면 사고 발생 이후 처음 찾아간 병원의 의사에게 정확한 사고 내용을 문진 시 이야기하는 것이 중요하다.

나중에 보험사와 후유장해 보험금 지급의 상해 기여도의 다툼이 있을 때 고객에게 유리한 자료가 될 수 있기 때문이다.

5. 십자인대 파열

십자인대는 앞십자인대(전방십자인대)와 뒤십자인대(후방십자인대)가 있으며 무릎관절 내에 존재하나 인대는 활막에 싸여 구별되므로 십자인대 자체는 활막 외 조직이다. 혈액공급은 중간 무릎 동맥에 의해, 신경공급은 뒤쪽 정강 신경의 가지인 뒤쪽 관절 신경에 의하여 이루어진다. 그리고 관절의 안정성에 있어 중요한 역할을 하며 넙다리뼈에 대하여 정강 뼈가 앞뒤로 이동하는 것을 방지한다.

후방십자인대의 길이는 약 38mm이며 폭은 13mm이고 전방십자인대보다 2배 정도 강하다. 전외 측과 후내 측 다발로 구분이 되고 전외 측 다발은 무릎관절이 굽힐 때 팽팽해지며 후내 측은 펼 때 팽팽해진다.

후방십자인대 파열이 전방보다 비교적 사고가 적은 편이고 큰 외상으로 일어나는 이유는 후방십자인대가 전방에 비해서 강하고 두꺼울 뿐 아니라 무릎 관절의 가장 가운데에 위치해 있기 때문이다. 하지만 두껍고 깊숙이 있기에 수술을 하더라도 100% 호전을 기대하기는 어려운 부위이다.

개인 보험에서 후유장해 보험금 지급기준은
① 수술 후 6개월 뒤 AMA 방식의 후유장해 진단이 있어야 한다.
② 수술한 무릎이 수술하지 않은 무릎에 비해서 5mm 이상의 동요(무릎이 좌우로 흔들리는 상태가)가 있어야 한다.

③ 영구장해 진단을 받아야만 후유장해 보험금 신청이 가능하다.
- 만약 한시장해로 진단을 받은 경우에는 5년 이상의 장해이면 청구가 가능하나 보험금의 20% 정도만 지급된다.
- 교통사고의 경우에는 3mm 이상의 동요, 국가장애의 경우에는 10mm 이상의 동요 등 각각 보상 지급기준이 상이하다.

지급기준을 보면 알겠지만 후유장해 보험금 청구는 생각보다 쉽지 않다. 보험금을 청구하는 부분에 따라서 충족되어야 하는 기준이 달라서 전문지식이 없으면 보험금 청구를 진행하기 어려울 뿐만 아니라 의사들이 후유장해 진단서의 발급을 꺼리기 때문이다.

십자인대 파열 후 접합수술을 받았다면 수술 후 180일이 지난 시점에 바로 후유장해 진단을 받는 것이 유리할 수 있다.

수술 후 시간이 경과하면 할수록 인대가 관절에 잘 고정되거나 계속적인 과부하 운동으로 관절 동요가 심해질 수 있기 때문에 후유장해 측정을 하는 적절한 시기도 십자인대 파열로 인한 후유장해 보험금을 청구하는 데 주요한 포인트다.

6. 척추압박골절

척추압박골절은 척추체가 충격을 받아 찌그러지거나 주저앉는 상태를 말하게 되며 압박골절이 발생하게 되면 앉아 있다가 일어설 때, 호흡 및 기침 재채기를 할 때 등, 척추체 쪽에 통증이 발생할 수 있으며 통증이 심하지 않더라도 척추압박골절을 방치하게 될 경우 추가적인 미세골절 등의 2차적 손상이 올 가능성이 높은 부위이기 때문에 적절한 치료가 필요하다.

골절이나 통증이 심할 경우 척추체성형술과 같은 수술적 치료가 필요하며 통증이 크지 않을 때는 침상 안정 및 보조기 착용 등만으로도 치료가 가능하다.

보조기 착용은 압박률이 심하지 않은 경우 이 방법으로 치료를 진행하게 되는데 보조기를 제대로 착용하지 않고 일상생활을 계속하면 예후가 좋지 않아 정말 나중에는 수술을 해야 하거나 척추측만증이 올 확률이 높다. 압박골절은 우리 신체의 중심축이라 할 수 있는 척추뼈가 골절된 것이기 때문에 몸무게의 하중을 받지 않도록 계속 누워있는 것이 치료라 할 수 있다.

또한, 척추압박골절은 장해진단을 통해 개인이 가입한 보험(생명, 손해, 단체 등)을 통해 치료비 외에 후유장해(후유증)로도 보상이 가능하다. 압박골절의 치료방법은 수술이나 시술 또는 보존적 치료로 보조기를 착용하게 된다.

후유장해 보험금 청구 시 장해판정기준은 2가지로 나누어진다.

척추뼈 몇 개가 유합되었는지 여부, 운동각도로 인한 평가, 기형으로 인한 평가로 나누어지는데 척추뼈의 유합 정도에 따른 판정기준은 2005년도 이후 가입된 보험에 해당되고 이전 보험의 경우 운동각도와 기형의 정도에 따라 판단한다.

운동각도의 경우 굴곡, 신전, 회내, 회외, 내회전, 외회전 각도를 합산하여 1/4, 1/2, 3/4 정도로 나누어 심한 장해, 뚜렷한 장해, 약간의 장해로 나누어지고 척추기형의 경우 각도에 따른 척추전만증과 척추후만증이 존재할 경우 만곡각도에 따라서 평가하여 지급한다. 척추압박골절로 수술을 하지 않았을 경우도 운동 각도에 따라 장해여부를 평가할 수 있다.

보험금 청구 시 유념할 점은 골다공증 또는 기존에 발생된 사고의 경우

보험사는 기왕증을 참작하여 사고 정도의 기여도만 인정하여 보험금을 지급하려 한다. 보험사의 임의적인 판단으로 과다한 기왕증을 주장하며 보험금을 삭감 지급하려는 경향이 있으니 보상전문 FC가 꼼꼼히 챙겨야 한다.

7. 관절 치환

신체의 관절이 질병 및 상해로 인하여 변형, 파괴되었을 때 관절을 대신하여 관절 본연의 기능 및 역할을 대행하는 인공대용물을 인공관절이라 한다.

과거에는 이러한 인공관절 수술 후 일상생활 제한 및 부작용, 후유증도 많았으나 최근 의학기술의 발달로 부작용 및 후유증은 현저히 감소하고 비록 무리한 운동이나 활동에는 제한이 따르나 일상생활은 정상적으로 영위할 만큼 수술 후 경과가 좋아졌다.

인체의 인공관절이 적용되는 부위는 견관절(어깨), 주관절(팔꿈치), 고관절(골반), 슬관절(무릎) 등 인체의 주요 관절로 이중 인체의 하중을 담당하여 무리가 많이 가는 고관절, 슬관절이 인공관절 수술에서 많은 수를 차지한다.

인공관절 수술 후 단순 병원비, 수술비, 입원 일당 등 치료 관련 제비용 및 소액의 보험금 지급을 통하여 보상을 마무리하는 경우가 많다. 인공관절 같은 경우 손해보험 및 생명보험의 통합약관을 보면 '한 팔의 3대 관절 중 관절 하나가 기능을 완전히 잃었을 때'와 '한 다리의 3대 관절 중 관절 하나가 기능을 완전히 잃었을 때'처럼 팔, 다리의 3대 관절에 완전 강직, 인공 관정, 인공골두 삽입하면 후유장해 보험금 지급률 30%로 보상받을 수 있다.

팔의 3대 관절은 어깨관절, 팔꿈치관절, 손목관절을 말하며 다리의 3대 관절은 고관절, 무릎관절, 발목관절을 지칭한다. 특히 인공관절 치환은 상해나 퇴행성 질병으로 무릎관절이나 고관절에서 많이 시행된다.

이러한 후유장해 보험금은 각 개인의 재해 및 상해 후유장해 관련 담보 가입금액에 따라서 달라지게 되며, 간혹 예외는 있으나 별도의 장해진단서를 요구하지 않는 보험사가 대다수인 추세이다. 즉, 별도로 후유장해 진단서 발급 없이 일반 진단서만으로도 청구가 가능하다. 그 이유는 인공관절 치환을 하는 즉시 관절에 영구 장해가 남기 때문이다.

질병으로 인하여 인공관절 수술을 하게 될 때는 보험사에서 후유장해로 인정 및 처리를 해주지 않는다. 별도에 질병 후유장해 특약에 가입이 되어 있어야만 질병으로 인한 관절 치환에 후유장해 보상이 가능하다.

스테로이드 약물과 같이 약물의 장기 복용으로 발생할 수 있는 관절 무혈성괴사는 재해에 해당하므로 인공관절이나 인공골두 치환 시 후유장해 진단금을 받을 수 있고 고관절 골절은 골다공증과도 밀접한 관련이 있다. 노화로 인해 골밀도가 떨어지면 작은 충격에도 뼈가 쉽게 부러진다. 또 고관절 골절을 입게 되면 활동을 할 수 없기 때문에 누워서 생활하게 되는데, 체력이 저하되어 있는 고령 환자의 경우에는 심장, 폐 기능에 손상이 올 수도 있다. 질환이 심각한 경우에는 사망에 이르기도 한다.

보험사에서 상해사고로 인한 경우 인공관절 수술에 따른 후유장해 보험금을 지급해주는 경우에도 젊은 사람이 아닌 연세가 있는 환자의 인공관절 수술은, 골밀도 검토나 과거 동일부위 치료사항 등의 자체 손해사정 조사와 의료분석을 통하여 질병기여도로 수치화한다. 예를 들어 40%의 질병기여도가 산정될 시, 이에 대한 차익분인 60%의 보험금만을 지급하는 것이다.

이러한 심사과정에서는 당연히 보험사가 심사 전반적인 과정을 진행 및 관여하여 보험사 측에 유리한 심사결과가 나오도록 하므로, 일반 고객이 의학적 이해도, 약관의 해석, 과거 판례 분석 등의 다방면의 지식이 없다면, 장애등급 조정 등에서 환자에게 불리한 합의 조건을 제시받게 된다. 그래서 이때에도 전문가의 도움이 필요하다.

8. 자살보험금의 진실

보험은 피보험자, 보험계약자, 보험수익자가 고의로 일으킨 사고에 대해서는 보상하지 않는다. 보험의 목적이 우연하고 예기치 못한 사고에 대비하기 위한 것이므로 원칙적으로 자살도 고의적인 사고로 본다. 스스로 목숨을 끊는 행위에는 고의성이 있음을 가장 먼저 의심해 볼 수 있기 때문이다.

생명보험이건 손해보험이건 가장 기본이 되는 보장은 '사망'이지만, 사망의 원인이 자살인 경우에는 사망보험금을 면책하는 것이 원칙이다. 그런데 많은 분이 오해하는 것 중 하나가 '생명보험은 자살도 인정이 되지만 손해보험은 아예 인정이 안 된다'고 알고 있다는 점이다. 생명보험은 2년 이상 보험 유지 시에는 일반사망보험에 한해 보험금을 지급하는 예외적 규정이 있는 반면 손해보험은 그러한 규정이 없어 빚어지는 오해가 아닌가 싶다.

그러나 생명보험과 달리 기간에 대한 인정이 없는 손해보험에서도 자살보험금을 지급 받을 수 있는 예외적 경우가 있다. 또한, 생명보험에 가입한 지 2년이 미처 되지 않아 발생한 자살의 경우에도 사망보험금이 지급될 수 있다.

자살에 대한 일반적인 인식은 스스로 선택한, 고의적인 행위라고 보는 것이 보통이다.

상법에서도 자살의 보험금 면책에 대한 조항이 있기는 하지만, 법원에서 술에 만취한 상태에서의 자살, 우울증이나 말기·중증 질환을 앓고 있는 상태에서의 자살, 극도의 공포나 이상 상태에서의 자살 등은 고의가 있다 보기 어려우므로 보험금을 지급하는 것이 옳다고 몇 차례 판시한 바 있다.

위와 같은 경우를 일러 '심신상실 등으로 자유로운 의사결정을 할 수 없는 상태'라 한다.

과거 손해보험의 보통약관에서는 "보험금을 지급하지 아니하는 사유"에서 피보험자의 고의 또는 자살을 명시하면서 아무런 예외 조항도 달지 않았지만, 최근 약관에서는 "피보험자가 심신상실 등으로 자유로운 의사결정을 할 수 없는 상태에서 자신을 해친 경우에는 보험금을 지급하여 드립니다."라는 단서를 달고 있다. 즉, 자유로운 의사결정을 할 수 없는 상태였음을 입증한다면 손해보험에서도 자살의 사망보험금을 지급 받을 수 있다.

나아가 심신상실 상태에서 자기 자신을 해쳐 죽음에 이르게 되면 일반 사망보험금뿐만 아니라 재해 사망보험금까지 청구하여 받을 수 있다.

사례 따라잡기 3

서울시 공무원의 허리

M사에서 강의 후 한 FC가 질문을 했다.

친구가 자신의 계약자인데 계단에서 굴러서 추간판탈출이 됐는데 자신이 2차 보험금에 대하여 무지하여 보험금 청구를 해주지 못했다며 도움을 요청하였다.

FC의 친구인 A 씨는 서울시 공무원이다.

FC의 친구는 퇴근 후 친구들과 한잔한 후에 집으로 가던 중 아파트 단지 안에 있는 짧은 계단에서 발을 헛디뎠고 낙상을 하게 되었다. 허리가 아팠지만 견딜만하여 집에 들어갔으나 통증은 계속되었고 더욱더 고통이 심해져 그날 새벽에 응급실을 찾게 되었다.

MRI 촬영 결과 4, 5번 경추 추간판탈출 진단를 받았고 수술은 하지 않고 물리 치료와 한방 치료를 받았다. 지금도 허리에 무리가 가면 가끔 물리 치료를 받는 상태이다.

친구인 FC는 수술을 받지 않은 상태이어서 실손의료비 청구 정도만 안내하여 주었고 후유장해로 2차 보험금을 받을 수 있다는 사실 자체를 아예 알지 못했다고 3년이 지났는데 지금이라도 청구가 가능한지를 물었다.

보험금 청구는 보험 사고가 발생하고 2년 안에 청구해야 하는 것으로 모두 알고 있다. 맞다. 이를 청구권 소멸시효라고 하는데 이 때 중요한 것은 청구권 소멸시효의 기산일이다. 기산일이 언제부터인지가 중요한 문제이다.

병원을 방문하여 진단받은 날로부터 기산하면 3년이 지났으므로 보험금 청구권이 소멸된 것이 맞다.

이렇게 일반적인 진단비와 수술비나 입원비의 청구권 소멸시효는 2년이다. 하지만 후유장해는 다르다. 후유장해의 청구권 소멸시효의 기산일은 고객이 선의로 청구 가능 사실을 모르면 보험금 청구 권리행사를 할 수 있을 때부터 2년이다. 그리고 후유장해는 장해가 발생하고 180일이 경과하여 측정하는 것이 가능하다.

그러므로 친구 A 씨는 추간판탈출 진단을 받고 후유장해 진단을 받지 않았기 때문에 후유장해에 관하여 보험금을 청구할 수 있는 권리를 행사할 수 없었다.

추간판탈출증을 바라보는 의사들의 시각은 기본적으로 질병이다. 여기에 추간판이 탈출하게 된 원인을 외상기여도로 인정하여 상해에 해당되는 보상을 해주는 것이다. 즉, 추간판이 탈출하게 된 계기가 외부의 충격에 기인한 것을 어느 정도 인정하느냐가 중요한 것이다. 그래서 2005년 4월 1일 이후에는 척추장해 중 추간판탈출증은 장해지급률에서 기본적으로 50%는 삭감하여 지급하고 있다.

A 씨는 후유장해 진단서를 발급받아서 보험금 청구를 신청하였다.

서울시가 가입되어 있는 직장 단체보험은 상해 특약에 3억 원이 담보되어 있었고, 손해보험사 3곳이 컨소시엄으로 서울시와 계약을 하고 있었다.

서울시와 계약을 주도한 주관사에 후유장해 보험금을 청구하면 주관사 주도하에 각각의 보험사가 각각 보험사고 조사를 나오기 때문에 시간은 걸렸지만 약간의 추간판탈출증으로 10% 지급을 청구했고, 3곳 보험사의 각각 다른 상해 기여도 삭감으로 1,600만 원을 수령하였다.

3장

종신보험의 새로운 가치

01 종신보험의 가치, '가족사랑'의 종말

1. 환갑잔치하던 시대의 가치 '가족 사랑'

나는 보험영업을 D사에서 시작하고 그해 년도 대상 은상을 받았다.

그 당시 저자가 영업 활동을 하던 보험사는 종신보험을 판매하기 전이었고 일부 보험사의 일명 FC라 불리는 남자 대졸 설계사들이 종신보험을 판매하고 있었다. 그 당시에는 양복 입고 일명 007 가방을 든 남자 설계사는 아주 낯선 풍경이었다.

영업 활동을 하던 중에 종신보험 판매의 매력에 빠져 스스로 타사로 이직했다. 그 당시 회사를 옮긴다는 것은 매우 어려운 일이었다.

지금이야 본인이 원하면 자유롭게 보험회사를 옮길 수 있지만, 그때에는 보험회사를 옮기기 전에 다니던 보험회사가 허락을 하지 않으면, 6개월간 설계사 업무를 쉬고 설계사 자격시험을 다시 보고 합격을 해야 옮겨간 보험회사에서 영업활동을 할 수 있었다.

그렇게 어렵게 이직한 보험사에서 초회 면담 등 판매 7단계라는 보험 영업의 방법을 알게 되었고, 그중에 종신보험 AP(AProach)의 R/P(Role Play)라는 내용이 있는데 무엇인지 아는가? 그중 생각나는 일부를 옮긴다.

"63빌딩 옥상 난간에 다이빙보드가 있는데 거기에 당신이 사랑하는 딸 '수지'가 있다면, 당신은 목숨을 걸고 사랑하는 딸 수지를 구하러 갈 것인가? 안 갈 것인가?" 하고 묻는다.

1초도 머뭇거리지 않고 누구나 당연히 "갑니다." 한다. 그러면 이게 가족 사랑이라면서 노트북을 열어 보이며 한 가족의 가장이 사망할 때 남아있는 가족의 교육비, 생활비, 결혼비용 등의 부족 자금을 설명하고 사랑하는 가족을 위하여 사망보험금을 준비하는 것이 가족 사랑이라고 하며 종신보험의 가치를 전달하였다.

"이 세상에 없어도 사랑하는 수지를 유학 보내는 아버지가 있습니다."
"이 세상에 없어도 자녀를 결혼시키는 아버지가 있습니다."
"이 세상에 없어도 가족을 지키겠다는 약속을 지키는 아버지가 있습니다."

종신보험의 가치가 가족 사랑 맞는가? 그 당시는 가족 사랑 맞았다.

하지만 지금도 보험의 가치가 가족 사랑이 전부일까?

혹시 지금 이 책을 읽는 분 중에 환갑잔치에 참석하여 본 분이 있는가? 왜 환갑잔치를 했을까?

요즘은 환갑잔치를 하지 않는다. 그럼 지금은 왜 환갑잔치를 하지 않을까?

여러 가지 이유가 있을 수 있지만 가장 큰 이유는 너무 오래 살기 때문이다.

1970~2012년 연령별 기대여명

(단위: 년)									(Unit: Years)
연 령	1977	1978	1979	1980	1981	1982	1983	1984	Age
남녀전체(Both sexes)								
0	64.51	64.84	65.17	65.69	66.19	66.67	67.14	67.81	0
1	65.79	66.07	66.34	66.73	67.11	67.47	67.83	68.32	1
5	62.51	62.77	63.03	63.38	63.71	64.04	64.36	64.80	5
10	57.99	58.22	58.45	58.78	59.10	59.41	59.71	60.12	10
15	53.31	53.53	53.75	54.05	54.35	54.64	54.93	55.32	15
20	48.79	48.99	49.19	49.47	49.75	50.02	50.29	50.66	20
25	44.34	44.51	44.68	44.94	45.20	45.45	45.70	46.04	25
30	39.88	40.03	40.17	40.41	40.64	40.87	41.09	41.43	30
35	35.43	35.56	35.69	35.90	36.12	36.33	36.54	36.86	35
40	31.07	31.20	31.33	31.53	31.72	31.91	32.10	32.40	40
45	26.89	27.01	27.13	27.32	27.51	27.70	27.89	28.18	45
50	22.93	23.04	23.15	23.33	23.51	23.69	23.86	24.13	50
55	19.24	19.33	19.42	19.57	19.72	19.87	20.02	20.26	55
60	15.81	15.87	15.94	16.06	16.18	16.30	16.41	16.61	60
65	12.72	12.76	12.80	12.89	12.97	13.06	13.15	13.29	65
70	9.94	9.97	10.00	10.06	10.12	10.19	10.25	10.37	70
75	7.40	7.43	7.47	7.53	7.60	7.67	7.74	7.81	75
80+	5.23	5.26	5.28	5.33	5.37	5.42	5.46	5.52	80+
남자(Male)								
0	60.75	61.02	61.28	61.78	62.28	62.75	63.21	63.84	0
1	61.92	62.13	62.34	62.72	63.09	63.45	63.81	64.29	1
5	58.61	58.81	59.00	59.34	59.67	59.99	60.31	60.75	5
10	54.08	54.25	54.42	54.74	55.05	55.36	55.66	56.07	10
15	49.40	49.56	49.72	50.01	50.31	50.60	50.88	51.28	15
20	44.92	45.06	45.20	45.47	45.75	46.02	46.30	46.67	20
25	40.51	40.62	40.74	41.00	41.25	41.51	41.76	42.12	25
30	36.06	36.16	36.26	36.50	36.75	36.99	37.23	37.58	30
35	31.63	31.72	31.81	32.04	32.28	32.51	32.74	33.08	35

40	27.34	27.45	27.55	27.76	27.98	28.19	28.40	28.73	40
45	23.29	23.39	23.48	23.71	23.93	24.16	24.38	24.69	45
50	19.53	19.62	19.71	19.93	20.14	20.36	20.57	20.88	50
55	16.12	16.20	16.27	16.46	16.64	16.82	17.00	17.27	55
60	13.02	13.07	13.12	13.27	13.43	13.59	13.75	13.97	60
65	10.32	10.34	10.36	10.49	10.62	10.75	10.88	11.06	65
70	8.03	8.02	8.02	8.12	8.22	8.32	8.42	8.57	70
75	5.99	5.99	5.99	6.10	6.20	6.30	6.40	6.49	75
80+	4.51	4.52	4.53	4.57	4.62	4.66	4.71	4.77	80+
				여자(Female)					
0	68.74	69.13	69.51	70.04	70.54	71.02	71.47	72.17	0
1	70.14	70.48	70.80	71.20	71.57	71.92	72.26	72.75	1
5	66.90	67.22	67.53	67.88	68.21	68.53	68.83	69.25	5
10	62.37	62.67	62.95	63.28	63.60	63.90	64.18	64.58	10
15	57.70	57.98	58.25	58.55	58.84	59.12	59.39	59.76	15
20	53.13	53.39	53.64	53.91	54.18	54.43	54.68	55.03	20
25	48.62	48.84	49.05	49.30	49.55	49.78	50.00	50.33	25
30	44.13	44.32	44.50	44.71	44.92	45.12	45.31	45.61	30
35	39.63	39.80	39.96	40.14	40.31	40.49	40.65	40.93	35
40	35.17	35.32	35.46	35.62	35.77	35.91	36.06	36.31	40
45	30.79	30.92	31.05	31.18	31.31	31.45	31.57	31.81	45
50	26.56	26.67	26.78	26.89	27.00	27.11	27.21	27.43	50
55	22.50	22.60	22.69	22.77	22.86	22.94	23.02	23.21	55
60	18.59	18.66	18.73	18.80	18.86	18.93	18.99	19.14	60
65	14.95	15.00	15.05	15.09	15.13	15.17	15.20	15.32	65
70	11.60	11.65	11.69	11.72	11.74	11.77	11.80	11.89	70
75	8.59	8.63	8.67	8.72	8.76	8.80	8.85	8.91	75
80+	6.04	6.08	6.11	6.15	6.19	6.22	6.26	6.32	80+

저자가 종신보험을 판매할 때인 1999년도에 환갑잔치를 하셨던 당시 61세였던 분들의 기대여명은 몇 세였을까?

통계청 발표 자료인 위 표에서 보면 1977년도에 태어난 남자아이의

1977년 당시 기대여명은 60.75세이다. 1984년에 태어난 남자아이의 기대여명은 63.84세이다. 그러나 2012년에 태어난 아이들의 앞으로 기대여명은 남자아이가 77.9세 여자아이가 84.6세이다.

우리는 분명 지금 초고령화 시대를 살고 있기 때문에 100세를 당연시하고 살지만, 저자가 종신보험을 판매했던 1999년도 당시만 해도 61세 환갑잔치할 나이까지 살면 장수한 것이었다. 과거에는 평균 기대여명이 60세가 안 됐었기 때문이다. 은퇴하고 61세가 되면 '야 오래 살았다. 이제 죽을 날 얼마 남지 않았으니 죽기 전에 평소에 못 본 친지, 가족, 친구들 얼굴이나 보자'는 것이 환갑잔치의 의미였다.

그만큼 오래 산다는 것에 대한 일반적인 기대가 없었고 현실적으로 젊은 나이에 질병과 사고로 사망했기 때문에 이 세상에 없어도 가장으로서 약속을 지켜주는 종신보험의 가족 사랑이 가치가 있었다.

그런데 지금은 어떤가?

너무 오래 산다. 오래 살아도 대책 없이 너무 오래 산다.

노후 준비 없이 오래 사는 것이 재앙이라고까지 말하지 않는가?

이렇게 오래 사는데 가족과의 약속을 지키려면 너무 오래 살지 말고 오히려 일찍 죽는 수밖에 없다. 이 세상에 없어야 유학 보내고, 결혼시키는가? 웃기시죠?

보험의 보장 가치를 전달하는 FC도 웃는데, FC 여러분도 마음에 와 닿지 않는데, 고객에게 가장의 사망에 따른 남아 있는 가족 위험을 이야기하면 고객들이 뭐라고 할까?

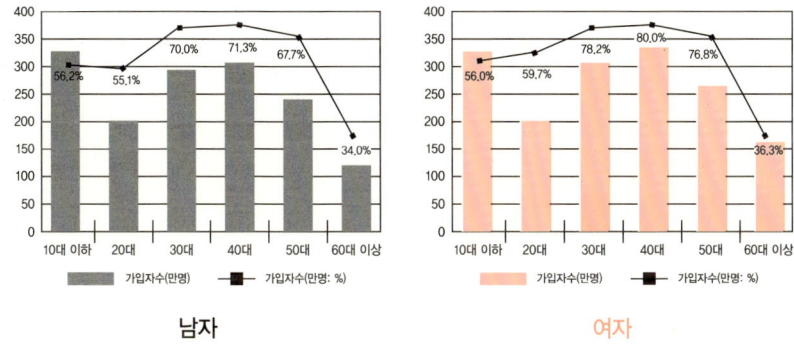

출처: 보험개발원 2013년 연령대별 생명보험 가입률(2011년)

보험개발원 자료에 의하면 우리나라 30, 40대 남녀가 연령대별로 볼 때 가장 높은 생명보험 가입률을 보이는데 그 30, 40대에게 찾아가서 '고객님이 세상에 없어도 약속은 지키셔야죠' 하며 가족사랑 얘기를 하면 공감을 얻을 수 있을까? 그 30, 40대 고객의 부모님이 80, 90대이어도 아직도 건강하게 살아계시는데…, 그들의 부모님들이 건강하게 살면서 30, 40살까지 키워주고 함께 살고 있는데 '고객님은 죽을지도 모르니 가족사랑을 위해서 종신보험에 가입해야 합니다' 하면 설득력이 생길까? 감동을 줄 수 있을까?

FC가 고객과 공감대를 형성 하지 않는 R/P(Role Play)를 아직도 하고 다니는데 과연 고객이 그런 FC에게 선뜻 종신보험을 가입할까?

2. 생로지병사에서 찾는 종신보험의 가치

이제 더 이상 과거의 가장이 죽는다는 말로 종신보험을 판매하기 힘들다. 이제 바뀌어야 한다. 종신보험의 가치가 시대 상황에 맞게, 즉 초고령화 사회에 맞게 바뀌어야 한다.

그럼 종신보험의 가치를 어떻게 바꾸어야 하고 어떤 가치를 전달해야 가입률 70%가 넘는 요즘의 보험시장에서 종신보험을 고객에게 판매할 수 있을까?

한 마디로 지금 시대 종신보험의 가치는 '인간의 존엄성 지키기'이다.

종신보험은 가족 사랑보다는 생로지병사로 초고령화 사회를 살고 있는 우리가 최소한의 인간의 존엄성을 지키는 데 꼭 필요하다.

생로지병사! 어어, 생로병사가 맞을 텐데 하는 분도 있을 거다. 생로병사란 의미를 모르는 분은 없겠지만, 생로지병사라 하면 생소할 수 있다.

生 老 病 死

生 老 持 病 死

의학의 발달로 10~20년간 지병을 앓다 생을 마감

생로병사, 태어나서 늙어서 병들어 죽는다는 것. 이 말은 누구에게나 해당한다. 그러나 이제 이 말도 바뀌어야 한다.

생로병사가 아니라 생노지병사이다. 국어사전에 없는 표현이다. 저자가 만든 용어이기 때문이다.

지병이란 국어사전에서 "오랫동안 잘 낫지 않는 병"으로 풀이한다. 그래서 '생로지병사'이다. 이 시대를 살고 있는 우리는 태어나서 늙고 병들어 죽는 건 맞지만, 단순하게 병들어 죽는 것이 아니라 10~20년간 지병으로 유병 생활을 하다 죽게 된다. 이 또한 오래 살아서 생기는 일이다. 이 시대는 의학의 발달로 너무 오래 살기 때문이다.

30년 전에 간경화란 병이 간암으로 진행되어 서울대학병원에서 두 달 반 투병 끝에 작고하신 나의 아버님, 아마 지금 살아계셔서 간경화를 앓고 계신다면, 두 달 반 아니라 2년 반, 그 이상 10년도 사실 수 있었을 것이다.

우리는 의학 기술의 발달로 간도 이식할 수 있는 시대에 살고 있다. 암이라도 경제적 능력과 약간의 운만 따르면 10~20년 동안은 지병으로 앓다가 생을 마감할 수 있다. 암은 이제 더 이상 불치병이 아니라 고혈압이나 당뇨처럼 지병이 된 지 오래다.

그러나 암이 불치병이었던 시대를 살았던 가장들은 암에 걸렸다면 곧 사망할 확률이 상당히 높았다.

1984년도 동아일보 1월 7일자 사설이다.

"지난 10년간 유방암은 그 진단과 치료에 있어서 괄목한 발전을 이룩한 암 중 하나이며 이러한 발전에 힘입어 유방암 환자 40명 중 3명은 5년 생존율이 가능하게 되었다."

하지만 암이 지병인 시대인 현재는 암 환자 전체 5년 생존율이 66.4%이고 유방암은 다른 장기에 전이 되지 않았다면 5년 생존율이 97.8%이다. 즉, 유방암 환자 40명이 1984년에 발병했다면 발병 5년 후 40명 중 3명이 생존하고 모두 사망했으나 2014년에는 40명 중 39명이 5년 이상 생존한다.

⟨주요 암의 요약병기별 5년 상대생존율: 남녀 전체, 2007-2011(단위: %)⟩

순위	암종	요약병기							
		국한		국소		원격		모름	
		분율	생존율	분율	생존율	분율	생존율	분율	생존율
1	갑상선	43.0	100.5	47.3	100.2	0.9	69.3	8.8	98.9
2	위	54.1	93.7	25.1	57.0	11.9	5.8	8.9	47.8
3	대장	36.3	93.8	40.2	79.2	14.6	18.2	8.8	62.9
4	폐	18.6	49.5	26.2	28.7	42.1	4.9	13.2	15.9
5	간	44.5	46.2	23.5	16.3	14.6	3.0	17.4	22.1
6	유방	53.7	97.8	34.6	89.9	4.6	34.5	7.2	87.7
7	전립선	56.0	101.0	20.1	95.2	8.8	37.7	15.0	87.6
8	췌장	10.5	24.0	30.5	12.8	44.5	1.8	14.5	9.9
9	담낭 및 기타담도	24.2	50.0	37.9	32.4	23.4	2.7	14.5	18.8
10	비호지킨 림프종	40.1	77.9	12.7	69.3	32.3	50.3	14.9	63.5

(출처: 보건복지부 중앙 암 등록본부 2013년)

과거에 암뿐만 아니라 뇌혈관 질환, 심장 질환 등 발병하면 급사라는 말처럼 사망 확률이 높았던 질병도 지금은 생존 확률이 매우 높다. 의학 기술의 발달로 이제는 어떤 병이든 치료를 하면 완치는 안 되어도 지병으로 병과 함께 친구처럼 살아가는 생로지병사인 시대이다.

통계청에서 2013년도에 발행한 사망원인통계 자료를 보자.

〈성, 연령별 사망자 수 추이, 2002~2012〉

남녀		연령	0세	1-9	10-19	20-29	30-39	40-49	50-59	60-69	70-79	80세이상
전체		2002	2,542	1,880	1,791	4,518	9,519	20,580	26,884	48,091	62,359	67,133
		2011	1,435	628	1,405	3,476	6,841	16,346	29,289	38,308	70,088	89,562
		2012	1,405	645	1,230	2,988	6,469	15,729	29,386	36,844	74,289	98,187
	11년대비	증감	-30	17	-175	-488	-372	-617	97	-1,464	4,201	8,625
		증감률	-2.1	2.7	-12.5	-14.0	-5.4	-3.8	0.3	-3.8	6.0	9.6
남		2002	1,413	1,088	1,171	3,037	6,720	15,508	19,860	32,087	31,505	22,348
		2011	818	355	939	2,260	4,412	11,718	21,934	26,931	41,498	32,385
		2012	779	369	820	1,992	4,242	11,208	21,960	26,264	44,314	35,395
	11년대비	증감	-39	14	-119	-268	-170	-510	26	-667	2,816	3,010
		증감률	-4.8	3.9	-12.7	-11.9	-3.9	-4.4	0.1	-2.5	6.8	9.3
여		2002	1,129	792	620	1,481	2,799	5,072	7,024	16,004	30,854	44,785
		2011	617	273	466	1,216	2,429	4,628	7,355	11,377	28,590	57,177
		2012	626	276	410	996	2,227	4,521	7,426	10,580	29,975	62,792
	11년대비	증감	9	3	-56	-220	-202	-107	71	-797	1,385	5,615
		증감률	1.5	1.1	-12.0	-18.1	-8.3	-2.3	1.0	-7.0	4.8	9.8
사망자 성비 (남/여)		2002	1.25	1.37	1.89	2.05	2.40	3.06	2.83	2.00	1.02	0.50
		2011	1.33	1.30	2.02	1.86	1.82	2.53	2.98	2.37	1.45	0.57
		2012	1.24	1.34	2.00	2.00	1.90	2.48	2.96	2.48	1.48	0.56

(출처: 통계청 2012 사망원인 통계)

3장_ 종신보험의 새로운 가치

우리나라에서는 1년에 26만 명 정도 사망하고 43만 명 정도 신생아가 태어난다. 매일 매일 아이가 태어나서 사랑하는 가족이 생긴다. 한편으로는 사랑하는 가족이 사망하여 우리 곁을 떠나기도 한다.

사랑하는 사람이 사망하면 우리는 마음대로 화장하고 매장할 수 있나?

마음대로 할 수 없다. 의사가 발행한 사망진단서를 가지고 동사무소나 구청에 신고해야지만, 매장이나 화장 허가서가 발행되고 이 서류가 있어야 매장이나 화장을 할 수 있다. 그래서 일 년 평균 사망하는 26만 명 모두가 의사의 사망진단서가 있어야 장례가 가능하고, 여기서 발행된 사망진단서의 사망사유는 통계청에서 수집하여 사망원인 통계를 낼 수 있게 된다.

그렇게 대한민국의 모든 사망 원인이 통계청에서 집계되고 있다.

2012년도 사망원인통계를 보면 한 해에 26만 명 사망자 중에 60세에서 69세까지가 4만 8천 명이고, 70세에서 79세까지는 6만 2천 명이며, 80세 이상이 6만 7천 명이다. 60세 이상 사망자가 총 17만 7천 명이다. 이렇게 한 해에 사망하는 사람 중에 많은 수가 60세가 넘어서 사망한다.

이 글을 읽고 계시는 FC 님은 몇 살까지 살고 싶으십니까?

80세, 90세, 100…, 다양하다.

강의에 나가서 이 질문을 해보면 가끔 84세요, 88세 3개월이요, 하는 좀 특이한 분도 있다. 그럼 88세 3개월을 살고 싶다고 한다면 88세 2개월을 산 다음, 이제 내일이면 88세 3개월이니 죽어야지 하면 죽을까? 그렇게 죽기 전까지 아무 일 없다는 듯이 살다가 죽을까? 물론 건강하게 살다가 정해진 날짜에 죽는다면 더없이 행복한 일이다. 그러나 그런 사망은 대다수 사람의 소망일 뿐이다.

언제 죽을지는 신만 아는 일이고, 다만 통계자료의 평균치로 유추해볼 수 있다.

여기서 2012년 태어난 신생아들의 기대여명과 2012년의 사망자들의 사망원인을 살펴보면 의미가 있다. 2012년 한 해에 43만 명이 태어난 이 아이들의 기대 여명은 남자는 77.9세, 여자는 84.6세이다. 이를 통해 평균 몇 살까지 살 수 있을지 예측한다.

이처럼 한 해에 평균 26만 명가량이 사망하고 그 사망원인도 알 수 있다. 이를 토대로 2012년 사망자들의 사망 원인을 보면 미래에 우리도 언제까지 살고 어떻게 사망할지 유추할 수 있다.

예를 들어 1974년생이 태어났을 때, 그 당시인 1974년 통계청에서 발표한 생명표 기준으로 보면 기대여명이 1974년생 남자는 59.9세이고 1974년생 여자는 67.45세였다. 그런데 2012년 통계청에서 발행한 생명표 자료에는 1974년에 태어나 2012년도에 40세인 74년생의 기대 여명은 42.5세를 더해 82.5세까지 산다고 나와 있다. 태어날 당시인 1974년도 발표에는 남녀 평균 63세를 넘지 않는다고 기대여명을 예측했지만, 지금의 자료는 1974년 통계청 자료보다 무려 19년 이상을 더 산다고 한다. 그리고 기대여명이 늘어나서 앞으로 살게 될 42.5년 중 29년 정도는 건강하게 살고 나머지 13년 정도는 유병 생활을 하다가 사망한다.

〈성, 연령, 건강 수준별 기대수명〉

	기대여명(A)			건강수준별 기대여명(B) (건강기간 비율, B/A)					
				유병기간 제외			주관적 건강		
	전체	남자	여자	전체	남자	여자	전체	남자	여자
0세	81.4	77.9	84.6	66.0 (81.0)	65.2 (83.7)	66.7 (78.8)	66.4 (81.5)	66.8 (85.7)	66.0 (78.0)
10세	71.8	68.3	75.0	57.2 (79.7)	56.5 (82.7)	57.9 (77.2)	56.6 (78.9)	57.1 (83.5)	56.3 (75.0)
20세	61.9	58.4	65.1	47.6 (77.0)	46.9 (80.3)	48.3 (74.2)	47.0 (75.9)	47.4 (81.1)	46.6 (71.6)
30세	52.2	48.8	55.2	38.3 (73.4)	37.6 (77.0)	38.9 (70.4)	37.7 (72.2)	38.1 (78.1)	37.3 (67.5)
40세	42.5	39.2	45.5	29.1 (68.3)	28.4 (72.5)	29.7 (65.2)	28.5 (67.1)	29.1 (74.2)	28.0 (61.5)
50세	33.2	30.1	35.9	20.5 (61.6)	19.9 (66.2)	20.9 (58.2)	20.0 (60.2)	20.6 (68.5)	19.4 (54.0)
60세	24.3	21.5	26.6	13.0 (53.6)	12.6 (58.5)	13.4 (50.4)	12.6 (51.8)	13.3 (61.6)	12.0 (45.2)
70세	16.0	13.8	17.6	7.5 (46.9)	7.1 (51.2)	7.8 (44.4)	6.9 (42.8)	7.2 (52.1)	6.6 (37.5)
80세	9.2	7.7	9.9	4.3 (46.3)	3.6 (47.2)	4.6 (46.1)	3.4 (37.1)	3.5 (45.7)	3.3 (33.6)
85세이상	6.7	5.5	7.1	3.2 (48.6)	2.4 (42.5)	3.6 (51.2)	2.6 (38.4)	2.2 (39.7)	2.7 (37.8)

(출처: 통계청 2012 경험생명표)

우리가 기대 여명까지 살게 된다면 평균 15년의 유병 생활의 끝에 암, 뇌혈관 질환, 심장 질환 등으로 사망하게 될 확률이 높다. 왜냐하면, 한국인의 사망 1위가 암이고 2, 3위가 뇌혈관과 심장 질환 사망이기 때문이다.

⟨연령별 3대 사망원인 구성비 및 사망률, 2012⟩

연령	1위			2위			3위		
	사망원인	구성비	사망률	사망원인	구성비	사망률	사망원인	구성비	사망률
1-9세	악성신생물(암)	15.8	2.4	운수 사고	12.9	2.0	선천 기형	7.8	1.2
10-19세	고의적자해(자살)	27.3	5.1	운수 사고	20.4	3.8	악성신생물(암)	16.8	3.2
20-29세	고의적자해(자살)	43.3	19.5	운수 사고	17.1	7.7	악성신생물(암)	10.3	4.6
30-39세	고의적자해(자살)	34.4	27.3	악성신생물(암)	19.3	15.4	운수 사고	8.9	7.0
40-49세	악성신생물(암)	28.6	51.7	고의적자해(자살)	17.1	30.9	간 질환	8.2	14.8
50-59세	악성신생물(암)	38.2	149.1	고의적자해(자살)	9.0	35.3	심장 질환	7.5	29.2
60-69세	악성신생물(암)	42.8	374.2	심장 질환	8.5	74.6	뇌혈관 질환	8.0	70.1
70-79세	악성신생물(암)	33.2	866.4	뇌혈관 질환	11.4	298.8	심장 질환	10.1	262.7
80세이상	악성신생물(암)	16.0	1514.1	심장 질환	12.1	1147.6	뇌혈관 질환	11.4	1079.5

1) 심장 질환에는 허혈성 심장 질환 및 기타 심장 질환이 포함

(출처: 통계청 2012 사망원인 통계)

02 인간의 존엄한 삶을 지키는 종신보험

우리가 평균 몇 살까지 살지 어떻게 죽을지도 알았다면, 특히 기대여명을 넘어서까지 산다면 이제부터는 어떻게 죽음을 준비할 것인지가 굉장히 중요해졌다.

유병 기간이 평균적으로 남자는 12.7년 여자는 17.9년이다. 평균 15년 정도는 어떤 형태로든 유병 생활을 하다가 죽는다. 그리고 그 병들은 암, 당뇨, 고혈압, 심혈관 질환 등일 확률이 높다.

앞에 나온 표에서 연령별 3대 사망원인 구성비와 사망률은 2012년 사망한 26만 명의 주 사망원인을 보여준다.

20~30대의 사망원인 1위가 자살이다. 2위 운수사고, 3위가 암이다. 40대가 넘으면 1위가 암이다. 2, 3위는 심장질환과 뇌혈관 질환이다. 이 연령별 3대 사망원인 구성비 및 사망률 표는 2012년도 실제 대한민국 국민의 사망 자료를 나타낸 것이다. 그러니까 바로 우리의 이야기이다. 바로 나 자신의 이야기이다. 우리가 몇 살까지 살든 죽기 전에 위의 3가지 상황에서 죽을 확률이 높다는 것이다.

오래 살고 어떻게 아프고 어떤 죽음을 맞이하게 될지를 아는 생로지병사 시대를 살면서 우리는 노후의 지병 생활에 어떻게 대처해야 할까?

기자이면서 의학박사인 홍혜걸 박사의 인터뷰 내용을 보자.

"뇌혈관 질환으로 뇌사 상태가 되면 결과가 비참합니다. 왜냐하면, 반신불수, 사지 마비, 식물인간이 됩니다. 그냥 가만히 누워 있어야만 합니다. 죽을 때까지….

제일 끔찍한 것이 무엇이냐면 의식이 있다는 것입니다. 여러분이 나중에 병문안을 가실 때, 조심하셔야 합니다. 되게 보면 몸을 못 움직이고 말도 못하고 표정도 그냥 가만히 굳어 있고 튜브 꽂고 있습니다. 그렇다 하더라도 여러분은 말씀을 함부로 하시면 안 됩니다. 아무것도 모르는 것처럼 보이지만 실제로는 보고 듣고 생각할 수 있습니다. 혹 나중에 일어나면 누가 무슨 말을 했는지 다 기억할 수 있습니다. 그래서 잔인한 것입니다. 얼마나 끔찍합니까?

움직이지 못하지만 보고 듣고 생각하는 것은 할 수 있잖아요. 몇 년을 그렇게 지내야 합니다. 지금 이 시각에도 어느 중환자실에서 어느 골방에 최소 6만 명 이상이 그렇게 갇혀 계시다가 사망하시는 것입니다."

생로지병사의 대표적 질환이 치매이다. 얼마 전에 어느 노부부의 자살 뉴스가 장안에 떠들썩했다.

그 내용을 보면, 20년 넘게 치매를 앓던 아내를 홀로 수발해 왔던 남편, 누구보다 아내를 사랑했던 남편이 아내와 동반 자살한 사건이다. 남편은 수급비가 끊긴 뒤 시청에 도움을 신청하기도 했다는데, 그랬던 남편이 한순간 모든 노력을 멈췄다.

남편의 의지를 무너뜨린 건 무엇일까? 부부가 자신들의 가슴속에 남긴 유서는 어떤 메시지를 담고 있을까? 오랫동안 유서를 분석한 전문가는 다음과 같이 이야기한다.

"그분이 생각한 존엄한 삶은 가장으로서 가족을 보살피고 경제적으로 책임을 지면서 집안의 기둥 역할을 하는 것이라 생각하신 것 같습니다. 하지만 실직하시고 지병이 있으시고 하면 존엄하게 살 수 없는 것입니다. 존엄한 죽음을 선택했다고 하시면서 '정말 미안하다'라고 하셨습니다.

노인들의 자살 원인으로 꼽히는 생활고, 질병, 그리고 외로움, 그 이면에는 삶의 존엄을 지키고 싶다는 절박한 심정이 공통으로 깔려 있습니다.

'난 팔에 힘도 없어 밥 먹기도 힘들다.'

'너희 고생시킬 거 같아서 가니 그리 알고 있거라.'

가난과 질병이라는 감옥에서 벗어나기 위해 무던히도 노력했지만, 탈출구를 찾을 수는 없었습니다. 자살 나빠요. 그분들도 알아요. 자신이 선택하는 것이 옳은 선택이 아니다는 것을 알면서도 살아가는 삶 자체가 최악으로 가고 있기 때문에 어쩔 수 없이 선택하는 것입니다."

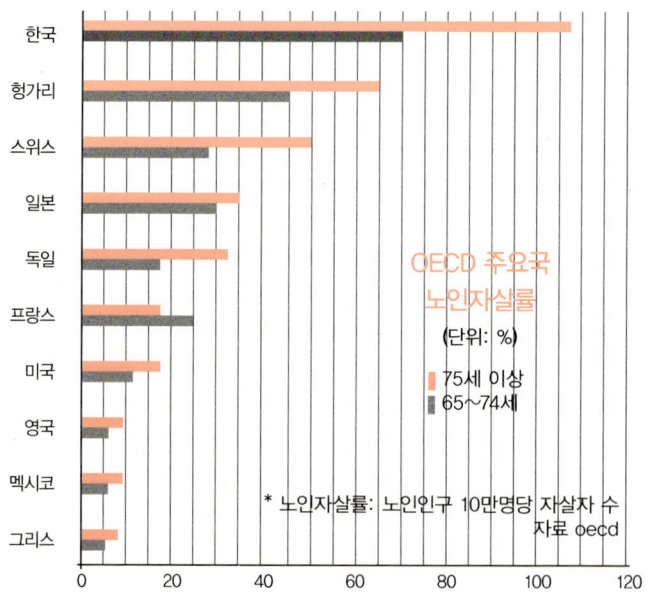

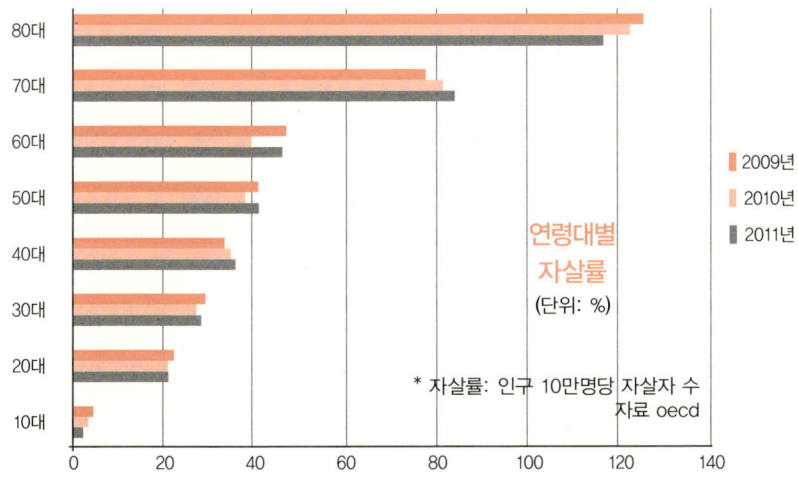

하루 내내 노부부가 열심히 모은 폐지 3~5천 원, 그리고 빈 병 40원, 봉투 붙이기 10~50원.

"지들도 먹고 살기 힘든데 나까지 짐이 될 수는 없잖아…."

노인가구 중 10%만이 생활보호법에 의해 최저생계가 보장되고, 법적으로 부양자가 있을 경우 기초생활보장 대상자에서 제외되는 현실에서, 호적상의 자식일 뿐 생활고, 연락 두절 등으로 부양받지 못하는 노인들.

"나이 먹는 게 죄는 아닌데 이상하게 죄인이 되는 것 같아. 앞으로 남은 인생 하루하루 끼니 걱정 없이 살다 죽게만 해주면 바랄 게 없어."

그리고 어느 날 갑자기 치매에 걸린 아내….

"수발, 그 양반이 다 했어. 매일 아침 요구르트 떠먹이고, 대소변 받아냈으니까. 자신이 먼저 죽으면 어떡하나, 매일 그 걱정만 했어…."

2004년 10월 5일 늙은 남편의 결심, 동반 자살.

그리고 자식들에게 남긴 장례식 비용 250만 원…. 달력 뒷장에 쓴 유서.

"78년이나 함께 산 아내를 죽이는 독한 남편이 됐다. 살 만큼 살고 둘

이서 같이 떠나니 너무 슬퍼하지 마라."

얼마나 자신의 배우자를 사랑했으면 20년 동안 치매에 걸린 배우자를 수발했을까? 하지만 수급비 48만 원이 끊기면서 그마저도 어렵자 결국 동반 자살을 하게 된 것이다.

하지만 그 노부부께서 젊으셨을 때, 종신보험 하나만 제대로 가입하셨다면 삶을 포기 않으시고 존엄한 삶을 살 수 있으셨다. 종신보험만이 인간의 존엄성을 지킬 수 있는 이 세상의 유일한 Solution이다.

〈치매를 측정하는 CDR 척도〉

	기억력	지남력	판단 및 문제해결	사회활동	가정 생활 및 취미	개인 관리
정상(0)	기억력 감퇴가 없거나 혹은 경미한 비지속적인 건망증	완전히 있음	재정 및 사업과 같은 일상의 문제를 잘 해결함. 과거의 관련하여 판단력도 좋음.	통상적 수준으로 기능 수행함 (직업장면,기업활동사, 볼지단결동)	가정에서의 생활, 취미, 지적 흥미 등이 잘 유지됨	혼자서 충분히 수행함.
불확실(0.5)	경미한 건망증이 지속됨;사건에 대한 부분적 회상; "양성" 건망증	시간에 대한 경미한 어려움이 있으나 그외 지남력은 완전함.	문제점,유사점,차이점 등을 다루는데 경미한 장애가 있음	위의 활동상 약간의 장애가 있음.	위의 활동상 약간의 장애가 있음.	혼자서 충분히 수행함.
경도(1)	중등도 기억력 감퇴; 특히 최근 사건에 대한 장애가 큼; 이로 인해 일상생활이 지장받음.	시간에 대한 중등도의 지남력 장애; 검사 시 장소에 대한 지남력은 있으나 다른 곳에서는 지리적 지남력에 장애가 있을 수 있음.	문제점,유사점,차이점 등을 다루는데 중등도의 장애가 있음. 대개 사회적 판단은 유지됨	위의 활동 일부를 계속하고 있더라도 독립적으로 할 수 없음. 가볍게 살펴볼 때는 정상인 것 같이 보이기도 함.	경도의 그러나 확실한 가정에서의 생활기능 장애;보다 어려운 집안 일,부분적인 취미 관심 배기잠	임시 및 격려가 필요함.
중등도(2)	중증의 기억력 감퇴;고도의 숙련된 기억만 유지; 새로운 지식은 급만 소실됨.	시간관계에 심각한 장애;대개 시간,종종 장소에 대한 지남력 결여되어 있음.	문제점이나 유사점,차이점 등을 다루는데 심각한 장애가 있음. 사회적 판단은 대개 장애 있음	집밖에서의 활동을 외관상 독립적으로 수행할 수 있을 것 같이 보이지 않음.	매우 가벼운 집안 일만 할 수 있음. 너무 한정되어 보이거나 관심이 거의 없음.	개인관리에 더 많은 도움이 필요; 변변한 실금.
중증(3)	중증의 기억력 감퇴; 단편적 기억만 보유	사람에 대한 지남력만 보유	문제 해결이나 판단을 할 수 없음.	집밖에서의 활동이 너무 하약해 보여 집밖에서의 활동을 하는 것이 불가능함.	집안에서도 특별한 활동이 없음.	개인관리에 많은 도움이 필요;변변한 실금.
심각(4)	단편적 기억만 상실: 중증 해동하기 어려운 일이나 동문 서답으로 기억의 검사를 하지 못함.	자신의 이름에만 가끔 반응함.	건단한 지시나 명령에도 따르지 못함.	어떤 사회적인 모임에도 의지체 참여하지 못함.	어떤 취미활동이나 가정내 활동에도 참여하지 못함.	스스로 착의나 식사를 시도할 수 있음; 도움 없이는 보행이 불가능함.
말기(5)	의미 있는 기억력은 없음. 종종 이해할 수 없거나 문어됨.	자신을 의식하지 못함.	주변생활을 이해 못하거나 문제를 인식하지 못함.	어떤 활동에도 전혀 관여 못함.	어떤 활동에도 전혀 관여 못함.	스스로 먹지 못함;와식 상태.

만약 할머니의 치매 측정 결과 CDR 척도 점수 3점이면, 장해의 분류에 의한 지급률이 60%이고 장해의 분류 지급율을 합산하여 50% 이상이면 보험료 납입면제가 된다. CDR 척도 4점이면 장해 분류에 의한 지급률이 80%가 되는데 지급률 80%이면 사망하지 않아도 사망보험금을 받을 수 있다.

젊었을 때 일반 사망보험금이나 2011년 4월 1일 이후에 판매된 고도후유장해 특약을 1억만 가입해 두었더라도 노부부께서 걱정 없이 20년을 살 수 있는 돈이다.

왜 20년을 걱정 없이 살 수 있을까?

우리는 아프면 병원에 간다. 이때 병원비는 환자가 병원에 직접 지불하는 자기 부담금과 보험공단에서 병원에 지불하는 공단 부담금으로 이루어져 있다.

1월 1일부터 12월 31일까지 일 년 동안 아파서 병원에 가면 치료를 받고 병원비를 지불한다. 이렇게 일 년간 환자 본인이 병원에 지불한 자기 부담금이 100~500만 원(2014년 기준으로 소득 수준에 따라 차등)을 넘으면 초과하여 지불한 자기 부담금에 대해서는 전액 건강보험공단에서 환급을 해준다.

이것을 바꾸어 말하면 어떠한 질병으로 병원에 입원하여도 본인의 소득 수준에 따라 적게는 100만 원에서 많게는 500만 원의 자기 부담금 병원비만 병원에 지불하면 일 년 내 입원하여 치료받을 수 있다는 얘기다.

그렇다면 할머니가 돌아가시지는 않았지만, 치매의 장해 상태인 CDR 척도 3점으로 장해분류 지급률 60%로 납입면제 받다가, 치매가 악화하여 CDR 척도 4점 받으면 장해분류 지급률 80%가 되어 사망하지 않아도 사망보험금을 수령하게 된다,

치매는 아직 완치시킬 수 있는 치료 방법은 없고 치매 속도를 지연시켜 주는 역할을 하는 치료 방법이 사용된다. 따라서 치매가 시작되면 서서히 또는 급속도로 중증 치매로 진행되어 CDR 척도 점수가 늘어나게 될 경우가 많다. 사망하지 않았지만 CDR 척도 4점으로 받은 1억의 사망 보험금은 노부부에게 인간의 존엄한 삶을 지켜 주는 것이다.

치매 환자인 할머니를 좋은 요양병원에 입원시켜 드리면 병원에서 3끼 식사를 제공하고, 추우면 난방해 주고, 더우면 에어컨 켜주며, 치매가 악화되지 않게 치료해 주고 운동도 시켜 준다.

할아버지는 아침에 회사 출근하듯이 요양병원으로 출근해서 사랑하는 할머니와 놀아주고 또한 할아버지 본인의 시간을 활용할 수도 있다. 친구를 만난다거나 일을 하실 수도 있다. 지하철 택배나 구청에서 연결해 주는 일자리로 경제적 활동도 할 수 있다. 치매 환자를 24시간 돌보지 않아도 되면 인간으로서 살아가야 할 최소한의 존엄한 삶을 살 수 있다.

그럼 문제가 되는 것이 병원비인데 병원비는 예를 들어 할아버지의 소득 수준이 500만 원 구간에 해당하고, 병원비 자기 부담금이 500만 원이 넘었다고 한다면, 그 초과분에 대해서는 모두 돌려받게 되므로 일 년에 지불하는 병원비는 500만 원을 넘지 않는다.

사랑하는 가족의 병간호를 해본 사람들은 알 것이다. 긴 병에 효자 없다는 말이 있듯이 가족들에게는 크게 2가지가 힘들다. 병원비와 간병이다. 두 가지 다 힘든 일이지만 치매처럼 끝이 없는 유병 생활의 환자를 간병해야 하는 상황은 가족들을 특히 더 힘들게 한다.

CDR 척도로 측정되고 합산 장해분류 지급률 80%로 받은 사망보험금 1억으로 일 년에 500만 원, 10년이면 5,000만 원, 20년이면 1억으로 적어도 20년은 인간의 존엄성을 지키며 사랑하는 사람과 살 수 있는 것이다.

최소한 자살은 선택하지 않아도 된다. 최소한의 인간의 존엄성은 지킬 수 있다. 이것이 종신보험의 가치이다.

자식 눈치를 보거나 피해를 주지 않고서도 노부부가 최소한의 인간의 존엄성을 지키고 살 수 있는 보험금이 1억인데 그 돈이 없다면…?
종신보험은 인간의 존엄한 삶을 지킬 수 있는 유일한 방법이자 가장 확실한 방법이다. 다른 어떠한 방법도 대신 할 수 없다.
연금보험으로 노후를 준비하고 연금 타서 노후 생활비로 사용하다가 지병이 생기면 생활비와 병원비로 함께 사용하면 된다고 생각할 수도 있다. 가능하다. 단, 선행되어야 하는 조건이 있다.

첫 번째는 연금 받기 전에 보험료 납입이 아무 일 없이 종료되어야 한다. 보험료를 전부 납입하기 전까지는 아프지 말고 직장도 잃지 말아야 한다. 직장을 잃게 되면 보험료 납입이 불가능하고 병원비가 많이 들어가는 질병을 앓게 되면 보험료 납입을 못 하는 것은 물론이고 납입했던 연금보험도 해약해서 치료비 및 생활비로 다 쓰게 되는 상황이 올 수 있기 때문이다.
두 번째는 노후생활비와 유병 생활에 필요한 자금에 맞는 충분한 보험료의 납입도 선행되어야 한다. 그렇게 하려면 젊은 나이에 연금 보험을 일찍 시작해야 하고 충분한 금액으로 준비해야 한다. 충분한 준비 자금은 평균 기대여명인 84세만 생각해도 60세 이후 기대여명인 최소 24년 동안의 생활비 60세 이후 평균 15년간의 유병 생활 기간을 감안하여 각자가 계산해 볼 수 있다.

그럼 실손보험으로 인간의 존엄성을 지킬 수 있을까?

치매일 경우 실손보험에서 보장해주는 것이 무엇이 있을까?

치매 환자가 병원 다니면 다른 질병이나 합병증이 없다면 치매의 진행을 막아주거나 지연해주는 약 처방 외 특별한 처방이 없다. 그러므로 실손보험에서 보상해주는 것은 약값밖에 없다.

물론 치매가 재해나 상해 사고로 발생하고 재해 상해 특약이 담보되어 있다거나 고도장해 특약 담보되어 있다면 추가적 보상이 가능하다. 그러나 실손보험 가입을 권유한 과거 많은 FC 자체가 2차 보험금에 관하여 인지하지 못하고 있기 때문에 재해상해나 고도장해 특약을 권하지도 않고 권하더라도 몇천만 원, 많으면 1억 정도 담보되어 있는 게 전부이다. 그래서 지금 보유하고 있는 실손보험으로는 인간의 존엄성을 지킬 수 없다.

그럼 자식이 종신보험을 대신해서 나를 죽을 때까지 책임질 수 있을까? 절대로 아니다. 여러분 스스로도 아예 기대하지 않을 거다.

저자의 장모님도 현재 치매란 질병으로 유병 생활을 하고 계신다. 딸 넷에 아들 하나인데 누구도 모실 수 없는 상황이다.

큰 처형은 100억 매출을 하던 회사를 운영하다 부도를 맞는 바람에 경제적으로나 환경적으로 모실 수 없는 상태이고, 둘째 처형은 경제적으로 나쁘지는 않지만 미국에 사셔서 환경적으로 모실 수 없다. 셋째 처형은 이혼 후 혼자 독립된 삶을 살아가는 중이라 역시 불가능하다. 막내 처남은 부부가 식당을 하고 있고 고부간의 갈등 등 문제로 모실 수 없다. 마지막으로 가능했던 형제가 우리 부부였지만 그것도 집에서 모실 수는 없었다.

현실적으로 불가능한 것이 사위인 나 또한 혼자이신 어머님을 모시고 있고, 자식은 해외에서 공부하고 있으며, 배우자도 직장 다니며 부부가

다 경제활동을 하고 있다. 그래서 집 근처 요양병원에 모실 수밖에 없었고 형제들이 일정 부분 함께 병원비를 보탠다.

　장모님을 집에서 모시려면 부부 중 누군가는 직장을 그만둬야 하는데 경제적으로 대한민국에서 자녀 교육하고 산다는 것 자체가 너무나 힘든 일인데, 홑벌이로는 서울에서 살면서 병원비에 생활비에 교육비까지 감당한다는 것은 거의 불가능한 일이다. 불효를 하고 싶어서 하는 것이 아니라 어쩔 수 없이 하게 되는 것이다.

　자식도 부모의 존엄한 삶을 지켜 줄 수는 없다.
　더욱 단적인 예는 어느 가수의 아버지가 치매인 자기 부모님 두 분을 살해하고 본인 스스로 자살을 한 사건이다. 자식도 인간의 최소한의 존엄한 삶을 지켜주는 것은 불가능하다.

현 등급체계	1등급	2등급	3등급	등급외 A	
요양인정점수	95	75	51	45	

등급체계 개편안	1등급	2등급	3등급	4등급	등급외 A
					5등급 (치매특별등급)
요양인정점수	95	75	60	51	45

　국가? 국가도 불가능하다.
　저자의 장모님이 노인 장기요양서비스 등급 3급을 받으셨는데 등급 받기가 무척 힘들다는 사실을 치매 가족들은 다 안다. 장기요양보험에서 국가 혜택을 받아 요양원에 입소하여 보호받거나 요양보호사의 재가 서비스를 받으려면 4, 5등급은 받아야 한다. 치매 환자가 신체적으로 멀쩡하다면 치매가 오더라도 등급 예외여서 지원받을 수 있는 게 하나도 없거나 제한적이다.

2014년 7월 1일 부터 장기요양보험법 시행령의 일부 개정으로 치매특별 등급인 5등급만 받아도 요양원 입소나 재가 서비스를 받을 수 있다. 그런데, 요양원 입소나 재가 서비스는 단지 노인의 돌봄 서비스고 여전히 치매의 치료나 이에 따른 경제적 부담은 가족들에게 있다. 우리나라 정부에서 등급 외 치매 환자도 혜택을 늘려 가겠다고 하는데 그것도 현실적으로 힘들다. 국가는 복지 기금에 한계가 있기 때문에 치매 환자가 국가 혜택을 받는 것은 분명 한계가 있다.

인간으로서 최소한의 존엄성을 지키면서 살 수 있게 보장해주는 것은 자식도 국가도 불가능하다. 연금도 실손보험도 불가능하다.

이 세상에서 인간으로서 최소한의 존엄성을 지킬 수 있는 것은 종신보험이 유일한 해답이며 유일한 선택이다.

종신보험으로 존엄성을 지키는 구체적 사례

종신보험이 어떻게 최소한의 인간의 존엄성을 지켜줄 수 있는지 살펴보자.

1. 10~40대(15세부터 보험가입 가능)

아래 표는 20세 남자의 변액 종신보험 예시이다.

	보험가입금액	보험기간	납입기간	초회보험료
변액종신	5,000만원	종신	80세납	28,550원
정기특약	10,000만원	80세 만기	70세납	40,000원
재해사망특약	20,000만원	80세 만기	70세납	10,000원
고도장해특약	2,000만원	종신	70세납	800원
재해상해특약	20,000만원	80세 만기	60세납	10,000원
암진단특약	3,000만원	80세 만기	전기납	17,400원
특정성인병특약	2,000만원	80세 만기	전기납	5,200원
무배당입원특약	5,000만원	90세 만기	80세납	12,000원
무배당수술특약	1,000만원	90세 만기	80세납	5,600원
합 계				129,500원

주계약 5,000만 원, 정기특약 1억, 재해사망 2억, 고도장해특약 2,000만 원, 재해상해 2억, 암 진단 3,000만 원, 특정성인병 2,000만 원, 입원 5,000만 원, 수술 1,000만 원 보장을 준비하는데 129,500원의 보험료가 필요하다.

보험료 납입기간은 가능한 가장 길게 해놨다. 왜 그럴까? 보험료 납입 면제기능 때문이다.

보험료 납입면제 기능은 재해이든 질병 원인이든 장해의 분류 지급률이 50%면 보험료 납입이 면제가 되고, 그 후에는 보험료 납입 없이 보장을 계속 받을 수 있다(약관에 따라 면제할 수 있는 지급률이 다를 수 있다. 또한, 2011년 4월 1일 이후 판매되는 보험 중 고도후유장해 특약이 존재하는 상품이면 합산 장해 80%가 되어도 사망 보험금을 받을 수 없는 상품이 있다). 또 의학기술의 발달로 지금도 그렇지만 미래에는 사망하지 않고 장해만 남기고 치료되어 지병으로 살 수 있는 경우가 많아지기 때문이다.

이제 20세 가입한 12만 원짜리 종신보험이 인간의 존엄성을 어떻게 지켜주는지를 하나하나 설명하도록 하겠다.

먼저 앞에서 살펴본 통계청 발표 우리나라 사망원인통계 2013년 자료를 상기하자.

〈연령별 3대 사망원인 구성비 및 사망률, 2012〉

연령	1위			2위			3위		
	사망원인	구성비	사망률	사망원인	구성비	사망률	사망원인	구성비	사망률
1–9세	악성신생물(암)	15.8	2.4	운수 사고	12.9	2.0	선천 기형	7.8	1.2
10–19세	고의적자해(자살)	27.3	5.1	운수 사고	20.4	3.8	악성신생물(암)	16.8	3.2
20–29세	고의적자해(자살)	43.3	19.5	운수 사고	17.1	7.7	악성신생물(암)	10.3	4.6
30–39세	고의적자해(자살)	34.4	27.3	악성신생물(암)	19.3	15.4	운수 사고	8.9	7.0
40–49세	악성신생물(암)	28.6	51.7	고의적자해(자살)	17.1	30.9	간 질환	8.2	14.8
50–59세	악성신생물(암)	38.2	149.1	고의적자해(자살)	9.0	35.3	심장 질환	7.5	29.2
60–69세	악성신생물(암)	42.8	374.2	심장 질환	8.5	74.6	뇌혈관 질환	8.0	70.1
70–79세	악성신생물(암)	33.2	866.4	뇌혈관 질환	11.4	298.8	심장 질환	10.1	262.7
80세이상	악성신생물(암)	16.0	1514.1	심장 질환	12.1	1147.6	뇌혈관 질환	11.4	1079.5

1) 심장 질환에는 허혈성 심장 질환 및 기타 심장 질환이 포함

    통계청 발표 사망원인 통계를 다시 보면 일 년에 사망하는 26만 명의 나이별 사망 원인이 나온다. 이 표에서 말해 주는 것처럼 우리가 만약 사망한다면 나이별로 사망 원인 1, 2, 3의 원인으로 사망할 확률이 높다. 나이 별로 사망 1, 2, 3위를 기억하기 바란다.

	보험가입금액	보험기간	납입기간	초회보험료
변액종신	5,000만원	종신	80세납	28,550원
정기특약	10,000만원	80세 만기	70세납	40,000원
재해사망특약	20,000만원	80세만기	70세납	10,000원
고도장해특약	2,000만원	종신	70세납	800원
재해상해특약	20,000만원	80세만기	60세납	10,000원
암진단특약	3,000만원	80세만기	전기납	17,400원
특정성인병특약	2,000만원	80세만기	전기납	5,200원
무배당입원특약	5,000만원	90세만기	80세납	12,000원
무배당수술특약	1,000만원	90세만기	80세납	5,600원

자 살

일반: 1억 5,000만 원
재해: 2억 원
합계: 3억 5,000만 원

사랑하는 부모님이 금이야 옥이야 예쁘고 건강하게 키워주셔서 대학도 졸업하고 사랑하는 사람과 결혼생활을 하게 되었다 치자. 그러나 경기가 어려워져 실직하여 가장으로서 책임감에 억눌려 우울증 약을 지속적으로 먹고 병원에 입원도 했다가 자살했다면, 일반사망 1억 5,000만 원에다가 심신상실 상태에서의 자신을 해친 보험사고는 재해사망 보험금 2억을 받게 되어, 합계 3억 5,000만 원의 보험금이 지급된다. 그러면 최소한 사랑하는 배우자가 힘한 일은 하지 않고 자녀를 키울 수는 있다. 남은 가족이 최소한의 인간 존엄성을 유지하게 할 수 있다.

제17조(보험금을 지급하지 아니하는 보험사고) 회사는 다음 중 어느 한 가지의 경우에 의하여 보험금 지급사유가 발생한 때에는 보험금을 드리지 아니합니다.
1. 피보험자(보험대상자)가 고의로 자신을 해친 경우 다만, 다음 각 목의 경우에는 그러하지 아니합니다.
  가. 피보험자(보험대상자)가 심신상실 등으로 자유로운 의사결정을 할 수 없는 상태에서 자신을 해친 경우
   피보험자(보험대상자)가 심신상실 등으로 자유로운 의사결정을 할 수 없는 상태에서 자신을 해침으로써 사망에 이르게 된 경우에는 재해사망보험금(약관에서 정한 재해사망보험금이 없는 경우에는 재해 이외의 원인으로 인한 사망보험금을 지급하고, 재해 이외의 원인으로 인한 사망보험금이 없는 경우에는 '보험료 및 책임준비금 산출방법서'에서 정하는 바에 따라 회사가 적립한 사망 당시의 책임준비금을 지급)을 지급합니다.

〈생명보험 표준약관〉

	보험가입금액	보험기간	납입기간	초회보험료
변액종신	5,000만원	종신	80세납	28,550원
정기특약	10,000만원	80세 만기	70세납	40,000원
재해사망특약	20,000만원	80세만기	70세납	10,000원
고도장해특약	2,000만원	종신	70세납	800원
재해상해특약	20,000만원	80세만기	60세납	10,000원
암진단특약	3,000만원	80세만기	전기납	17,400원
특정성인병특약	2,000만원	80세만기	전기납	5,200원
무배당입원특약	5,000만원	90세만기	80세납	12,000원
무배당수술특약	1,000만원	90세만기	80세납	5,600원

전방십자인대 파열

재해장애: 10%
합계: 2,000만 원

10대에서 30대까지 사망 1위는 자살이다.

이 경우처럼 사망하지 않고 화목하게 열심히 살아간다고 할 때, 30~40세 때에는 사회활동을 하면서 신체적으로 활발하게 움직이고 경제적으로도 독립하여 여유가 조금은 있을 때이다. 스키도 타고, 골프도 하고, 조기 축구회도 나가고 다른 운동도 한다. 그중 조기 축구회에서 축구경기를 하다가 충돌로 인하여 전방십자인대가 파열되어 십자인대 접합 수술을 했다 가정하자.

전방십자인대 파열 시 관절의 동요가 생긴다. 다치지 않은 정상적인 무릎의 인대에도 동요가 관찰될 수 있어서 다친 곳 동요 값과 다치지 않은 곳의 동요 값의 차이에 따라 그 차이가 5mm면 장해분류 지급률 5%이고 10mm 차이면 장해분류 10% 지급률이다. 10%라면 재해상해 특약

2억의 10%인 2,000만 원의 후유장해 보험금(2차 보험금)을 수령하게 된다.

> **재해분류표**
>
> 〈다리의 장해〉
>
> 가. 장해의 분류
>
> | 장해의 분류 | 지급률 |
> |---|---|
> | 1) 두 다리의 발목 이상을 잃었을 때 | 100 |
> | 2) 한 다리의 발목 이상을 잃었을 때 | 60 |
> | 3) 한 다리의 3대 관절 중 1관절의 기능을 완전히 잃었을 때 | 30 |
> | 4) 한 다리의 3대 관절 중 1관절의 기능에 심한 장해를 남긴 때 | 20 |
> | 5) 한 다리의 3대 관절 중 1관절의 기능에 뚜렷한 장해를 남긴 때 | 10 |
> | 6) 한 다리의 3대 관절 중 1관절의 기능에 약간의 장해를 남긴 때 | 5 |
> | 7) 한 다리에 가관절이 남아 뚜렷한 장해를 남긴 때 | 20 |
> | 8) 한 다리에 가관절이 남아 약간의 장해를 남긴 때 | 10 |
> | 9) 한 다리의 뼈에 기형을 남긴 때 | 5 |
> | 10) 한 다리가 5cm 이상 짧아진 때 | 30 |
> | 11) 한 다리가 3cm 이상 짧아진 때 | 15 |
> | 12) 한 다리가 1cm 이상 짧아진 때 | 5 |
>
> 나. 장해판정 기준
>
> 1) 골절부에 금속내 고정물 등을 사용하였기 때문에 그것이 기능장해의 원인이 되는 때에는 그 내고정물 등이 제거된 후 장해를 판정한다.
>
> 2) 관절을 사용하지 않아 발생한 기능장해(예컨대 캐스트로 환부를 고정시켰기 때문에 치유 후의 관절에 기능장해가 생긴 경우)와 일시적인 장해에 대하여는 장해보상을 하지 아니한다.
>
> 3) "다리"라 함은 엉덩이관절(股關節)로부터 발목관절까지를 말한다.
>
> 4) "다리의 3대 관절"이라 함은 고관절, 무릎관절 및 발목관절을 말한다.

5) "한 다리의 발목 이상을 잃었을 때"라 함은 발목관절로부터 심장에 가까운 쪽에서 절단된 때를 말하며, 무릎관절의 상부에서 절단된 경우도 포함된다.

6) 다리의 관절기능장해 평가는 하지의 3대 관절의 관절운동범위 제한 및 동요성 유무 등으로 평가한다. 각 관절의 운동범위 측정은 미국의사협회(A.M.A.) "영구적 신체장해 평가지침"의 정상각도 및 측정방법 등을 따르며, 관절기능장해를 표시할 경우에는 장해부위의 장해각도와 정상부위의 측정치를 동시에 판단하여 장해상태를 명확히 한다.

가) "기능을 완전히 잃었을 때"라 함은
① 완전 강직(관절 굳음) 또는 인공관절이나 인공골두를 삽입한 경우
② 근전도 검사상 완전마비 소견이 있고 근력검사에서 근력이 "0등급(Zero)"인 경우

나) "심한 장해"라 함은
① 해당 관절의 운동범위 합계가 정상운동범위의 1/4이하로 제한된 경우
② 객관적 검사(스트레스 엑스선)상 15mm 이상의 동요관절(관절이 흔들리거나 움직이는 것)이 있는 경우
③ 근전도 검사상 심한 마비 소견이 있고 근력검사에서 근력이 "1등급(Trace)"인 경우

다) "뚜렷한 장해"라 함은
① 해당 관절의 운동범위 합계가 정상운동범위의 1/2 이하로 제한된 경우
② 객관적 검사(스트레스 엑스선)상 10mm 이상의 동요관절(관절이 흔들리거나 움직이는 것)이 있는 경우

라) "약간의 장해"라 함은
① 해당 관절의 운동범위 합계가 정상운동범위의 3/4 이하로 제한된 경우
② 객관적 검사(스트레스 엑스선)상 5mm 이상의 동요관절(관절이 흔들리거나 움직이는 것)이 있는 경우

7) "가관절이 남아 뚜렷한 장해를 남긴 때"라 함은 대퇴골에 가관절이 남은 경우 또는 경골과 종아리뼈의 2개 뼈 모두에 가관절이 남은 경우를 말한다.

8) "가관절이 남아 약간의 장해를 남긴 때"라 함은 경골과 종아리뼈 중 어느 한 뼈에 가관절이 남은 경우를 말한다.

9) "뼈에 기형을 남긴 때"라 함은 대퇴골 또는 경골에 기형이 남아 정상에 비해 부정유합된 각 변형이 15°이상인 경우를 말한다.

10) 다리의 단축은 상전장골극에서부터 경골내측과 하단까지의 길이를 측정하여 정상 측 다리의 길이와 비교하여 단축된 길이를 산출한다.
다리 길이의 측정에 이용하는 골표적(bony landmark)이 명확하지 않은 경우나 다리의 단축장해 판단이 애매한 경우에는 scanogram을 통하여 다리의 단축정도를 측정한다.

다. 지급률의 결정

1) 1하지(다리와 발가락)의 후유장해 지급률은 원칙적으로 각각 합산하되, 지급률은 60% 한도로 한다.
2) 한 다리의 3대 관절 중 1관절에 기능장해가 생기고 다른 1관절에 기능장해가 발생한 경우 지급률은 각각 적용하여 합산한다.

	보험가입금액	보험기간	납입기간	초회보험료
변액종신	5,000만원	종신	80세납	28,550원
정기특약	10,000만원	80세 만기	70세납	40,000원
재해사망특약	20,000만원	80세만기	70세납	10,000원
고도장해특약	2,000만원	종신	70세납	800원
재해상해특약	20,000만원	80세만기	60세납	10,000원
암진단특약	3,000만원	80세만기	전기납	17,400원
특정성인병특약	2,000만원	80세만기	전기납	5,200원
무배당입원특약	5,000만원	90세만기	80세납	12,000원
무배당수술특약	1,000만원	90세만기	80세납	5,600원

위 암

위암진단: 3,000만 원
보유보험 납입면제 전절제: 장애 50%

2. 40~50대

우리 사회의 40, 50대 가장은 가족을 위해서 그렇게 열심히 사는데 가장으로서 책임과 직장에서의 과도한 업무에 시달리면서 스트레스가 쌓여가고 그 스트레스로 인해 과도한 음주와 과로 등으로 위암에 걸릴 수도 있다.

이때 위암 진단금 3,000만 원을 수령하고 수술비와 입원비도 받을 수 있다. 만약 위를 전절제하면 장해분류 지급률 50%가 된다. 이때부터는 보험료 납입면제 혜택을 받는다.

이후에는 보험료 납입이 면제되는데 주의하여야 할 것은 납입면제는 본인이 신청하지 않으면 보험회사에서 알아서 납입면제를 해주지 않는다는 사실이다. 즉, 위 전절제 수술로 보험금 청구를 해도 보험회사가 알아서 납입면제까지 해주지 않는다.

장해분류표

〈흉복부 장기 및 비뇨생식기의 장해〉

가. 장해의 분류

장해의 분류	지급률
1) 흉복부장기 또는 비뇨생식기 기능에 심한 장해를 남긴 때	75
2) 흉복부장기 또는 비뇨생식기 기능에 뚜렷한 장해를 남긴 때	50
3) 흉복부장기 또는 비뇨생식기 기능에 약간의 장해를 남긴 때	20

나. 장해의 판정기준

1) "흉복부장기 또는 비뇨생식기 기능에 심한 장해를 남긴 때"라 함은
   ① 심장, 폐, 신장, 또는 간장의 장기이식을 한 경우
   ② 장기이식을 하지 않고서는 생명유지가 불가능하여 혈액투석 등 의료처치를 평생토록 받아야 할 때
   ③ 방광의 기능이 완전히 없어진 때

2) "흉복부장기 또는 비뇨생식기 기능에 뚜렷한 장해를 남긴 때"라 함은
   ① 위, 대장 또는 췌장의 전부를 잘라내었을 때
   ② 소장 또는 간장의 3/4 이상을 잘라내었을 때
   ③ 양쪽 고환 또는 양쪽 난소를 모두 잃었을 때

3) "흉복부장기 또는 비뇨생식기 기능에 약간의 장해를 남긴 때"라 함은
   ① 비장 또는 한쪽의 신장 및 한쪽의 폐를 잘라내었을 때
   ② 장루, 요도루, 방광누공, 요관 장문합이 남았을 때
   ③ 방광의 용량이 50cc 이하로 위축되었거나 요도협착으로 인공요도가 필요한 때
   ④ 음경의 1/2 이상이 결손되었거나 질구 협착 등으로 성생활이 불가능한 때

⑤ 항문 괄약근의 기능장해로 인공항문을 설치한 경우(치료과정에서 일시적으로 발생하는 경우는 제외)

4) 흉복부장기 또는 비뇨생식기의 장해로 인하여 일상생활 기본동작에 제한이 있는 경우〈붙임〉일상생활 기본동작(ADLs) 제한 장해평가표"에 따라 장해를 평가하고 둘 중 높은 지급률을 적용한다.

5) 장기간의 간병이 필요한 만성질환(만성간질환, 만성폐쇄성폐질환 등)은 장해의 평가 대상으로 인정하지 않는다.

	보험가입금액	보험기간	납입기간	초회보험료
변액종신	5,000만원	종신	80세납	28,550원
정기특약	10,000만원	80세 만기	70세납	40,000원
재해사망특약	20,000만원	80세만기	70세납	10,000원
고도장해특약	2,000만원	종신	70세납	800원
재해상해특약	20,000만원	80세만기	60세납	10,000원
암진단특약	3,000만원	80세만기	전기납	17,400원
특정성인병특약	2,000만원	80세만기	전기납	5,200원
무배당입원특약	5,000만원	90세만기	80세납	12,000원
무배당수술특약	1,000만원	90세만기	80세납	5,600원

열공성 뇌경색

뇌출혈진단 확정시 합계: 2,000만원
재활 후 후유장애: 3~80%

남자의 위암 5년 생존율은 69.5%이다. 잘 관리한다면 지병으로 살 수 있다. 그렇게 잘 관리하다 50대에 열공성 뇌경색으로 진단을 받게 됐다면 뇌출혈 진단금 2,000만 원을 수령하게 된다. 사람에 따라 차이는 나겠지만, 뇌출혈 후 신체적 장해 흔히 말하는 풍이 올 수 있다. 그리고 재활 후의 상태에 따라 후유장해 등급을 추가로 받을 수 있다. 후유증은 재해일 이후 180일 경과 시점에 의사가 측정할 수 있다. 풍이 온 정도에 따라 와상 상태에서 침대에만 있을 수도 있고 아니면 감기처럼 스쳐 지나갈 수도 있다. 그러나 풍은 재활 치료와 본인의 노력으로 뇌출혈 당시 장해 상태보다 호전되는 경우가 왕왕 있다.

 예를 들면 처음에는 침대에서 일어나지도 못했던 환자가 시간이 지나면서 걷는 것도 가능한 경우가 흔하다. 처음에는 침대에만 있기에 장해율이 80%였다가 열심히 재활을 통해서 서서히 풍이 호전되면 장해율도 50%, 30%, 10%로 축소된다.
 그래서 뇌혈관 질환이나 재해나 상해로 오는 신경계의 결손은 180일이 지나면 곧바로 후유장해 측정을 하여 후유장해 보험금을 지급 받아야 한다.
 일상생활 기본동작 제한 장해평가표에 의한 지급률에 따라 받을 수 있다.

재해분류표

〈장해판정 기준〉

신경계

1) "신경계에 장해를 남긴 때"라 함은 뇌, 척수 및 말초신경계에 손상으로 인하여 "〈붙임〉일상생활 기본동작(ADLs) 제한 장해평가표"의 5가지 기본동작 중 하나 이상의 동작이 제한되었을 때를 말한다.

2) 위 ①의 경우 "〈붙임〉일상생활 기본동작(ADLs) 제한 장해평가표"상 지급률이 10% 미만인 경우에는 보장대상이 되는 장해로 인정하지 않는다.

3) 신경계의 장해로 인하여 발생하는 다른 신체 부위의 장해(눈, 귀, 코, 팔, 다리 등)는 해당 장해로도 평가하고 그중 높은 지급률을 적용한다.

4) 뇌졸중, 뇌손상, 척수 및 신경계의 질환 등은 발병 또는 외상 후 6개월 동안 지속적으로 치료한 후에 장해를 평가한다.
그러나 6개월이 경과하였다 하더라도 뚜렷하게 기능 향상이 진행되고 있는 경우 또는 단기간 내에 사망이 예상되는 경우는 6개월의 범위 내에서 장해 평가를 유보한다.

5) 장해진단 전문의는 재활의학과, 신경외과 또는 신경과 전문의로 한다.

일상생활 기본동작(ADLs) 제한 장해평가표

유형	제한정도에 따른 지급률
이동동작	- 특별한 보조기구를 사용함에도 불구하고 다른 사람의 계속적인 도움이 없이는 방 밖을 나올 수 없는 상태(지급률 40%) - 휠체어 또는 다른 사람의 도움없이는 방밖을 나올 수 없는 상태(30%) - 목발 또는 walker를 사용하지 않으면 독립적인 보행이 불가능한 상태(20%) - 독립적인 보행은 가능하나 파행이 있는 상태, 난간을 잡지않고는 계단을 오르고 내리기가 불가능한 상태, 계속하여 평지에서 100m 이상을 걷지 못하는 상태(10%)

유형	제한 정도에 따른 지급률
음식물 섭취	– 식사를 전혀 할 수 없어 계속적으로 튜브나 경정맥 수액을 통해 부분 혹은 전적인 영양공급을 받는 상태(20%) – 수저 사용이 불가능하여 다른 사람의 계속적인 도움이 없이는 식사를 전혀 할 수 없는 상태(15%) – 숟가락 사용은 가능하나 젓가락 사용이 불가능하여 음식물 섭취에 있어 부분적으로 다른 사람의 도움이 필요한 상태(10%) – 독립적인 음식물 섭취는 가능하나 젓가락을 이용하여 생선을 바르거나 음식물을 자르지는 못하는 상태(5%)

유형	제한 정도에 따른 지급률
배변 배뇨	– 배설을 돕기 위해 설치한 의료장치나 외과적 시술물을 사용함에 있어 타인의 계속적인 도움이 필요한 상태(20%) – 화장실에 가서 변기위에 앉는 일(요강을 사용하는 일 포함)과 대소변 후에 화장지로 닦고 옷을 입는 일에 다른 사람의 계속적인 도움이 필요한 상태(15%) – 배변, 배뇨는 독립적으로 가능하나 대소변후 뒤처리에 있어 다른 사람의 도움이 필요한 상태(10%) – 빈번하고 불규칙한 배변으로 인해 2시간 이상 계속되는 업무(운전, 작업, 교육 등)를 수행하는 것이 어려운 상태(5%)
목욕	– 다른 사람의 계속적인 도움 없이는 샤워 또는 목욕을 할 수 없는 상태(10%) – 샤워는 가능하나, 혼자서는 때밀기를 할 수 없는 상태(5%) – 목욕시 신체(등 제외)의 일부 부위만 때를 밀 수 있는 상태(3%)
옷 입고 벗기	– 다른 사람의 계속적인 도움없이는 전혀 옷을 챙겨 입을 수 없는 상태(10%) – 다른 사람의 계속적인 도움없이는 상의 또는 하의 중 하나만을 착용할 수 있는 상태(5%) – 착용은 가능하나 다른 사람의 도움없이는 마무리(단추 잠그고 풀기, 지퍼 올리고 내리기, 끈 묶고 풀기 등)는 불가능한 상태(3%)

	보험가입금액	보험기간	납입기간	초회보험료
변액종신	5,000만원	종신	80세납	28,550원
정기특약	10,000만원	80세 만기	70세납	40,000원
재해사망특약	20,000만원	80세만기	70세납	10,000원
고도장해특약	2,000만원	종신	70세납	800원
재해상해특약	20,000만원	80세만기	60세납	10,000원
암진단특약	3,000만원	80세만기	전기납	17,400원
특정성인병특약	2,000만원	80세만기	전기납	5,200원
무배당입원특약	5,000만원	90세만기	80세납	12,000원
무배당수술특약	1,000만원	90세만기	80세납	5,600원

치 매

입원: 5만 원(120일 한도)
합계: 600만 원

3. 60대 이후

열공성 뇌출혈은 발생 후 이상이 없이 지나갈 수도 있다. 열공성 뇌출혈이란 증상이 감기처럼 그냥 지나갈 수도 있기 때문이다.

뇌출혈이나 뇌경색 발생이 지나간 후 60대에 만약 치매가 왔을 때에도 종신보험은 인간의 최소한의 존엄성을 지켜준다. 치매 때 보상받을 수 있는 것은 CDR 측정으로 장해분류 지급률로 납입면제나 사망보험금을 받을 수 있고, 또는 입원 특약으로 하루에 5만 원씩 입원비 보장을 받을 수도 있다.

먼저 입원비 특약이다. 치매 치료를 목적으로 요양병원에 입원하면 입원 특약에서 하루 5만 원씩, 120일 한도로 일 년에 최대 600만 원의 보험금이 지급 된다. 180일 지나서 다시 입원비 특약에 대한 입원비 지급이 120일 한도로 6백만 원이 보상된다.

　이 보험금이면 배우자 치매요양병원 병원비는 완전히 해결된다. 소득 수준에 따라 건강보험공단에서 기지불한 병원비 중 자기 부담금 100~500만 원 초과분에 대해서는 환급이 되므로 입원비 특약만으로도 요양병원의 병원비가 해결되고도 남는다. 사망보험금이 나오지 않더라도 입원비 특약 하나만이라도 제대로 들어놨다면 배우자 요양병원비는 다 해결된다.

　또 추가적인 보장은 CDR 측정 2차 보험금이다.

　치매에 의한 장해 분류 지급률은 아래 표의 등급에 따라 3점이면 장해분류 지급률 60%로 보험료 납입면제가 가능하고, 4점이면 장해분류 지급률 80%로 사망하지 않아도 사망 보험금을 지급 받을 수 있다.

　최소한의 인간의 존엄성을 지킬 수 있는 조건이 입원비 특약 하나로도 가능하다는 것이다.

　이렇게 인간의 최소한의 존엄한 삶을 지키며 살아가는 데 드는 보험료가 129,000원밖에 안 된다.

〈증상에 따른 지급률〉

	기억력	지남력	판단 및 문제해결	사회활동	가정 생활 및 취미	개인 관리
정상 (0)	기억력 감퇴가 없거나 혹은 경미한 비지속적인 건망증	완전히 있음	재정 및 사업과 같은 일상의 통상적 수준으로 기능 수행함. 문제를 잘 해결함. 과거경험과 관련하여 판단력 좋음.	통상적 직업(직업/자원봉사자, 및 집단)활동	가정에서의 생활, 취미, 지적 흥미 유지됨	혼자서 충분히 수행함.
불확실 (0.5)	경미한 건망증이 지속됨; 사건에 대한 부분적 회상; "양성"건망증	시간에 대한 경미한 어려움 외에는 완전함.	문제유사점차이점 다룸에 루틴의 경미한 장애 있음.	위의 활동 일부 가벼운 장애가 있음.	가정생활, 취미, 지적 흥미 약간의 장애가 있음.	혼자서 충분히 수행함.
경도 (1)	중등도의 기억력 감퇴; 특히 최근 사건에 대한 장애가 큼; 이로 인해 일상생활이 지장 받음.	시간에 대한 중등도의 지남력 장애; 검사 시 장소에 대한 지남력은 완전함; 다른 곳에서는 지리적 지남력의 장애가 있을 수 있음.	문제점유사점차이점 다룸에 중등도의 장애가 있음; 대개 사회적 판단력은 유지됨.	위의 활동 일부를 계속하고 있을 수 있으나 독립적으로 할 수 없음. 우연히 보면 정상인 것처럼 보임.	경도의 그러나 확실한 가정에서의 장애; 보다 어려운 집안 일 포기됨; 복잡한 취미 및 관심 포기됨.	격려가 필요함.
중등도 (2)	중증의 기억력 감퇴; 고도로 숙련된 기억만 유지; 새로운 지식은 곧 소실됨.	시간관계에 심각한 장애; 대개 시간, 종종 장소에 대한 지남력 장애 있음.	문제점유사점차이점 다룸에 심각한 장애 있음; 사회적 판단력 장애 있음.	집밖에서의 활동을 외관상 독립적으로 수행할 수 없음. 가정 밖에서의 활동을 수행할 수 있을 것 같이 보임.	진짜 단순한 집안일만 보존됨. 너무 하위해 관심의 폭이 짧음.	옷입기, 개인관리에 많은 도움이 필요, 빈번한 실금.
중증 (3)	중증의 기억력 감퇴; 단편적 기억만 보유.	사람에 대한 지남력만 보유.	문제 해결이나 판단을 할 수 없음.	집밖에서의 활동을 외관상 독립적으로 수행할 기미 없음. 너무 하위해 보여 가정 밖에서의 활동을 하는 것이 불가능해 보임.	가정 내에서 특별한 기능이 없음.	개인관리에 더 많은 도움이 필요. 빈번한 실금.
심각 (4)	단편적 기억마저 상실; 종종 해하기 어려운 말이나 동문서답함; 기억력 검사를 실시하지 못함.	자신의 이름에만 반응 보여 지시사항에 따르지 못함.	간단한 지시나 명령에도 따르지 못함.	어떤 사회적인 모임에도 의미 있게 참여하지 못함.	어떤 취미활동이나 가정 내 활동에도 관여 못함.	스스로 찾아서 식사를 시도할 수 있음. 도움 없이는 불가능함.
말기 (5)	의미 있는 기억력이 없음. 종종 이해할 수 없거나 둔화됨.	자신을 의식하지 못함.	주변상황을 이해 못하거나 문제를 인식하지 못함.	어떤 활동에도 전혀 관여 못함.	어떤 활동에도 전혀 관여 못함.	스스로 먹지 못함. 와상 상태.

이제껏 현재 초고령 사회를 살아가는 이 시대 종신보험의 가치를 알아보았다. 이렇듯 종신보험의 2차 보험금은 인간의 최소한의 존엄성을 지켜주는 데 중요한 역할을 한다. 이외에도 2차 보험금으로 받을 수 있는 경우가 매우 많다.

그러나 보험에 가입한 고객이나 보험 가입을 권유한 담당 FC도 2차 보험금에 관하여 알지 못해 보험금을 받지 못하고 있는 것이 지금의 안타까운 현실이다.

다시 한번 말하지만, 종신보험의 2차 보험금이 우리에게 최소한의 존엄한 삶을 지켜준다.

이 종신보험의 2차 보험금의 가치를 아는 FC와 모르는 FC의 차이는 매우 크다. 보험 계약자 당사자에게는 아주 중요한 일이기 때문이다.

4. 종신이냐 연금이냐가 삶의 질 갈라

보험에 가입한 고객인 두 가정의 가장으로 예를 들어 보겠다.

가족을 사랑하는 가장 두 사람이 각각 보험회사의 FC를 만나서 보험에 가입했다.

가족을 사랑하는 아빠 A		보험가입 금액	초회 보험료		납입 기간	보험료	연금액 55%
	변액종신	5,000만원	42,500원	변액유니버셜	10년	50만 원	7407만 원
	정기특약	10,000만원	59,000원	비고	50세에 특약 살리고 vul 전환		
	재해사망특약	20,000만원	12,000원	실손의료비 보험	5만원		
	고도장해특약	2,000만원	1,000원				
	재해상해특약	20,000만원	8,000원				
	암진단특약	3,000만원	27,300원	합계 보험료: 250,800 원			
	암케어특약	3,000만원	21,600원				
	무배당입원특약	5,000만원	14,000원				
	무배당수술특약	1,000만원	7,400원				
	특정성인병특약	2,000만원	8,000원				
	합 계		200,800원				

가족을 사랑하는 아빠 B		보험가입 금액	초회 보험료		납입 기간	보험료	연금액 55%
	변액종신	5,000만원	42,500원	변액유니버셜	25년	30만 원	1320만 원
	재해사망특약	10,000만원	3,000원	비고	25년 납 60세에 연금게시		
	재해사망특약	2,000만원	800원	실손의료비 보험	5만원		
	암진단특약	3,000만원	27,300원	합계 보험료: 444,600 원			
	무배당입원특약	2,000만원	5,600원				
	무배당수술특약	1,000만원	7,400원				
	특정성인병특약	2,000만원	8,000원				
	합 계		94,600원				

각각의 FC는 보험에 관해 가지고 있는 철학이 다르다.

한 FC는 가장 A 씨에게 앞으로 수명이 길어져서 오래 산다면서 의학 기술 발달로 사망 확률이 현저히 줄어들고 보험료 납입면제를 받을 수 있는 확률이 높아진다는 사실을 강조하여, 납입을 길게 하여 보험 가입을 하게 했다. 가입한 보험은 30세 나이에 월 200,800원을 납입하는 종신보험이다.

현재 A 가장의 연봉은 3,500만 원 정도이다. FC는 "앞으로 집도 장만하고 자녀 교육도 해야 하니 나중에 연금은 준비하자. 그리고 이 종신보험으로 유지하다가 후에 연금의 종잣돈을 준비할 시기에 보장을 받는 특약은 그대로 살려놓고 연금보험으로 바꿔서 노후를 준비하면, 일거양득의 효과를 보며, 현 경제상황을 고려해서 최소의 비용으로 최대의 효과를 볼 수 있다. 자녀들이 대학을 졸업하면 이때 50만 원씩 10년만 저축하여 노후의 생활 자금 준비를 시작하자. 그리고 실손 5만 원으로 살면서 소소하게 병원 다니는 비용을 보장받자."고 설명하여 종신보험과 실손보험의 보험료 250,800원으로 보장을 준비하게 했다.

또 다른 FC는 가장 B 씨에게 지금은 사망하지 않고 너무 오래 살기 때문에 노후에 연금(생활비)을 준비하지 않는 것은 재앙이므로 최우선으로 연금부터 준비해야 한다는 철학을 가지고 있다. 그래서 가장 B 씨에게 30세 나이에 30년 동안 매월 30만 원씩 저축하고 5년 거치 후 65세에 연금으로 1년에 1,320만 원씩 받는 연금보험에 가입하게 했다. 그리고 종신보험도 있어야 하기에 사망과 재해보장보다는 진단비와 입원비 등의 보장을 강조하여 최소화한 94,600원으로 가입하게 했다.

B 씨는 결국 실손 5만 원, 연금 30만 원 합산하여 444,600원의 보장 설계를 하여 가입하게 되었다.

어떤 가장이 가족을 더 사랑하는 것일까?

A 씨, B 씨 둘 다 가족은 똑같이 사랑한다. 그런데 만약에 B 씨에게 40대 이후에 위암이나 뇌출혈이 발생한다면 어떻게 될까?

만약 위암 진단을 받는다면 연금 보험료를 계속 낼 수 있을까?

위암으로 전 절제 하여 50% 장해로 납입면제를 받는다면, 납입면제를 받은 그 후로 가입하고 있는 보험에서 추가적으로 보장받을 수 있는 것이 있을까?

거의 없다. B 고객도 가족을 사랑하기 때문에 가족을 위해 보험에 가입하고 더 많은 보험료를 투자한 것은 맞는데, 인간의 존엄성을 지키는 측면에서 본다면 납입면제 후 보장받을 것이 거의 없다. 너무나 안타깝다. 여러분들 다시 한번 잘 생각하기 바란다.

B 씨에게 전달하는 FC가 전적으로 잘못된 것은 아니다. 그러나 인간의 수명과 의료 기술 발달 등을 종합적으로 고려한다면 이제는 종신보험의 가치를 다르게 생각해야 한다. 이 모든 종신보험의 가치 변화는 인간이 너무 오래 살기 때문에 일어나게 된 일이다.

보험의 가치를 전달하는 FC가 알아야 할 지식은 너무 오래 살기 때문에 생기는 세 가지 문제에 관한 내용이다.

첫 번째는 인간이 장수해서 생기는 헬스케어이다. 중립자 가속기 치료처럼 최첨단 의료기술로 질병에 대한 치료율이 높아지기 때문에 헬스케어에 대한 문제가 크게 대두되는 것이다. 두 번째는 사망원인 1위인 암에 관한 보장이다. 통계청 자료에 의하면 평균 수명까지 산다면 남자는 3명 중 1명, 여성은 5명 중 2명이 암으로 사망하게 된다. 2030년대에는 이 수치가 더 상승한다고 한다. 세 번째는 너무 오래 살기 때문에 생기는 치매가 문제이다.

이 세 가지 문제를 극복하고 인간의 존엄성을 지키면서 살기 위해서는 대한민국에서 유일한 방법은 종신보험밖에 없다. 그 어떤 것도 종신보험을 대신 할 수 있는 것은 없다.

> 사례 따라잡기 4

설렁탕 한 그릇 값 2,300만 원

저자가 보험회사에서 중간 매니저인 SM을 할 때, 한동안 함께 일했던 오래전 동료를 만나게 되었다.

을지로3가에 있는 유명한 설렁탕 집인 '이남장'에서 점심을 먹으면서 지난 이야기꽃을 피웠다. 우리는 보험시장의 어려움에 관한 얘기, 생보사에서 근무한 우리가 손보시장에 너무 무관심했던 실수 등, 과거 얘기를 반찬 삼아 수다를 떨었다. 그러던 중 툭 뱉은 한마디로 숨은 2,300만 원을 찾게 되었다. 설렁탕 한 그릇이 2,300만 원이 된 셈이다.

"요즘 오래 걸으면 다리에 무리가 가고 그 좋아하는 축구도 자주 못해."
그가 한 말이다. 그는 중학교 때까지 축구선수를 했을 만큼 축구를 좋아했다. 지금도 조기축구회 감독을 할 만큼 열광적인 사람이다. 4년 6개월 전에 조기회 축구경기에서 전방십자인대 파열이라는 사고로 인대 접합수술까지 받았는데도, 좋아하는 축구를 못 끊어서 지금은 감독을 하면서 종종 경기에 나간다고 했다.

그 말을 듣자마자 2차 보험금 받았느냐고 물으니 멀뚱멀뚱 눈만 껌벅이며 수술비 받았다고 딴 얘기를 한다.

십자인대는 앞십자인대(전방십자인대)와 뒤십자인대(후방십자인대)가 있으며 무릎관절 내에 존재하나 인대는 활막에 싸여 구별되므로 십자인대 자체는 활막 외 조직이다. 혈액공급은 중간 무릎 동맥에 의해, 신경공급은 뒤쪽 정강 신경의 가지인 뒤쪽 관절 신경에 의하여 이루어진다. 그리고 관절의 안정성에 있어 중요한 역할을 하며 넙다리뼈에 대하여 정강뼈가 앞뒤로 이동하는 것을 방지한다.

후방십자인대의 길이는 약 38mm이며 폭은 13mm이고 전방십자인대보다 2배 정도 강하다. 후방십자인대파열이 전방보다 비교적 사고가 적은 편이고 큰 외상으로 일어나는 이유는 후방십자인대가 전방에 비해서 강하며 두꺼울 뿐 아니라 무릎 관절의 가장 가운데에 위치하기 때문이다. 하지만 두껍고 깊숙이 있기에 수술을 하더라도 100%의 호전을 기대하기 어려운 부위이기도 하다.

십자인대의 후유장해 보상의 청구는 수술한 무릎이 수술하지 않은 무릎에 비해서 5mm 이상의 동요(무릎이 좌우로 흔들리는 상태가)가 있어야 한다.

그는 소개해준 손해사정 법인을 통해서 보험금청구 의뢰를 했다.

수술 후 4년 6개월이 지나서 보험금 청구권 소멸시효인 2년이 지났기 때문에 보험금 청구가 불가능하다고 알고 있지만 사안에 따라서 다르다. 보험금 청구권 소멸 시효는 2년이 맞다. 하지만 소멸시효의 기산 시점은 청구권을 신청할 수 있는 자가 보험금 청구 권리를 행사할 수 있을 때부터 2년이다.

십자인대 파열처럼 후유장해가 남는 보험사고에서 후유장해 분류 지급률에 해당되는 사고라면, 청구권 소멸시효의 시작인 기산일이, 해당 고객이 선의로 후유장해 청구권에 대한 청구 가능성을 인지하지 못하고 있었다면, 보험금 청구권 소멸시효는 의사가 발행하는 후유장해 진단서 발급일로부터 2년이 될 수 있다.

그가 보험사고가 나서 수술받은 것은 4년 6개월 전이지만 후유장해에 대한 진단서 발급이 되지 않았고, 또한 그는 보험금 청구 가능성 자체를 인지하고 있지 않았기 때문에, 후유장해에 관한 보험금 청구권은 병원에서 후유장해진단서를 발급받은 날부터 2년이다.

이런 이유로 4년 6개월이 지났지만, 그는 보험금 청구가 가능했다.
그는 또 관절 동요 차이가 11mm가 나와서 10% 해당하는 후유장해 지급률에 포함됐다. FC의 배우자가 국민은행을 다니고 있어서 배우자의 직장 단체보험 혜택도 받았다. 4년 6개월 전 국민은행 단체보험에서 담보되어 있는 배우자 상해특약에서 받은 보험금이 700만 원이다.

이렇듯 본인과 배우자의 직장 단체보험을 확인하는 것도 본인의 권리를 찾는 방법이다. 직장 단체보험은 국가가 강제로 가입시키는 산재보험과 다르게 온전히 법인의 자유의사에 의해 회사와 보험회사 간에 가입한다. 그래서 보험 혜택을 보는 직원들은 보장 내용을 잘 모를 수 있다.
단체보험의 보장내용은 각자 회사의 인사부나 총무부에서 확인 가능하다.

결국, 그는 설렁탕 한 그릇으로 자신이 가입한 개인 보험에서 1,600만 원과 아내의 단체보험에서 700만 원, 합계 2,300만 원의 2차 보험금을 받았다.

4장

종신보험 가치 따라잡기

01 100세 시대가 가져다준 세 가지 과제

　　　　　　　　죽을 때까지 병원 한번 갈 일 없이, 건강 걱정 전혀 없이 장수 할 수 있을까?

　말 하나마나 누구나 바라는 삶일 것이다.

　건강한 장수를 할 수 있다면 현재를 살아가는 우리는 몇 살까지 살 수 있을까?

　통계청 발표 2012년 생명표를 살펴보면 2012년 태어난 아이들의 기대여명이 남자는 77.9세이고 여자는 84.6세이다. 이것은 평균이고 더 오래 사는 경우가 많아져서 100세까지 사는 것은 이제 남의 일만이 아닌 시대에 우리는 살고 있다.

　우리가 준비를 하든, 하지 않든 100세 시대를 살아가는 한국인의 미래는 3가지 문제가 발생한다. 첫 번째가 헬스케어이고 두 번째가 암, 마지막 세 번째가 치매이다.

　이 문제들은 인간이 너무 오래 살게 되면서 생긴 문제이다. 이 세 가지 문제가 건강한 삶을 결정할 것이다.

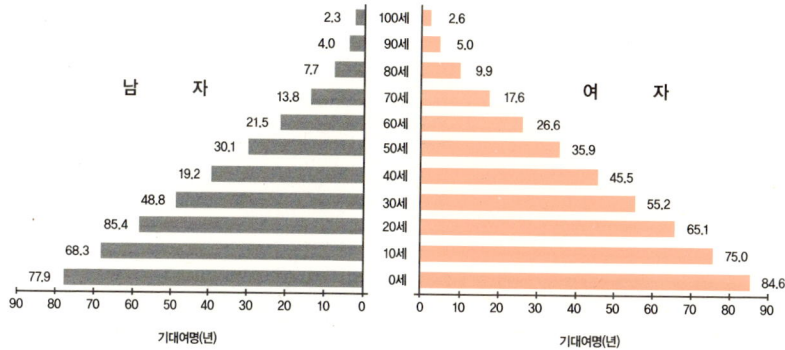

우리는 누구나 건강한 장수를 원한다. 평균수명이 길어지고 있지만, '몇 살까지 사느냐' 하는 단순 수치는 중요하지 않다. 중요한 것은 몇 살까지 '건강하게' 살 수 있느냐다.

건강하게 산다는 것은 여러 가지 요소가 있지만, 그중에서도 육체적 건강이 우선되어야 한다. 육체가 건강해야 정신도 건강할 수 있다는 말은 초등학생도 아는 얘기다.

그 어떤 사람도 건강을 100% 장담할 수 없기에 그래서 우리에겐 준비가 필요하다. 왜냐하면, 우리는 막연하게 건강한 삶을 기대하지만, 대한민국 국민은 평생의 20%를 질병이나 사고로 인해 유병(지병) 상태로 살아가기 때문이다.

강의를 다니면서 질문을 해본다.

"몇 살까지 살고 싶으세요?" 그러면 대답의 최저치가 80세이다.

그런데 "몇 살까지 건강하게 살고 싶으세요?"라고 질문을 바꾸어 보면 이젠 막연한 대답이 돌아온다. "죽기 전까지요.", "아프면 죽을 거예요", "90세까지 살고 90세 이후에 2달 아프다 죽을래요." 등등.

정부기관이나 각종 매스컴에서 평균 여명에 대한 정보를 많이 접했기 때문에 80세 이상 살 거라는 것은 확실히 알지만, 그 기간 얼마나 건강하게 살게 될지는 아무도 모르는 실정이다.

당신은 아프지 않고 얼마나 살길 원하는가?

얼마까지 살 수 있고 죽기 전에 얼마나 아프다 죽는지 알 수 있다면 당신은 어떤 준비를 하겠는가?

결론부터 말하면 너무 오래 살아서 생기는 세 가지 문제에 관하여 고민하고 준비한다면 노후에 행복한 삶, 즉 인간의 존엄성을 지키는 인생을 살 수 있다.

1. 헬스케어

오래 살아서 생기는 첫 번째가 헬스케어이다.

헬스케어란 넓은 의미에서 기존 치료 부분인 의료서비스에다 질병 예방 및 관리 개념을 합친 전반적인 건강관리를 일컫는 말이다. 좁은 의미로 접근하면 개인이 건강하게 살기 위한 모든 수단과 방법을 지칭하는 말이다.

건강검진을 받고, 사전 질병 예방을 위해서 유전자 검사를 받고, 피트니스 센터에서 운동을 하고, 요가를 배우고 명상을 하고, 등등 건강과 관련된 다양한 헬스케어 산업의 미래는 밝다.

그러면 보험산업 입장에서 헬스케어란 무엇일까?

각종 질병과 사고에 대비하여 신체적 위험으로부터 건강하게 살기 위해 보상을 준비하는 것이다. 준비하는 보장은 우리의 신체적 능력이 떨어지는 노후의 헬스케어가 초점이다. 왜냐하면, 통계청 2012년 생명표에 의하면 유병 기간은 15년가량이 되기 때문이다.

남자의 기대여명은 77.9세이지만, 이 기간 병 없이 건강하게 사는 기간은 65.2세뿐이고 12.7세는 각종 질병이나 사고로 유병 생활을 하다가 사망하고, 여자는 기대여명 84.6세 중에 건강하게 사는 기간은 66.7세뿐이고 17.9년은 어떤 형태이든 유병 생활을 하게 된다.

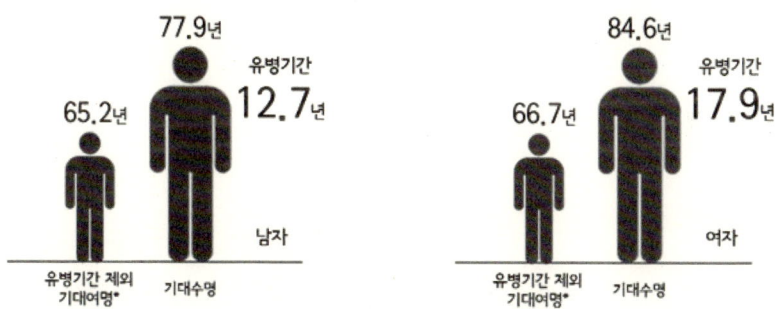

남녀평균 기대여명 및 유병기간
출처: 통계청(2012년 생명표)
*기대여명: 질병이나 사고로 인해 아프지 않은 기간

우리나라 사람들의 수명은 점점 늘어나지만, 그 내용을 자세히 들여다보면 사망자는 줄고 환자는 늘어나는 상황이다.

이 책을 읽는 여러분 중 85세까지 사는데 그중에 15년을 유병 생활하게 된다면 무슨 준비를 하겠는가?

건강하게 사는 70세까지는 각자의 희망대로 멋진 삶이겠지만 유병 생활을 해야 하는 15년은 무엇을 준비하고 어떻게 지내야 할까?

유병 생활 15년은 다시 초등학교, 중학교, 고등학교를 마치고 대학 졸업까지 할 수 있는 긴 시간이다. 우리가 보편적으로 학창 생활을 하는 데 걸린 시간이 16년이다. 과거 학창 생활을 하는 시간만큼 유병 생활을 한다.

하루 이틀도 1, 2년도 아닌 이렇게 긴 시간이라면 진지하게 고민을 해

보아야 한다. 이 긴 유병 생활을 위해 무엇을 준비해야 할까?

통계청 2012년 생명표에 의하면 남자는 악성신생물(암)로 1.9년, 당뇨로는 6.1년, 고혈압성 질환으로는 12.2년 그리고 심장 질환으로 4.3년의 유병 생활을 한다.

여자는 악성신생물(암)로는 1.8년 당뇨로는 6.3년, 고혈압성 질환으로는 15.4년 심장 질환으로는 4.4년 유병 생활을 한다.

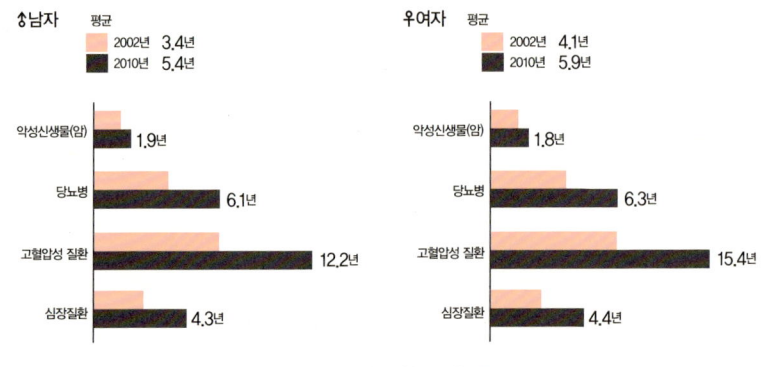

죽기 전에 앓는 기간
출처: 2002~2010년 건강보험 전 국민 진료기록(고려대 연구팀 분석)

누구라도 살면서 유병 생활을 한다는게 확실하다. 만약 본인들이 유병 생활을 하게 되는 질병을 고를 수 있다면 어떻게 하겠나?

짧고 굵게 암으로 1.9년, 아니면 가늘고 길게 고혈압성 질병으로 15년, 골랐다면 이젠 병원비는 준비되었는가?

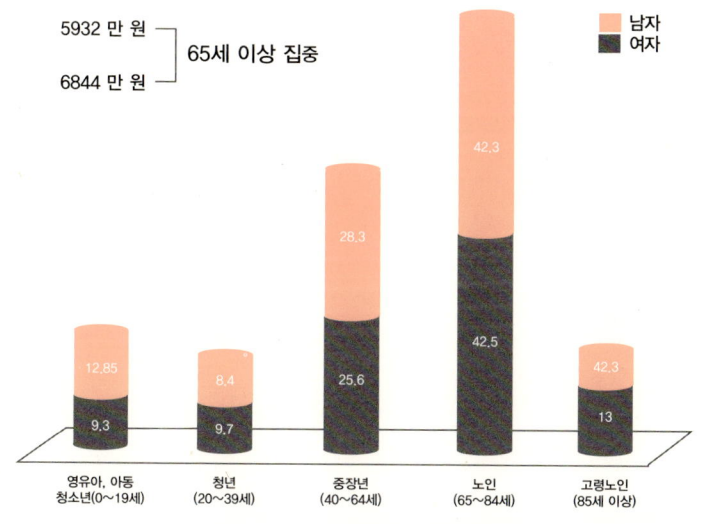

남녀 생애주기별 의료비 분포(단위: %)
출처: 한국보건산업진흥원(2013년)

건강심사평가원 2013년 건강보험 진료비 통계지표 자료에 의하면, 2013년도 65세 이상 노인 인구는 574만 명, 요양급여비용은 17조 5,283억 원(34.5%)이며, 전년도 대비 증가액은 1조 4,901억 원, 증가율은 9.3%인 것으로 나타났다.

65세 이상 노인 인구 1인당 요양급여비용은 305만 원으로 전체 1인당 요양급여 비용의 3배이며, 노인 1인당 요양기관 방문일수는 연간 68일인 것으로 나타났다.

65세 이상 노인은 노년성 백내장(179,123명), 상세불명 병원체의 폐렴(71,624명), 뇌경색증(68,767명) 등의 상병으로 의료기관에 입원한 환자가 많으며, 고혈압(2,276,507명), 치은염 및 치주질환(1,522,586명), 급성기관지염(1,511,428명) 등의 순으로 요양기관을 방문하여 외래 진료를 많이 받은 것으로 나타났다.

입원 노인 환자의 요양급여비용 증가율이 가장 높은 상병은 알츠하이머병에서의 치매로 연간 6,462억 원이며, 환자 1인당 진료비는 1,092만 9천 원으로 나타났다.

아래 표는 우리나라 65세 이상 인구의 자주 발생하는 질병으로 병원에 내원하고 또는 입원해서 진료받은 질병들의 자료이다.

〈노인(65세 이상) 다빈도 상병〉

순위		상병명	진료인원(명)	내원일수(일)	요양급여비용(백만원)	1인당진료비(원)	'11년도 대비 증감율(%)
원인	1	노년성 백내장	179,123	276,138	206,891	1,155,022	-8.1
	2	상세불명 병원체의 폐렴	71,624	1,205,872	210,568	2,939,908	8.0
	3	뇌경색증	68,767	4,841,842	512,609	7,454,288	10.0
	4	알츠하이머병에서의 치매	59,128	9,481,858	646,229	10,929,323	31.3
	5	무릎관절증	47,371	1,277,392	301,784	6,370,649	3.0
	6	기타 척추병증	46,543	814,041	107,033	2,299,658	5.8
	7	요추 및 골반의 골절	41,783	881,398	83,411	1,996,290	14.9
	8	늑골, 흉골 및 흉추의 골절	41,012	732,489	70,003	1,706,891	14.9
	9	협심증	40,050	286,595	145,015	3,620,849	2.0
	10	인슐린-비의존 당뇨병	34,884	1,139,942	94,599	2,711,816	7.4
외래	1	본태성(일차성)고혈압	2,276,507	18,531,068	286,283	125,755	7.6
	2	치은염 및 치주질환	1,522,586	3,694,379	93,960	61,711	25.6
	3	급성 기관지염	1,511,428	4,425,173	56,646	37,478	6.1
	4	등통증	1,342,353	10,650,968	187,901	139,979	5.2
	5.	무릎관절증	1,238,795	10,138,487	229,969	185,639	4.7
	6	위염 및 십이지장염	1,065,359	2,796,820	45,167	42,396	1.1
	7	인슐린-비의존 당뇨병	835,370	6,407,425	124,681	149,252	10.9
	8	알레르기성 접촉피부염	763,095	2,132,374	26,503	34,731	10.8
	9	기타 척추병증	741,140	5,684,270	140,001	188,900	12.7
	10	급성 비인두염[감기]	724,755	1,870,632	18,598	25,661	-4.4

주) 1. 다빈도 순위는 각 상병별 진료인원 기준 / 2. 증감률은 전년 대비 요양급여비용임

우리가 일생을 통해서 부담하는 의료비는 남자는 1억 177만 원 이고

여자는 1억 2,332만 원이 발생한다. 남자가 전 생애에 지출하는 의료비 중 50.6%인 5,150만 원은 65세 이후 발생하는 의료비고, 여자는 전 생애에 지출하는 의료비중 55.5%인 6,845만 원이 65세 이후 발생하는 의료비이다. 65세 이후에 지출하는 의료비 중 30%는 사망 직전 집중하여 지출된다.

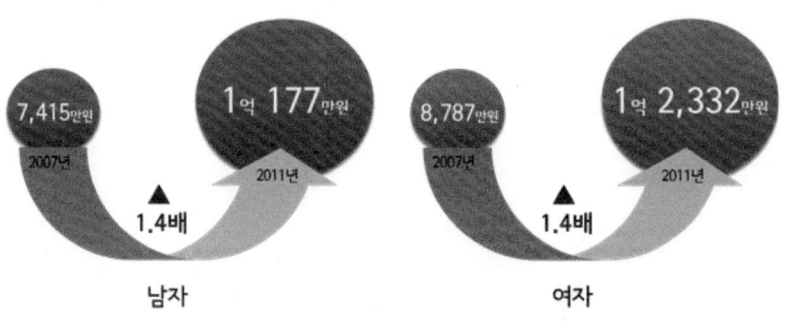

남녀1인당 생애 의료비 증가추이
출처: 한국보건산업진흥원(2013년)

통계청이나 건강보험 심사평가원 등 전문기관에서 말하는 데이터는 평균값이며 비급여 부분을 제외한 기본 의료비이다.

질병의 경중이나 질병이 다른 상황이라면 추가적으로 얼마를 더 지불해야 할지는 모를 일이며, 진료별 차이가 나는 비보험 진료의 질을 감안하면 변수가 크게 생긴다.

여기에 건강관리에 지불하는 헬스케어 비용까지 계산한다면 우리가 원하는 건강한 장수를 하려면 훨씬 많은 준비가 필요하다.

특히 소득수준에 따른 수명 격차가 예상보다 크다는 사실이 확인됐다. 남성의 경우 소득수준 상위 20%가 하위 20%보다 9.1년이나 오래 살았다. 남성보다 평균적으로 오래 사는 여성도 고소득자의 수명이 저소득층에 비해 3.8년 길었다.

　국민건강보험공단과 강영호 서울대 교수팀이 2002~2010년 건강보험 가입자 1,200만 명 중 나이, 소득, 질병에 대표성을 띠는 100만 명을 표본으로 삼아 분석한 결과이다. 연구팀은 연간소득, 건물, 토지, 전·월세금, 자동차 등 건보료 부과의 근거 자료를 이용해 소득을 파악한 뒤 0세를 기준으로 남은 수명(기대여명)을 비교했다.

　연구 결과를 보면 건강보험 남성 가입자 중 소득 상위 20%의 기대여명은 77.0세로 평균(72.6세)보다 4.4년 더 길다. 상위 21~40%(74.9세)도 평균보다 2.3년 오래 살았다. 반면에 하위 20%는 67.9세로 평균보다 4.7년이나 짧다.

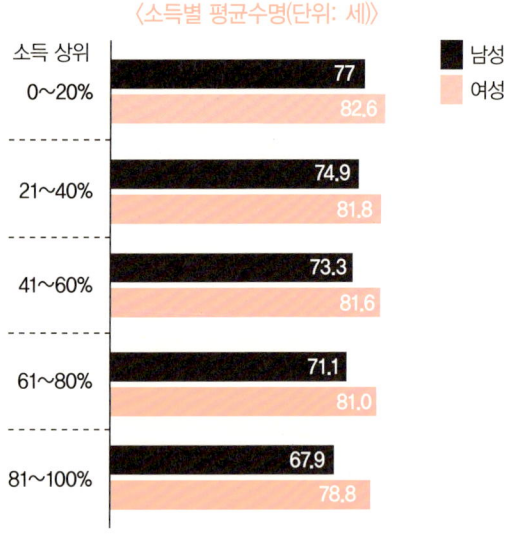

　차이는 남성보다 작지만 이런 경향은 여성도 마찬가지였다. 여성 소득 상위 20%의 기대여명은 82.6세로 평균(81.1세)보다 1.5년 길다. 하위 20%는 평균보다 2.3년 짧은 78.8세였다.

소득 상·하위 계층 간 수명이 10년 가까이 차이 난다는 점은 의료 격차의 심각성을 단적으로 보여준다. 남북한 평균수명 격차가 12세, 미국 흑인과 백인 간 수명 차가 4~6세 정도임을 감안하면 건강 불평등이 얼마나 심한지 알 수 있다.

빈곤층에 해당하는 남성 의료급여 수급자의 기대여명(55.0세)도 직장가입자보다 19.8년이나 짧다. 여성 의료급여 수급자(71.6세)와 직장가입자(82.2세)의 격차도 10.6년이었다. 국내 의료급여 수급자의 기대여명은 북한의 2011년 기준 평균수명(남 65.1세, 여 71.9세)보다 낮은 것으로 나타났다.

의료급여 수급자의 낮은 수명은 비급여 항목을 이용하지 못한 결과임을 간접적으로 보여준다. 건강보험이 적용되지 않지만, 의료서비스 수준이 높은 비급여는 의료비 격차의 주요 원인이다.

앞으로 이 격차는 더욱더 가속화될 예정이다. 그리고 건강한 삶을 위해 헬스케어에 지출하는 비용은 더욱더 증가할 예정이다. 왜냐하면, 앞으로의 우리들의 미래에는 수명 연장과 더불어 발전된 의학 기술이 있기 때문이다.

2016년 경상남도 기장에 완공되는 중립자 가속기는 일본에 3대, 독일에 2대, 미국에 1대씩 전 세계에 7대밖에 없고 간암, 폐암, 두부경부암, 췌장암 등을 개복 수술하지 않고 부작용이 없이 치료하는 꿈의 치료기이다.

또한, 의료용 3D 프린터가 더욱 발전하면 저렴한 금액으로 인공장기 등에 활용하고 질병 치료와 수명 연장에 쓰일 것이다. 지금 복잡한 수술 전이나 인체 뼈 모형을 3D 프린터로 만들어 사전 수술 연습을 하는 등 의학은 눈부시게 발전 중이다.

저속한 말로 앞으로의 미래는 돈 만 있으면 공상과학 영화에서처럼 장기를 갈아 끼우며 100세 이상 살 수도 있다. 그러므로 우리는 100세까지 살 것이며, 그중에 암, 고혈압, 심장 질환으로 15년간 유병 생활을 하면서 전 생애 의료비 1억 1,250만 원을 지출하고 보다 나은 의료 서비스와 헬스케어에 추가로 비용을 지출할 것이다.

우리가 생각보다 더 오래 산다면 여기에 따를 헬스케어에 지불할 자금은 충분한가?
우리가 만나는 고객에게 몇 살까지 살지 모르는 미래의 건강한 삶을 위해서 얼마나 준비시켜 주었는가? 우리 스스로 반문해야 한다.

2. 암

우리가 준비하든 준비하지 않든 우리의 미래에 다가올 문제 중 두 번째는 암이다.

우리는 언젠가는 죽는다. 누구나 알고 있다. 죽는 것에 대하여 부정하지는 않지만 어떻게 죽느냐가 문제이다. 태어나서 건강하게 기대여명까지 살다가 2~3개월 앓다가 죽는다면 무슨 질병으로 죽든 크게 문제 되지 않을 수도 있다. 하지만 암으로 유병 생활을 하다가 죽는다면, 이는 심각한 문제이다.

새로운 항암 치료제나 중립자 가속기 등 의학의 발달로 암 환자 생존율이 점점 높아가고 있다. 현재 5년 암 환자 생존율은 66.3%에 달하고 10년 생존율은 50%에 육박한다. 이 사실은 어느 사람에게는 축복이고 어느 사람에게는 재앙이다. 그 차이는 결국 치료비이다.

국립암센터 조사에 의하면 암에 걸렸을 때 가장 걱정되는 것은 죽음에 대한 공포가 아니라 생각보다 훨씬 많이 들어가는 암 치료비였다. 그래서 미래에 오래 살아서 생기는 문제 중 하나가 암에 대한 준비이다.

그럼 먼저 국립암센터에서 정의한 암은 무엇인가부터 알아보자.
인간의 몸을 구성하고 있는 가장 작은 단위를 세포(cell)라고 부른다. 정상적으로 세포는 세포 내 조절기능에 의해 분열하며 성장하고 죽어 없어지기도 하며 세포 수의 균형을 유지한다.
어떤 원인으로 세포가 손상을 받는 경우, 치료를 받아 회복하여 정상적인 세포로 역할을 하게 되나 회복이 안 된 경우 스스로 죽게 된다. 그러나 여러 가지 이유로 인해 세포의 유전자에 변화가 일어나면 비정상적으로 세포가 변하여 불완전하게 성숙하고, 과다하게 증식하게 되는데 이를 암(cancer)이라 정의할 수 있다. 또한, 암은 주위 조직 및 장기에 침입하고 이들을 파괴할 뿐 아니라 다른 장기로 퍼져갈 수 있는 특징이 있다.
암은 억제가 안 되는 세포의 증식으로 정상적인 세포와 장기의 구조와 기능을 파괴하기에 그 진단과 치료의 중요성이 더 강조된다.

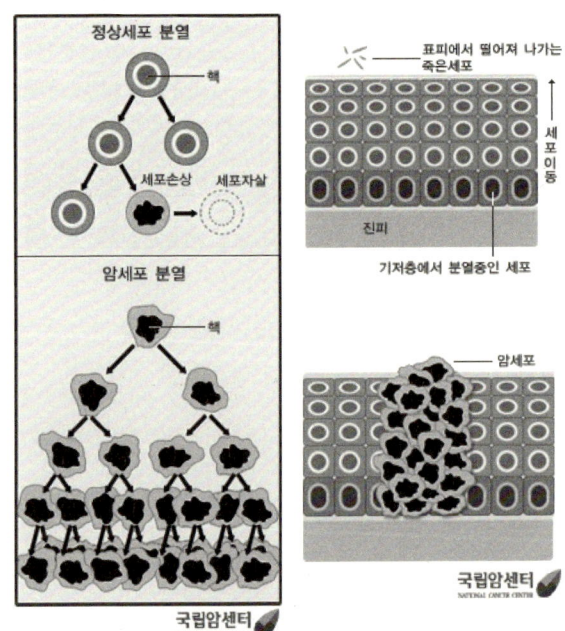

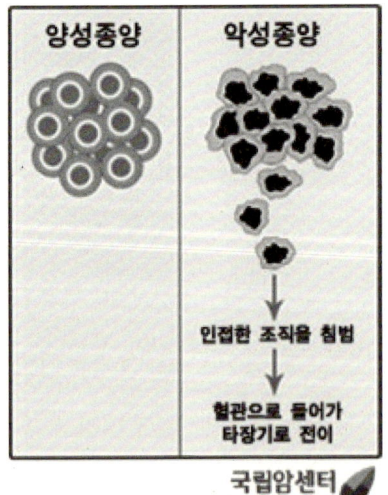

[정상 세포와 암세포의 분화]

이런 암이 대한민국 국민을 사망에 이르게 하는 부동의 원인 1위이다.
우리가 기대여명인 남자 77.9세 여자 84.6세까지 생존한다면, 남자 5명 중 2명, 여자 3명 중 1명은 평균수명까지 살아도 암에 걸릴 수밖에 없다. 우리나라 사람들이 기대여명까지 산다면 3명 중 한 명은 암 환자였거나 암을 치료하고 있는 환자이다.

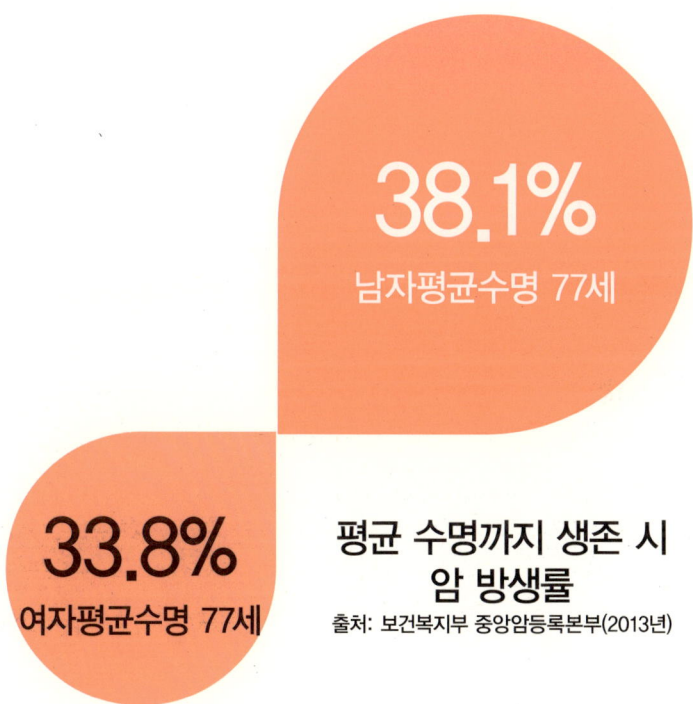

38.1%
남자평균수명 77세

33.8%
여자평균수명 77세

평균 수명까지 생존 시
암 발생률
출처: 보건복지부 중앙암등록본부(2013년)

통계청의 사망원인 통계자료는 의사의 사망 진단서를 기초로 한다.
사랑하는 가족을 죽음으로 떠나보내는 일은 언제나 감내하기 힘들고 슬픈 일이며 겪고 싶지 않은 일이다. 이렇게 사랑하는 가족이 사망하였다 하더라도 마음대로 매장하거나 화장할 수 없다. 의사의 사망 진단서를 주소지 관할 동사무소에 제출하여 매장이나 화장 허가를 받아야 한다.

우리나라에서는 한 해에 대략 26만 명가량 사망하는데 이 모든 사망자의 사망원인이 담겨있는 의사의 사망진단서가 발급되고 집계된다. 이 기록을 기초로 하여 2년마다 사망원인 통계를 작성하여 발표한다. 2013년 9월에 발표한 통계청 사망원인 통계자료에 의하면, 지난 2002년부터 2012년까지 부동의 사망 원인 1위는 암이다.

사망원인 순위 추이, 2002-2012

순위	2002		2011		2012				'02 순위 대비	'11 순위 대비
	사망원인	사망률	사망원인	사망률	사망원인	사망자수	구성비	사망률		
1	악성신생물(암)	130.1	악성신생물(암)	142.8	악성신생물(암)	73,759	27.6	146.5	-	-
2	뇌혈관 질환	77.0	뇌혈관 질환	50.7	심장 질환	26,442	9.9	52.5	↑	↑
3	심장 질환	36.9	심장 질환	49.8	뇌혈관 질환	25,744	9.6	51.1	↓	↓
4	당뇨병	25.1	고의적 자해(자살)	31.7	고의적자해(자살)	14,160	5.3	28.1	↑	-
5	만성하기도질환	22.6	당뇨병	21.5	당뇨병	11,557	4.3	23.0	↓	-
6	간 질환	21.9	폐렴	17.2	폐렴	10,314	3.9	20.5	↑	-
7	운수 사고	19.1	만성하기도질환	13.9	만성하기도질환	7,831	2.9	15.6	↓	-
8	고의적자해(자살)	17.9	간 질환	13.5	간 질환	6,793	2.5	13.5	↓	-
9	고혈압성 질환	10.6	운수 사고	12.6	운수 사고	6,502	2.4	12.9	↓	-
10	호흡기 결핵	6.6	고혈압성 질환	10.1	고혈압성 질환	5,239	2.0	10.4	↓	-

1) 심장 질환에는 허혈성 심장 질환 및 기타 심장 질환이 포함

(출처: 통계청)

우리가 원하든 원하지 않든 간에 기대할 수 있는 수명까지 살다가 생을

마감한다면 암으로 유병 생활을 하다가 죽을 확률이 가장 높다.

기대여명까지 살다 암으로 사망한다면 어떤 준비를 하겠는가?

당신이 암으로 죽는다면?

미국의 유명한 여배우인 앤젤리나 졸리의 이야기는 매우 인상적이다. 아름다운 여배우로서 이야기가 아니라 가족을 사랑하는 엄마로서 여성의 상징인 가슴을 절제하고 자궁적출 수술을 받았다. 졸리가 이와 같은 결정을 내린 이유는 유전적 영향으로 생길 수 있는 유방암과 자궁암에 대한 우려 때문이다.

프랑스 여배우이자 앤젤리나 졸리의 모친 마르슐랭 베르트랑은 자궁암과 유방암으로 10년 가까이 투병생활을 하다 58세인 2007년에 사망했다. 또한, 졸리의 이모인 데비 마틴도 유방암으로 숨졌다. 앤젤리나 졸리는 그녀의 유전자 검사에서 Brca1, 2 돌연변이 유전자로 인해 유방암에 걸릴 확률이 60%이고 자궁암에 걸릴 확률이 50%로 추정됐다. 이러한 이유로 섹시 여배우의 이미지가 높았던 졸리는 아직 건강한 유방과 자궁을 절제하고 적출하게 되었다.

우리도 앞으로 기대여명까지 산다면 암에 걸릴 확률이 35%가 넘는다. 졸리처럼 하지 않더라도 우리는 어떻게 하여야 하나? 35%의 확률이 낮은 것이 아니다.

7년간 1억 3,000만 달러(1달러 1,000원 기준 1,300억)를 받고 미국 프로야구 구단인 텍사스와 계약한 추신수 선수의 통산 타율은 3할이 안 된 2할 8푼 7리(28.7%)이다. 그런데 1,300억 원의 연봉을 받는다. 이를 보면 암 확률 35%라는 수치가 어느 정도인지 실감할 수 있을 것이다. 사람에 따라 높게도 낮게도 받아들이겠지만, 확실한 것은 3명 중 한 사람은 암에 걸린다는 것이다.

그럼 졸리처럼 절제하고 척출해야 하나?

졸리처럼 못 한다면 어떻게 준비해야 하나?

답은 하나다. 다 아는 이야기처럼 육체적으로 평소에 건강하게 생활하고 경제적으로 암에 대한 의료비를 준비하는 것이다. 어차피 막지 못한다면 준비하는 것밖에 없지 않은가!

그러면 어떻게 준비할 것인가? 아니 어떻게 준비해야 인간의 존엄한 삶을 지키며 살아갈 수 있을까?

먼저 평소 건강하게 생활하는 것은 각자에게 맡기기로 하고 경제적인 준비에 초점을 맞추기로 하자. 왜냐하면, 암과 싸우는 데는 돈이 많이 들어가기 때문이다.

암과 대항하여 싸우는 데는 얼마나 필요할까?

이 금액을 알려면 우리는 암에 대해 좀 더 알아야 한다.

암 발병률 순위, 예상 치료 기간, 예상 치료금액, 생존율, 치료 목적을 위해 부가적으로 투입되는 금액 등등. 그래야 준비할 금액이 산정되고 그 금액을 어떻게 준비할 것인지에 대해 종합적인 계획을 세울 수 있다.

일어나지 않은 일로 너무 호들갑 떠는 것 아닌가 하겠지만 그렇지 않다. 앞에서 이야기한 것처럼 2012년 국립암센터에서 암 환자와 가족에게 조사한 바로는, '암 발병 시 가장 걱정되는 점은?'이란 질문에 가장 많은 대답(30.7%)이 치료비에 대한 부담이라고 답했기 때문이다. 죽음에 대한 두려움(16.1%)보다도 치료비 부담이 더 두려운 현실이다.

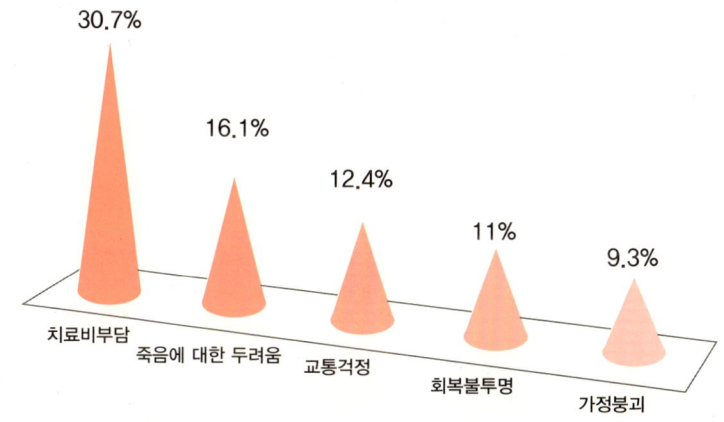

(암 발병 시 걱정되는 일? 출처: 국립암센터, 2012년)

　암에 걸려 죽는 것에 대한 공포보다 치료비가 없는 것에 대한 공포가 더 크다면 정말 서글프지 않을까?
　이처럼 암 치료에는 많은 치료비가 필요하다. 효과가 뛰어나고 암 환자 생존율을 높이는 방법은 고가의 비보험 치료이다. 즉, 돈이 있어 좋은 치료를 받으면 생존 확률이 높다는 것이다.
　살 수 있는데 치료비가 없다면 정말 고통스럽고 절망스럽지 않을까?
　옆에서 지켜봐야 하는 가족도 비참한 마음뿐일 것이다. 사랑하는 부모님, 자녀, 형제가 치료비가 없어서 죽어가는 것을 지켜봐야 하는 심정이란 이야기 안 해도 짐작이 간다. 인간의 존엄한 삶을 단지 돈 때문에 포기해야 한다면 그것은 절대로 안 된다.

　그래서 우리는 준비해야 한다.
　암에 대한 준비를 위해서는 첫 번째 어떤 암에 걸릴 확률이 있는지 먼저 알아보는 것이 시작이다. 암에 따라 치료방법, 치료비, 생존 기간 등이 다르기 때문이다.

국립암센터 중앙 암 등록사업본부의 2013년 국가 암 등록통계에 의하면 남자는 위암, 대장암, 폐암, 간암, 전립선암 순서로 발생 빈도가 높고, 여자는 갑상선암, 유방암, 대장암, 위암, 폐암 순서로 발생 빈도가 높다.

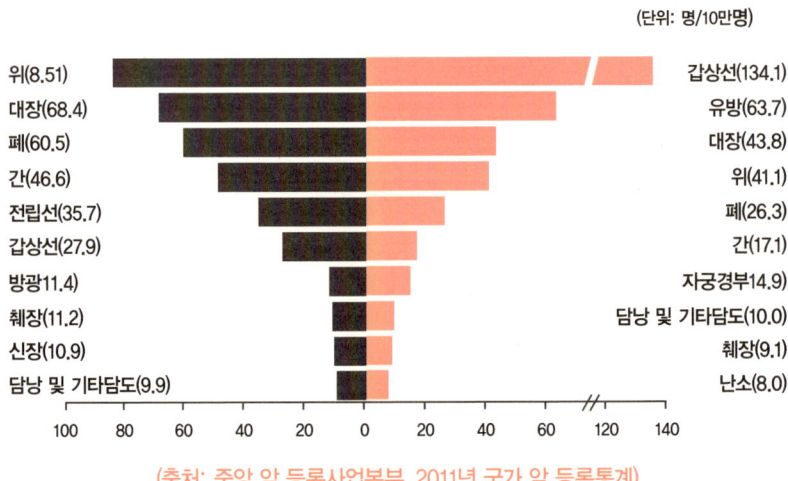

(출처: 중앙 암 등록사업본부, 2011년 국가 암 등록통계)

그 발생 빈도가 높은 암 중에 보건복지부 발표 암환자 1인당 비용부담을 보면 발생 빈도 상위인 위암은 2,685만 원의 치료 비용이 들고 대장암은 2,352만 원의 치료비용이 필요하며 발생빈도가 높은 폐암 4,657만 원, 가장 많은 치료 비용이 들어가는 간암이 6,622만 원이다.

그러나 이 치료비용은 가장 기본적인 치료에 해당하며, 치료 후 회복에 필요한 자금, 생활자금, 암 유병 생활 중 휴업손해 등은 빠져 있다. 보건복지부에서 발표한 금액은 치료와 관련 있는 직접 비용에 불과하다.

이러한 치료비가 지속해서 몇 년 동안 필요할지도 매우 중요한 문제이고, 재발하여 또다시 들어가는 치료비 지출의 가능성도 배제할 수 없다.

생존율에 대한 기대도 높아지는 시대이다. 그러나 급증하는 치료비도 높아지는 시대이다. 암 환자의 생존율은 5년에 66.3%이고 10년 생존율은 50%에 육박한다. 앞으로 의학기술은 더욱더 발전할 것이 확실하므로 암 환자의 생존율은 더욱 높아질 것이다. 따라서 높아가는 생존율에 따라 높아가는 치료비 때문에 의료 중산층과 의료 소외계층의 문제가 정부와 사회의 커다란 문제가 될 것이다.

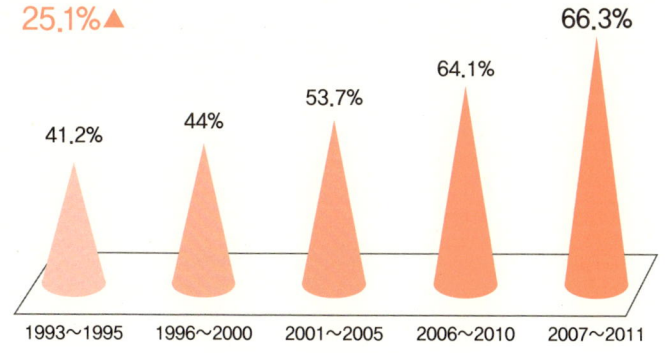

암 환자 5년 생존율
출처: 보건복지부 중앙암등록본부(2012년)

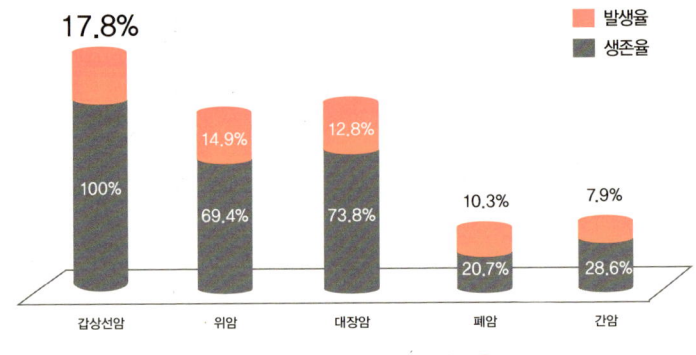

발생빈도 5대 암 상대생존율
출처: 보건복지부, 국립암센터 중앙암등록본부(2013년)

  지금도 의료 중산층과 의료 소외계층인 환자들의 의료 환경과 경제환경은 심각한 수준이다. 정부가 암 치료비의 부담을 5~10%로 줄였다고 하나 그것은 건강보험 해당 항목에 포함된 본인 부담금이며, 실제로는 해당하지 않는 비보험(비급여) 금액이 훨씬 많아서 과도한 의료비 지출과 소득 저하로 중산층이 저소득층으로 전락하는 실정이다.

  암 환자 본인의 실업은 물론이고 암 환자를 간병해야 하는 배우자나 가족들도 간병 때문에 실업 상태이거나 생업 복귀가 불안전하므로 가계 소득의 유지가 힘들어지고, 결국 저소득층으로 미끄러져 내려가는 상황인 것이다.

  국립암센터 조사를 보면 암 진단 후 소득이 56% 감소하여 경제적 손실을 피할 수 없는 것으로 분석된다. 그 이유는 암 환자 본인이 경제적 활동을 할 수 없기 때문이다.

  암 환자의 실직률이 84%나 되고 암 환자를 돌보는 가족들도 암 환자의 간병을 위하여 71.6%가 일을 그만두게 된다. 환자와 환자 가족은 암과 싸우기 위해 어쩔 수 없이 실직하는 것이다. 암은 막대한 치료비뿐만 아니라 소득의 상실로 이중 삼중의 고통을 안기며 저소득층의 나락으로 떨어지게 한다. 결국, 삶의 질을 떨어뜨리고 인간의 존엄한 삶의 가치까지 훼손한다.

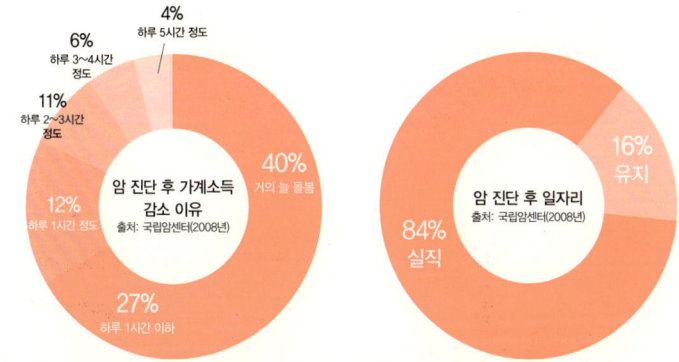

암 환자 가계소득과 직업상태 변화

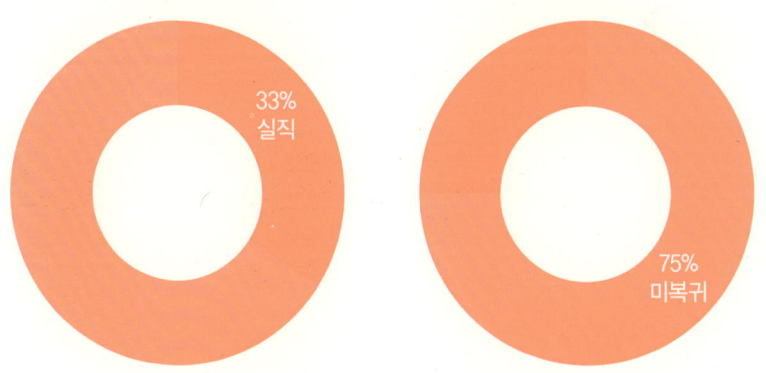

암 환자 보호자 직업 상태 변화
출처: 국립암센터(2013년)

국가가 보호해줄 수 없다면 우리는 개인적으로 각자 위험에 어떻게 준비하고 대처해야 할까?

개인의 준비도 중요하다. 왜냐하면, 앞에서 논한 것처럼 우리는 100세 시대를 살아가고 있고 기대 여명대로 산다면 3명 중 한 명은 암에 걸리기 때문이다. 개인의 준비 중 아마 1순위가 보험일 듯하다. 그러면 우리는 암에 걸린다면 얼마나 많은 사람이 보험 혜택을 받고 얼마의 보험금을 받을까?

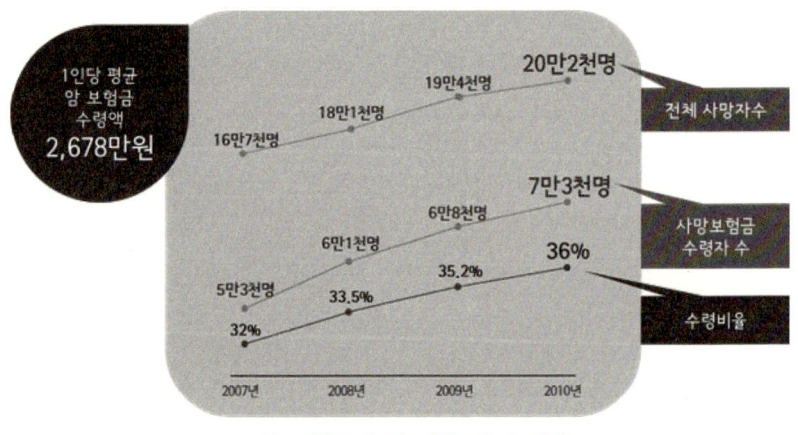

암 보험금 수령 비율 및 수령액
출처: 국립암센터(2013년)

보험개발원 자료에 의하면 우리나라 1인당 평균 암 보험금 수령액은 2,678만 원이다. 다 알다시피 암을 극복하고 다시 사회로 복귀하기에는 터무니없이 부족하다. 더욱이 60대 이상 인구는 그마저도 암 보험 가입률이 14%로 급감한다. 또한, 이전에 판매되었던 암 보험의 보장기간이 70세, 80세까지 보장이 되는 데 우리는 100세 시대를 살아가고 있다. 즉, 지금 암에 대한 보장을 가지고 있는 사람들도 70세 80세 이후는 암에 대하여 무방비한 상태가 되며 국가의 부족한 의료 혜택에 의존하게 되어 삶의 질이 급격히 떨어져 인간의 존엄한 삶을 위협받게 될 것이다.

그러므로 오래 살고 지병인 암으로 유병 생활할 확률이 높은 삶을 살아야 한다면 우리는 암에 대해 충분히 준비해야 하고, 그 준비의 최고 선택은 역시 보험이다.

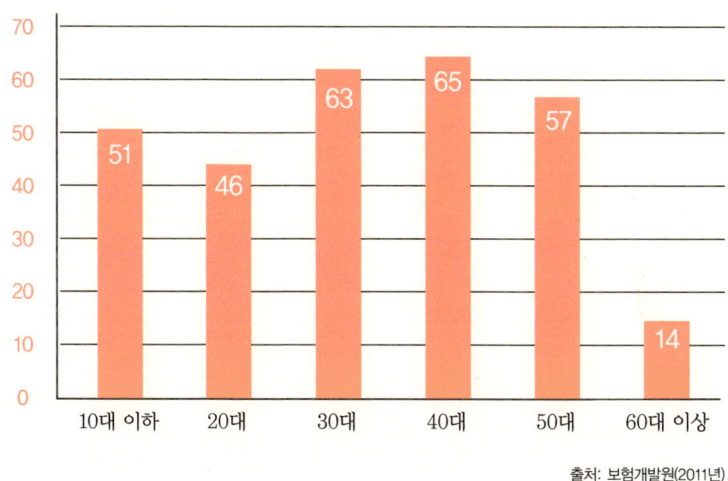

(암 보험 가입률)

3. 치매

우리가 준비하든 준비하지 않든 우리 미래에 다가올 문제 중 세 번째는 치매이다.

자신의 기억과의 싸움인 치매, 치매 환자는 지금도 15분마다 1명씩 발생한다.

오래 산다는 의미로 '벽에 똥칠할 때까지 산다'는 얘기가 있다. 벽에 똥칠할 때 까지란 의미가 바로 치매이다. 즉, 치매는 오래 살아서 생기는 대표적인 질병이다.

저자의 장모님도 치매이다.

평상시에 조용조용하셨던 장모님께서 어느 순간 식사를 하셨다고 생각하셔서 식사를 거르기 시작하고 사위인 나에게 물어봤던 말을 돌아서면 다시 물어보곤 하셨다. 그중 대표적으로 물어보시는 말이 막내 사위인 나에게 "식사했어? 밥 차려 주어야 하는데."였다.

그렇게 시작된 장모님의 치매는 이제는 바로 직전 일조차 기억 못 할 정도로 나빠지며 서서히 기억을 잃어가고 있으시다. 이젠 친딸들도 기억 못 하시는 상태가 되었다.

최근 6년간 치매로 의료기관을 이용한 진료 인원은 296.3% 증가했으며, 연평균 증가율은 24.3%에 달했다. 이를 보더라도 이제 치매는 남의 이야기 아닌 나의 얘기다.

조선일보와 미디어 리서치가 조사한 바에 따르면 60대 이상의 우리나라 사람이 가장 두려워하는 질병이 치매이다. 암보다 더 두려운 질병이 치매이다.

자료 조사차 서울과 경기도 지역 200여 곳의 요양병원을 방문한 적이 있다. 우리나라 요양병원 숫자는 계속 늘어나서 이제 1,200개 정도나 된다. 요양병원 원장들에게 '원장님이 병에 걸려서 죽어야 하는데 만약 질병을 선택한다면 어떤 질병에만은 걸리지 않았으면 하느냐?'고 질문한 적이 있다. 원장의 답은 놀랍게도 1위가 치매이고 2위가 뇌혈관 질환, 다음이 암이었다. 원장들이 들려준 이유 대부분은 치매나 뇌혈관 질환은 자신을 잃어버리게 하는 것은 물론 인간의 존엄한 삶을 스스로 마감할 기회조차 빼앗아 간다는 것이었다. 본인이 아닌 타인으로서 생을 마감하기 때문에 너무나 슬프고 공포스럽다는 것이었다.

말기 암의 극심한 고통보다 사망 앞에 느끼는 죽음에 대한 공포보다 더 무서운 것은 인간의 존엄성 상실이다. 사랑하는 사람들과 작별 인사

조차 못 하고 인간답게 생을 마감할 수 없는 고통보다 더한 아픔이 뭐가 있으랴?

60대 이상이 가장 두려워하는 질병
출처: 조선일보, 미디어리서치(2013년)

치매 때문에 본인을 잃어버리는 환자의 고통보다 더 극심한 고통이 또 있다. 바로 그 가족의 고통이다. 치매 환자 가족은 차라리 죽어줬으면 하는 생각이 들 만큼 환자 본인보다 끔찍한 고통의 시간을 겪는다. 치매 환자 본인은 망각의 기억 속에서 살지만, 가족들은 하루하루가 힘든 전쟁터에서의 삶이다.

하루 종일 치매 환자의 간병에 심신이 지쳐가고 끝도 모르는 치료비와 간병비의 경제적 고통은 느껴 보지 못한 사람은 모른다. 그 고통이 얼마나 힘들면 모 가수의 아버지가 자신의 부모를 살해하고 스스로 목숨을 끊었을까? 우리야 매스컴에서 스쳐 지나가듯 듣는 이야기이지만 당사자의 고통이 얼마나 컸으면 자기 자신을 낳아서 길러준 부모님의 생을 자식의 손으로 마감시켰을까?

그 가수 아버지의 부모님은 두 분 다 치매였다고 한다. 어머니는 장기요양보험에서 도움을 받을 수 있는 등급에 해당하여 그나마 국가의 도움을 받을 수 있었지만, 아버지는 신체가 건강한 상태에서 온 치매라 국가에서 아무런 도움을 받을 수 없었다.

한번 생각해보라. 부모님 두 분이 치매인데 한 분은 와상 상태라 24시간 누군가의 간병이 필요하고, 한 분은 육체의 물리적 상태가 건강한 치매 환자라 한시도 눈을 뗄 수 없는 상황이다. 본인의 사업도 원하는 대로 되지 않아 수입이 없는 상황에서 부모님을 돌봄과 더불어 치매 치료비와 생활비까지 매일 매사에 걱정해야 하는 상태라면 우린 어떤 선택을 할 수 있을까?

그저 고인의 명복을 빌며 좋은 세상에서 다시는 치매로 고생하시지 않기를 빌 뿐이다.

끝이 없는 병이 가장 두려운 법. 치매는 바로 그런 점에서 무서운 질환이다. 환자는 기약 없는 자신과의 싸움이 두렵고, 가족들은 매일 계속되는 간병에 지치고, 그럴 때 치료비 걱정까지 해야 한다면 부담은 이중삼중으로 더해진다. 소리 없이 찾아오는 치매는 이렇게 인간의 존엄한 삶을 무너지게 한다.

치매는 더 이상 남의 이야기가 아니라 오래 산다면 나에게도 찾아올 반갑지 않은 손님이다.

건강보험심사평가원의 2013년 조사에서 65세 이상 다빈도 상병의 조사를 보면 입원하여 치료한 4위의 질병이 알츠하이머성 치매일 정도로 치매 환자가 급속히 늘고 있다.

<노인(65세 이상) 다빈도 상병>

순위		상병명	진료인원 (명)	내원일수 (일)	요양급여 비용 (백만원)	1인당 진료비 (원)	'12년도 대비증감율(%)
입원	1	노년성 백내장	179,123	276,138	206,891	1,155,022	-8.1
	2	상세불명 병원체의 폐렴	71,624	1,205,872	210,568	2,939,908	8.0
	3	뇌경색증	68,767	4,841,842	512,609	7,454,288	10.0
	4	알츠하이머병에서의 치매	59,128	9,481,858	646,229	10,929,323	31.3
	5	무릎관절증	47,371	1,277,392	301,784	6,370,649	3.0
	6	기타 척추병증	46,543	814,041	107,033	2,299,658	5.8
	7	요추 및 골반의 골절	41,783	881,398	83,411	1,996,290	14.9
	8	늑골, 흉골 및 흉추의 골절	41,012	732,489	70,003	1,706,891	14.9
	9	협심증	40,050	286,595	145,015	3,620,849	2.0
	10	인슐린-비의존 당뇨병	34,884	1,139,942	94,599	2,711,816	7.4
외래	1	본태성(일차성)고혈압	2,276,507	18,531,068	286,283	125,755	7.6
	2	치은염 및 치주질환	1,522,586	3,694,379	93,960	61,711	25.6
	3	급성 기관지염	1,511,428	4,425,173	56,646	37,478	6.1
	4	등통증	1,342,353	10,650,968	187,901	139,979	5.2
	5	무릎관절증	1,238,795	10,138,487	229,969	185,639	4.7
	6	위염 및 십이지장염	1,065,359	2,796,820	45,167	42,396	1.1
	7	인슐린-비의존 당뇨병	835,370	6,407,425	124,681	149,252	10.9
	8	알레르기성 접촉피부염	763,095	2,132,374	26,503	34,731	10.8
	9	기타 척추병증	741,140	5,684,270	140,001	188,900	12.7
	10	급성 비인두염[감기]	724,755	1,870,632	18,598	25,661	-4.4

(치매 환자 증가율)

매년 치매 인구는 증가하여 2011년 31만 명에서 2013년 상반기는 제주도 인구와 비슷한 57만 명이다. 2050년쯤엔 치매 인구가 237만 명으로 늘어나 대구광역시 인구인 250만 명과 비슷해질 것이라는 게 보건복지부의 예측이다.

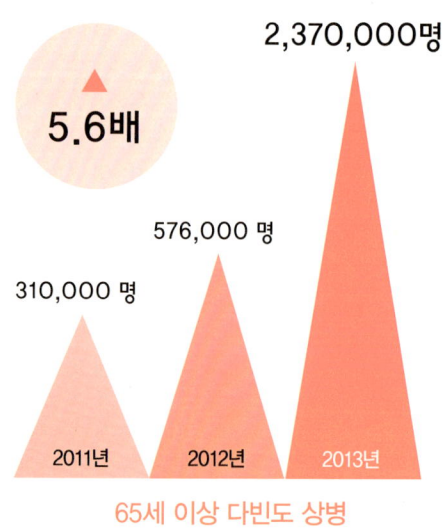

65세 이상 다빈도 상병
출처: 건강보험심사평가원(2013년)

　통계청이 발표한 '2013 고령자 통계'에 의하면 65세 이상 노인 인구가 2013년 처음 600만 명을 돌파했다. 65세 이상 인구는 613만 7,702명으로 전체 인구의 12.2%이다. 65세 이상 인구가 500만 명을 돌파한 시점이 2008년이었는데 대략 5년 만에 100만 명의 65세 이상 고령 인구가 증가한 셈이다.

　통계청의 새로운 예측에 의하면 65세 이상 노령인구가 1,000만 명을 넘게 되는 시점은 2025년 정도이다. 그 이후 2050년에는 1,799만 1,052명을 기록 전체인구의 37.4%에 이를 예정이다. 이 시점에서 15세에서 65세 사이 인구 집단은 전체인구의 절반 수준인 52.7%에 불과하다. 2030년에 이르면 우리나라 인구 4명 중 한 명은 65세 이상이 될 예정이고, 2040년에는 거의 3명 중 한 명이 65세 이상 노인 인구가 될 것으로 보인다.

　그 65세 노인 인구 중에 7.5명당 한 명은 치매 환자이다. 노후에 부부만 산다고 가정했을 때 4가정 중 한 가족이 치매 가정이다.

치매 가정의 고통은 크게 두 가지라고 했다. 24시간 내내 환자를 돌봐야 하는 간병과 언제 끝날지 모르는 치매 치료비이다.

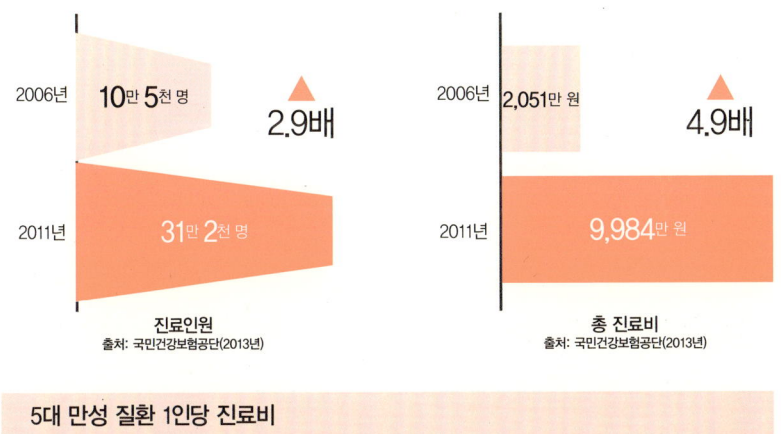

5대 만성 질환 1인당 진료비
뇌혈관(201만 원), 심혈관(132만 원), 당뇨(59만 원), 고혈압(43만 원), 관절염(40만 원)

저자의 장모님이 치매 판정을 받고 막내인 우리가 집에서 가까운 곳의 요양병원에 모시기로 결정했을 때이다.

친하게 지내는 고등학교 선배 한 분이 요양병원 원장님이다. 그 형님은 진심을 담아 "언제 끝날지 아무도 모른다. 집에서 찾아뵙기 쉽고 본인의 수입을 생각해서 결정하라."고 조언했다.

효도 한다고 남의 눈을 의식해서 처음부터 너무 무리하지 말라는 얘기였다. 시설이 좋은 병원인데 집에서 너무 멀면 자주 찾아뵙지 못하고 집에서 못 모시는 죄책감 때문에 무리하게 1인 간병인을 쓰지 말라는 요지였다.

그 선배님의 조언에 따라 우리는 집에서 가까운 병원에 한 달 병원비 80만 원, 기저귀값 15만 원, 간병인 쓰는 비용 70만 원 등, 대략 한 달에 160만 원이 소요되는 요양병원에 모시기로 했다. 5형제라 한 가족당 35

만 원씩 부담하여 지금까지 5년이 지났다.

 일 년에 2,000만 원가량, 5년간 1억 원이 병원비로 들어갔고, 2년 전에 원인 불명의 고관절 골절로 인하여 대학병원에서 골절 수술을 받고 이때 1,000만 원가량 수술비를 추가 지출하였다.

 우리야 5형제이지만 외아들이라면 가족이 겪는 경제적 고통은 이루 말할 수 없을 것이다. 그것도 치매 환자 가족이 정상적인 경제활동을 할 수 있는 상태라 가정했을 때에 겪게 되는 고통이다.

 대한 치매학회 2013년 조사에 의하면 치매 환자를 7~10시간 간병하는 비율이 37%, 10시간 이상 간병이 38%로 7시간 이상 간병 하는 비율이 75%에 달한다.

 사랑하는 가족이 치매 환자일 때 다른 가족의 하루를 보자.

 6시간 수면하고 기상, 출근준비 1시간과 출근 시간 1시간, 직장에서 8시간 근무하고 바로 퇴근하며 소비한 1시간, 간병인과 교대하여 7시간 간병하면 새벽 1시이다. 본인의 개인 시간은 일절 없다. 친구와의 만남은 물론 회식도 야근도 못 한다. 편하게 영화 한 편 볼 시간도 없다.

| 10 시간 이상 38% | 7~10 시간 37% | 5~7 시간 25% |

치매 환자 간병 시간
출처: 대한치매학회(2013년)

1년 365일 매일 반복되는 질식할 것 같은 일상, 더욱더 힘들게 하는 것은 언제 끝날 줄 모른다는 것이다. 1년이면 아니 2년이면 낳아주고 키워준 부모의 은혜에 참고 견디겠다. 그런데 언제 끝날 줄 모른다. 불효가 아니라 치매 환자의 가족들에겐 누군가의 도움이 절실하다.
　최소한 숨 쉴 수 있고 긴 시간 버틸 수 있게 간병인의 도움이 절실하다. 그 간병인의 도움을 받는데 1인 간병 기준으로 하루 종일 한 달이면 월 210만 원가량 비용이 든다.
　치매를 앓는 사랑하는 가족을 본인이 돌보는 것만큼은 아니더라도 불편 없이 돌봐주는 데 들어가는 경제적 비용은 병원비 80만 원, 기저귀 값 15만 원, 1인 간병비 210만 원 해서 한 달에 305만 원이고 일 년이면 3,660만 원이다.

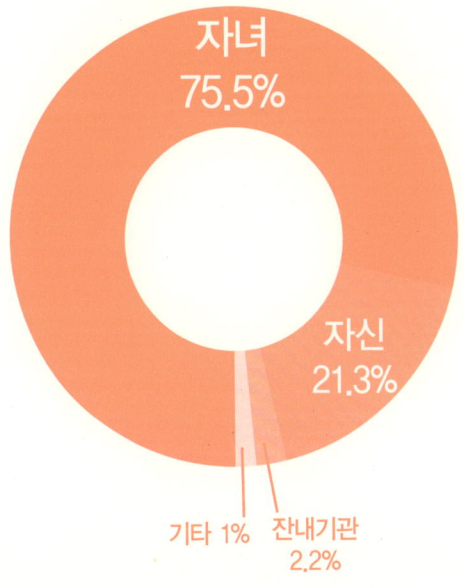

치매 진료비 주부담 비율
출처: 질병관리본부 국립보건연구원(2010년)

자녀 75.5%
자신 21.3%
잔내기관 2.2%
기타 1%

이처럼 치매 환자의 경제적 비용을 국립보건연구원에서 조사해 보니 75.5%가 자녀가 부담하며 21.3%는 치매 환자 본인의 경제력으로 해결한다. 우리 사회가 부담하는 비용은 2.3%밖에 되지 않는다. 사회 안전망이 취약하니 각종 국가 복지는 기대할 수 없다. 온전히 우리 스스로 몫이다.

우리는 생각보다 더 오래 살기 때문에 노후 연금을 준비하지 않은 노후는 재앙이라고들 하지만, 연금을 준비하지 않더라도 건강하다면 어떻게든 해볼 수 있는 희망이라도 있다. 그러나 준비하지 않고 맞이한 노후에 치매라는 반갑지 않은 손님이 찾아오면 본인과 더불어 사랑하는 가족에겐 재앙 중 재앙이다.

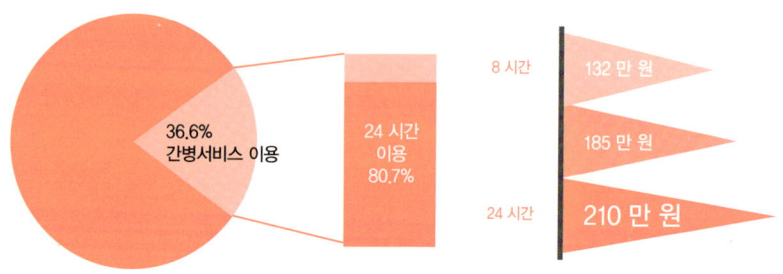

환자 가정 간병 서비스 이용 실태
출처: 대한치매학회(2013년)

간병 서비스 월평균 지출 금액
출처: 대한치매학회(2013년)

가족 사랑에 대한 가장의 약속을 지키려면 사망에 대한 보장의 필요성은 물론이고, 초고령화 사회에 살고 있는 만큼 노후에 치매에 걸려도 가족들이 경제적 걱정을 하지 않게 하고, 자신은 편안하게 생을 마감할 수 있어야 한다. 이게 바로 오늘날 가장의 가족 사랑이다.

존엄한 인간의 삶을 살고 싶다면, 최소한 치매를 위한 경제적 준비는 꼭 해야 하는 필수 선택이다.

02 보험의 가치를 빛내주는 가족력과 유전력

인간의 존엄성에 관한 종신보험의 가치를 전달하는 강의에서 수강생들에게 꼭 하는 질문이 있다.

"본인이 엄마 닮으신 분 손 들어 보세요?"

"본인이 아빠 닮으신 분 손 들어 보세요?"

사람은 누구나 부모의 외모를 많이 닮는다. 외모뿐만 아니라 좋아하고, 싫어하는 것, 먹는 것, 잠자는 모습까지 닮은 경우도 많다. 그래서 다시 이렇게 질문한다.

"외모가 무척 많이 닮았다면 보이지는 않지만, 몸속에 있는 뼈나 장기의 모양이나 특징은 닮았을까요? 안 닮았을까요?"

외모와 골격까지 닮았는데 몸속도 닮았을 확률은 매우 높지 않을까? 그렇다 매우 높다.

우리 몸의 중심을 잡아 주는 척추도 보이지는 않지만, 부모를 닮았을 확률이 높다. 우리 몸의 중심인 척추에 생기는 속칭 디스크라는 추간판탈출증은 의학적으로 유전병은 아니다. 하지만 아버지나 할아버지가 허리가 안 좋아서 늘 고생하고 추간판탈출 경험도 했다면 아버지와 할아버지 외모를 많이 닮은 자신은 어떨까?

자생한방병원이 디스크 질환 병력을 가진 남녀 242명을 대상으로 '디스크와 가족력의 상관관계'를 조사한 결과에 따르면 디스크 판정을 받은 사람 중 가족 구성원이 디스크를 앓았거나 앓고 있는 경우가 63%였다. 가족 구성원이 중증 이상의 심각한 디스크 질환을 앓았을 경우, 다른 가족구성원도 중증 디스크 질환을 앓을 확률이 83%나 됐다.

자생한방병원 척추디스크센터 원장은 "체형과 체질의 경우, 유전적 상관관계가 있기 때문에 가족들끼리 유사할 가능성이 높으며, 체형은 같이 생활하는 가족끼리 식습관, 직업, 행동패턴까지 비슷하다면 자녀들은 더욱 부모와 유사할 수 있다."고 말했다.

이렇듯 자신의 가족 내에 가족력 있는 질병이 있다면 어떻게 해야 하나?

가족력 질병을 막을 수 없다면 대비하고 준비하는 것이 최선이지 않을까?

상담하는 고객이 가족력이 있다면 영업을 하는 FC에게는 중요한 프로스펙팅의 기회이다. 가족 구성원의 가족력에 대한 이해와 위험성을 설명함으로써 자연스럽게 상담 고객의 가족을 소개받을 수 있고 상담 고객의 가족력 질병에 대한 추가적 보장을 권할 수도 있다.

이것이 우리가 유전력이나 가족력 질병에 대하여 알고 있어야 하는 이유이다.

2013년 12월에 발표한 2012년 통계를 보면 사망자의 10대 사인 중 1위가 암이다. 2, 3위가 심장질환, 뇌혈관 질환이고 5, 6위는 당뇨병, 폐렴에 의한 사망이다. 연평균 26만 명 정도의 사망자가 나오는데 그중 70%가 사망원인 1위~10위에 들어있다.

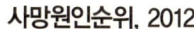

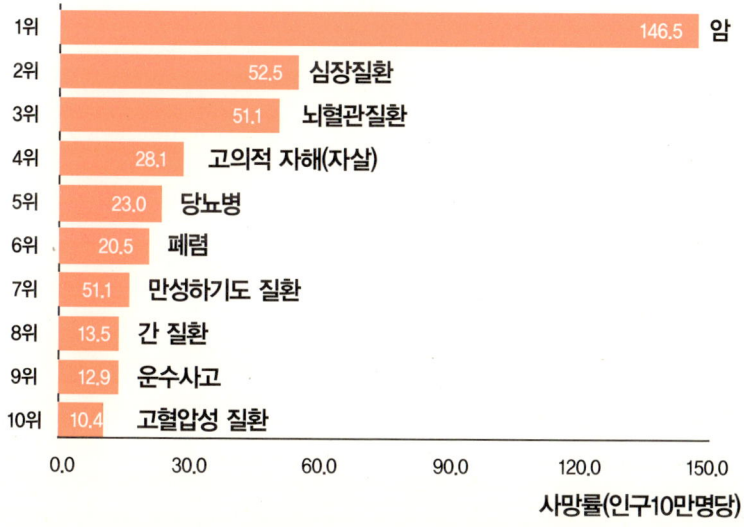

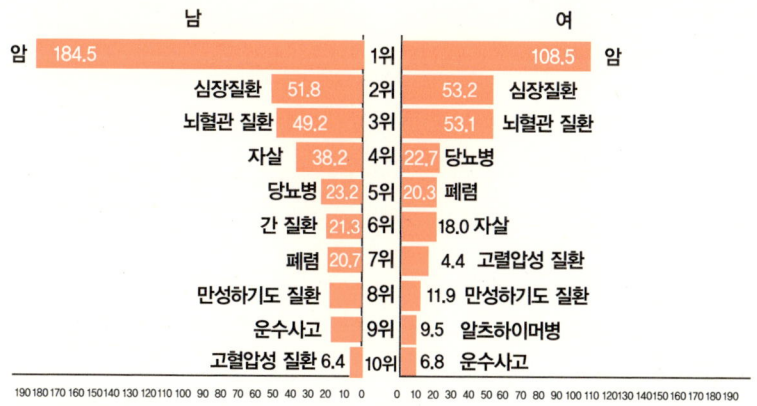

(2012년 사망자 사망 원인)

　우리나라 국민의 사망원인 중에 70%가 암, 심장질환, 당뇨, 뇌혈관질환, 간질환, 고혈압성 질환, 폐렴 등의 질환이다. 그런데 이 질환들은 가족력이나 유전력에 해당하는 질병이기도 하다. 자신의 부모로부터 같은 질병을 물려받을 수 있고 자기 가족과 같은 질병으로 유병 생활을 할 수도 있다는 얘기다.

만약 이 책을 읽고 있는 독자가 일 년밖에 못 산다면 어떻게 할 것인가?

가족과 여행을 가든, 가진 재산을 다 써버리든 아니면 사과나무를 심든 확실한 죽음을 앞에 두고 뭔가를 계획할 것이다. 그런데 일 년밖에 못 사는 이유가 선대로부터 물려받은 대물림 때문이고 남들과 다르게 원치 않는 질병으로 유병 생활을 해야 하고 아프게 된다면 당신은 어떻게 할 것인가?

그런 가족력이 있다면 조기에 유병 생활을 준비해야 하지 않을까? 준비를 해야 한다면 뭘 준비해야 하고 왜 준비해야 하는지를 정확히 알아야 한다. 가족 내 유전성 질환을 보유하고 있고 발병 확률이 일반인보다 훨씬 높다면 최소한 유병 생활 치료비 정도는 준비해야 하지 않을까? 몇천만 원, 몇억이 될지 모를 치료비를 무턱대고 모을 수는 없는 일이고, 그래서 보험으로 보장을 준비해야 한다.

앞에서 이야기한 것처럼 오래 사는 게 확실하고, 암, 심장질환, 뇌혈관 질환으로 죽을 확률이 아주 높은 게 확실한데, 남들과 다르게 사망으로 이르게 하는 확률이 높은 질병, 즉 가족력이 내 몸 안에 시한폭탄처럼 장착되어 언제 터질지 모른다면 무슨 준비를 할 것인가?

미리 보험에 가입해 놓는 게 가장 현명 한 일 중 하나이다. 그래서 가족력 질환이나 유전력 질환이 가족 내 있다면 보험금의 보장 가치는 더욱 빛을 발한다.

그럼 유전병은 무엇이고 가족력은 무엇인가? 그 뜻이 그 뜻 같기도 하고 또는 다른 것 같은 가족력과 유전병에 대하여 먼저 알아보자.

1. 가족력과 유전병의 이해

어머니와 아버지가 사랑해서 만들어진 것이 우리 인간이다.

우리는 아버지에게 23개의 염색체를, 어머니에게 23개의 염색체를 각각 물려받아 46개의 염색체를 가지고 있다. 23개의 염색체 중 23번째 염색체가 성염색체로 XX면 여자가 되고 XY면 남자가 된다.

1) 유전병

가족력과 유전병은 좁은 의미로는 특정 유전자가 양친에게서 전해 내려와서 발병하는 질환을 의미하며, 혈우병[2]이나 근디스트로피증[3] 같은 질환이 여기에 속한다. 넓은 의미로는 유전적인 요인이 연관되어 있는 질환 전체를 의미하며, 어떤 집안에서 그 질환이 나타나는 발병률이 일반 인간 집단보다 높으며 그 원인이 환경 때문이 아닌 질환을 말한다. 여기에는 고혈압, 당뇨병도 포함될 수 있다. 원인이 후자 쪽이라면 원인이 한 가지 유전자에 있지 않은 경우가 많아서 원인이 되는 유전자를 특정하거나 치료법을 확립하는 것이 어렵다.

또한, 구분에 따라서는 유전자에 이상이 있는 것만을 유전병으로 보기도 한다. 이럴 경우에는 염색체에 이상이 온 결과 유전자에도 문제가 생겨서 발생하는 선천성 질환인 다운증후군[4]이나 클라인펠터 증후군[5] 같은

---

[2] 혈우병(hemophilia): 혈우병은 X 염색체에 있는 유전자의 선천성, 유전성 돌연변이로 인해 혈액 내의 응고인자(피를 굳게 하는 물질)가 부족하게 되어 발생하는 출혈성 질환을 말한다.

[3] 근디스트로피(muscular dystrophy): 근디스트로피란 유전적인 요인으로 진행성 근력 저하 및 위축을 보이고, 병리학적으로 근육섬유의 괴사 및 재생을 특징으로 하는 퇴행성 근육병증을 말한다.

[4] 다운 증후군(Down syndrome): 다운 증후군은 가장 흔한 염색체 질환으로서, 21번 염색체가 정상인보다 1개 많은 3개가 존재하여 정신 지체, 신체 기형, 전신 기능 이상, 성장 장애 등을 일으키는 유전 질환이다.

[5] 클라인펠터 증후군(klinefelter syndrome): 일반적으로 남자의 염색체는 46,XY이다. 그런데 X염색체가 1개 이상이 더 존재할 때 클라인펠터 증후군이라 한다. 염색체 형태는 47, XXY, 48, XXXY, 46,XY/47,XXY 등 다양하게 나타날 수 있다.

질환은 유전병으로 보지 않는다. 다운증후군이나 클라인펠터 증후군 같은 경우에는 생식세포를 만들기 위해서 염색체가 분리되는 과정에서 이상이 생겨서 발생하는 질환이며, 근본적인 의미에서 유전자가 유전되는 것은 아니다. 또한, AIDS나 매독처럼 모체에 의해 감염되어 이상이 나타났을 경우에도 선천적인 질환이긴 하지만 유전병으로는 보지 않는다.

― 유전자 이상에 의한 유전병

유전병이 유전자에 이상이 있는 경우는 일반적으로 유전자의 점돌연변이(point mutation)[6]에 의해 인간 몸의 특정 단백질에 이상이 생겨서 나타나는 현상이 많다. 대사 과정 등에서 중요한 역할을 차지하고 있는 단백질이 점돌연변이에 의해 이상이 발생한 후 유전되기 때문에, 현재는 이러한 단백질을 특정하여 원인을 밝혀내는 연구가 꾸준히 진행되고 있다. 유전자 이상의 특성상 멘델의 유전 법칙을 충실히 따라서 유전되기 때문에 멘델성 유전병이라고 부르기도 한다.

― 염색체 이상에 의한 유전병

생식세포 분열 과정에서 특정 염색체가 제대로 분리되지 않아서 염색체 수에 이상이 생기거나 염색체의 일정 부위가 결실되어 발생하는 유전병이다. 적은 범위의 유전자에 이상이 생겨서 유전되는 질환이 아니어서, 후대로 유전되어 내려가지 않는 경우가 많으므로 이러한 질환은 유전병에 넣지 않기도 한다.

그런데 21번 염색체는 어머니와 아버지에게 하나씩 받아서 21번 2개 쌍이 되어야 하는데 한 개가 더 있어서 21번째 염색체 개수가 3개가 되면

---

[6] 점돌연변이(point mutation): 유전자 서열 중 한 개의 염기가 바뀌어 생기는 돌연변이. 만성 골수성 백혈병의 원인 유전자에도 글리벡 내성을 일으키는 40여개의 점돌연변이가 알려져 있다.

그것이 바로 염색체 이상에 의한 유전병인 다운증후군 아이를 태어나게 한다.

이렇게 유전자의 확실한 이상을 부모나 선대로부터 물려받은 질병을 우리는 유전병이라 한다. 앤젤리나 졸리의 경우처럼 BRCA1, 2 유전적 돌연변이가 유방암과 자궁암을 유발하는 것이 유전병이다.

BRCA1과 BRCA2 유전자는 종양 억제 유전자이다. BRCA1 유전자는 17번 염색체에 존재하며, DNA 손상 시 복구와 세포주기의 조절에 관여하는 것으로 알려져 있다. 그리고 BRCA2 유전자는 13번 염색체에 위치하며, 복제에 의한 이중나선 구조의 손상의 복구에 관여하는 것으로 알려져 있다. 종양 억제 유전자인 BRCA1과 BRCA2 유전자에 변이가 오면 유방암이나 난소암의 발병확률이 높아진다는 것은 과학적으로 증명되었다. 졸리의 엄마와 이모는 같은 암으로 유병 생활을 하다 사망했다. 이러한 유전병을 우려한 졸리는 유방을 절제하고 자궁을 적출했다.

유방암, 자궁경부암, 갑상선암 등 일부 암과 다운증후군이나 붉은색과 녹색의 차이를 구별하지 못하는 적록색맹, 혈액 내 혈소판이 부족하여 출혈이 잦은 혈우병 등이 대표적인 유전성 질환이다.

2) 가족력

가족력은 한 가족 내에 존재하는 특정 질병의 역사이다. 자신을 기준으로 하여 위로 할아버지에서부터 아래로 자녀로 이어지는 4대에 걸친 직계가족 또는 4대에 걸친 사촌 이내에 걸쳐 질환을 앓은 환자가 2명 이상 발생했을 때에 가족력 질환이 있다고 한다.

예를 들어서 할아버지와 아버지, 어머니와 이모가 같은 질환을 앓았다면 가족력이 있는 것이다.

가족력은 생활습관을 포함한 환경적인 요인과 유전적 소인이 중요하게 작용한다. 가족 내에 어떤 질환의 가족력이 있다면 자신도 그 질환에 걸릴 가능성이 높다.

가족력 질환은 고혈압, 당뇨, 심장질환 등 생활습관병과 일부 암이다. 가족력 질환이 가족 내에 발병할 확률을 정확히 예측하는 것은 어렵다. 또한, 가족력이 있다고 반드시 그 질환이 발생하는 것은 아니다.

3) BIG DATA에서 드러난 유전력과 가족력

유전력과 가족력은 스웨덴에서 BIG DATA를 연구하여 발표한 2004년 국제암학회 자료에서도 알 수 있다.

BIG DATA란 데이터의 생성 양·주기·형식 등이 기존 데이터에 비해 너무 크기 때문에, 종래의 방법으로는 수집·저장·검색·분석이 어려운 방대한 데이터를 말한다. 빅데이터는 각종 센서와 인터넷 발달로 데이터가 늘어나면서 나타났다. 컴퓨터 및 처리기술이 발달함에 따라 디지털 환경에서 생성되는 빅데이터와 이 데이터를 기반으로 분석할 경우 질병이나 사회현상의 변화에 관한 새로운 시각이나 법칙을 발견할 가능성이 커졌다. 일부 학자들은 빅데이터를 통해 인류가 유사 이래 처음으로 인간 행동을 미리 예측할 수 있는 세상이 열리고 있다고 주장하기도 하며, 이를 주장하는 대표적인 학자로는 토머스 멀론(Thomas Malone) 미국 매사추세츠 공과대학 집합지능연구소장이 있다.

암학회에서 사용한 BIG DATA는 1933년부터 2000년까지 67년간 스웨덴에서 태어난 1,020만 명의 가족 암 데이터를 분석해, 부모나 형제자매가 암인 경우에 자신이 암에 걸릴 확률을 발표하였다.

부모·형제자매가 암인경우 자신도 같은 암에 걸릴 확률

부모		형제자매	
악성림프종(호지킨병)	4.88	고환암	9.28
고환암	4.26	악성림프종(호지킨병)	5.94
갑상선암	3.26	콩팥암	4.74
난소암	3.15	전립선암	4.46
식도암	3.14	난소암	4.25
폐암	2.90	갑상선암	3.89
위암	2.17	피부암	3.63
대장암	1.86	위암	3.29
백혈병	1.85	폐암	3.18
유방암	1.84	대장암	2.87
자궁경부암	1.82	유방암	2.03

(단위: 배)

가족력 질환으로 발병하는 암은 부모가 암에 걸릴 경우 자식이 암에 걸릴 확률보다 형제자매가 암에 걸렸을 때 자신이 암에 걸릴 확률이 좀더 높다. 암을 발생시키는 유전자를 물려받은 형제자매가 암이면 당대에 자신도 암을 유발하는 유전자를 물려받았을 확률이 높기 때문이다.

유전병이나 가족력 질병은 주위에서 쉽게 볼 수 있다.

나의 어머님은 올해 80세가 되셨다. 아직은 건강하셔서 매우 활동적이시다. 요즘은 취미이시자 즐거움이신 텃밭을 가꾸느라 매일 왕복 두 시간을 넘게 전철을 타고 다니실 정도로 건강하시다. 자식 된 입장에서는 어머님이 건강하신 게 늘 감사하다.

이렇게 어머님이 건강한 이유는 어머님 스스로 피나는 노력을 하셨기 때문이다. 어머님의 형제에게는 고혈압이라는 가족력 질병이 있다. 어머님의 형제가 3남 2녀이신데 모두 단명하셨다. 둘째 외삼촌은 젊어서 사고사로 돌아가시고, 제일 큰외삼촌은 55세에 혈압으로 쓰러져 15일 만에 병원에서 치료받다가 돌아가셨고, 막내 외삼촌은 63세에 고혈압과 당뇨 합병증으로 병원에서 돌아가셨다. 어머님의 여자 형제인 이모는 외출하셨다가 집으로 버스 타고 귀가하시다 버스에서 쓰러져 끝내 돌아가셨다.

어머님 형제분들 모두 다 외할아버지를 닮아서 건장하신 몸이었지만 혈압 때문에 일찍 작고하셨다. 이런 사유로 5형제 중 넷째인 어머님은 젊은 날부터 형제들과 다른 생활 습관을 지니게 되었다. 평소에 육식은 피하고 채소와 생선을 즐겨 드시고 저녁 식사는 오후 5시 이후에는 하지 않으시는 식습관을 50년 넘게 지켜 오시고 있다. 또한, 꾸준하게 운동도 하셔서 수영하시다 만난 동호회 분들과는 지금도 계 모임을 하고 계신다. 지금은 매일 텃밭에서 하루를 시작하시고 하루를 끝내시는 일상을 보내시고 있다.

이렇게 운동과 음식 조절을 하면서 생활 습관적인 요인들을 나머지 형제들과 다르게 하시고 계시지만 고지혈증 증세로 매일 약을 복용 하시는 데 벌써 10년째이다. 지금도 3, 6개월 한 번씩 병원에서 검진을 받고 있고 약을 타 오시고 있다.

어머님을 보면 가족력 질병은 확실히 존재한다.

5형제가 거의 다 고혈압이 직간접적인 원인이 되어 사망하셨고 어머님도 혈압과 관련된 고지혈증 병변을 가지고 계시니 유전적으로 같은 질환을 공유하는 가족력이 있다. 그러니 의사들이 가족력은 유전적 요인과 환경적 요인이 결합한 생활 습관병이라고 이야기하는 것도 이해가 된다.

5형제 중 어머님만 4형제와 다른 식습관과 생활 환경을 가지고 있어서 아직 건강하신 것 같다. 어머님 영향으로 나도 평소에 혈압에 신경 쓰면서 지방이 있는 육식은 피하는 편이다. 물론 충분한 보장은 준비하고 있다.

유전병에 관한 부분도 내 가족 안에서 또 찾아볼 수 있다.

아내의 형제는 1남 4녀이다. 돌아가신 장인을 닮았는지 5형제 중 내 아내만 빼고 다들 크고 건장하다. 아내를 제외한 처형 3명은 모두 키가 170이 넘는다. 막내 처남도 역시 180이 넘는다.

그런데 아내를 포함해서 여자 형제 4명 중 2명이 갑상선 결절이 있었다. 나머지 2명은 아직 갑상선 쪽에 문제는 없다. 이 책을 쓰는 중에 충청도 대천에서 살고 있는 처형에게 갑상선암이 발병했다는 전화를 받게 되었다. 요즘 갑상선암 검진 장비의 발달과 의사들의 과잉 진료에 대한 매스컴 방송 탓에 처형 본인도 서울에서 재차 진료를 받고 수술을 할 것인지 말 것인지를 결정하겠다고 한다.

처형은 일찍이 결혼 초기에 갑상선 결절 제거 수술을 받았는데 제거하지 않은 오른쪽에서 악성이 4개나 발견되어 조직검사에서 암으로 판명받았다. 아내와 처형은 10년 이전부터 갑상선이 문제가 되어 병원에서 진료를 받았고, 처형은 15년 전에 갑상선 결절을 제거했다. 아내도 갑상선 결절이 있지만 일 년에 한 번씩 검사를 통해서 추적관찰을 하고 있다.

갑상선암은 유전력이 강한 질병이다. 부모가 갑상선암일 경우 자녀 중 남자는 일반인보다 7.8배, 여자는 2.6배 갑상선암에 걸릴 확률이 높다고 한다.

저자 가족만 보아도 유전력과 가족력 질환은 존재하고 있다. 가족력의 범위는 생각보다 넓다. 현재 우리나라에서 가족력 연구가 진행되고 있는 질병만 45가지에 이른다. 유전성 암 외에 허리디스크, 통풍, 골관절염, 건선 등까지 가족력이 관여하는 것으로 의료계는 의심하고 있다.

가족력이 확실하게 인정되는 6가지 질환은 고혈압, 당뇨병, 심혈관질환, 치매, 아토피피부염, 조울증이다.

고혈압은 부모보다 형제자매 간의 가족력이 더 강하다. 부모 모두 고혈압이 있는 한국 성인의 29.3%는 고혈압이고, 형제자매가 고혈압인 사람의 57%는 자신도 고혈압이다(질병관리본부 국민건강영양조사).

한양대 병원 가정의학과 황환식 교수는 "부모 모두 고혈압이면 50%가 고혈압이라고 설명하는 외국 자료보다는 우리나라 수치가 다소 낮지만, 한국인이 서양보다 가족력이 덜하다는 뜻은 아니다. 가족력 조사 기법 등이 서양보다 체계가 덜 잡혔기 때문에 수치가 낮게 나타난 것으로 보이며, 앞으로 10년쯤 지나면 더 정확한 연구 결과가 나올 것."이라고 말했다.

고혈압은 대부분 정확한 이유를 모르기 때문에 가족력이 있다고 해도 발병을 의학적으로 막을 수는 없다. 하지만 가족력이 있으면 규칙적인 운동으로 살을 빼고, 짠 음식을 피하는 습관을 어릴 때부터 가져야 한다. 체중을 10kg 감량하면 수축기 혈압은 25mmHg, 이완기 혈압은 10mmHg 정도 내려간다. 30대부터는 최소 1년에 한 번씩 혈압을 재서 혈압 상승을 초기에 파악해야 한다.

당뇨병은 부모 중 한쪽이 당뇨병이면 자녀의 발병률을 15~20%, 부모 모두이면 30~40% 정도로 본다. 한국인의 당뇨병 가족력 연구는 아직 초기 단계이다. 그러나 우리나라의 식생활은 상당 부분 서구화돼 있기 때문에, 서양의 가족력과 큰 차이가 없을 것으로 의료계는 추정한다. 당뇨병 가족력이 있으면 체중관리에 더욱 신경 써야 한다.

강남 세브란스 병원 내분비내과 안철우 교수팀이 당뇨병 환자 219명을 조사한 결과, 과체중(체질량지수·BMI 25 이상)인 사람 중 당뇨병 가족력이 있는 사람은 평균 49.3세에 당뇨병이 나타나, 가족력이 없는 사람(57세)보다 8년 빨랐다.

안철우 교수는 "당뇨병 가족력이 있다고 해서 어릴 때부터 식습관을 조절할 필요는 없다. 반찬은 고기보다는 채소가 좋은 정도이고, 또래들과 뛰노는 수준의 운동을 하면 된다. 20대부터는 혈당검사를 주기적으로 받고, 내당능장애(impaired glucose tolerance, 혈당이 정상치보다는 높지만 당뇨병으로 진단을 내릴 만큼 충분히 높지 않은 상태) 수준이 되면 식단을 미리 당뇨식으로 바꾸라."고 말한다.

심혈관질환의 가족력은 캐나다 맥매스터 의대에서 심장마비를 경험한 사람 1만 2천 명과 일반인 1만 5천 명을 비교한 결과, 부모가 심장마비를 경험한 사람은 심장마비를 겪을 위험이 심장마비 가족력이 없는 사람보다 1.5배 높았다.

아주대 병원 순환기내과 신준한 교수는 "남성이 40대 이전, 여성은 50대 이전에 동맥경화가 생길 경우 자녀에게 동맥경화가 나타날 위험이 2배 높아진다는 연구 결과가 있다."고 말한다.

가족력이 있으면 30대 초반부터 1년에 한 번씩 혈압·혈당·콜레스테롤

검사를 받고, 40대부터 1년에 한 번씩 심전도검사를 받도록 권장한다. 가족력이 있으면서 고혈압이나 당뇨병 등을 동반한 사람은 1~2년에 한 번씩 운동부하 심전도 검사를 받는 게 좋다.

부모가 알츠하이머성 치매를 앓았으면 자녀가 노년기가 됐을 때 알츠하이머성 치매가 발병할 소지가 2배 정도 높다.

서울대병원 정신과 이동영 교수는 "알츠하이머성 치매는 아포지단백 4형이라는 유전자와 관련이 있는데, 이 유전자형을 1개 물려받으면 2.7배, 2개 물려받으면 17.4배 발병 위험이 커진다."고 말한다. 가족력을 가진 사람이 노년기에 들어서면 혈액검사를 통해 치매 발병 소지를 검사해볼 필요가 있다.

국립보건연구원 생명의과학센터 김영열 박사팀의 연구 결과, 치매 환자는 사이토카인 IL-8의 혈중 농도가 높게 나타났다. 기존에 치매와 관련이 있다고 밝혀진 물질들과 더불어 이 물질의 혈중 농도로 조기검사가 가능하다.

김 박사는 "치매는 조기 진단하고 치료를 시작하는 것이 치매 진행을 늦추는 데 결정적인 도움이 된다. 전국 보건소에서 치매 조기검진 사업이 진행되고 있으며, 65세 이상 노인은 간단한 문진과 혈액검사를 무료로 받을 수 있다."고 말한다.

서울아산병원 소아청소년과 홍수종 교수는 "아토피피부염 환자의 70% 정도가 가족력이 있다. 부모 모두 아토피피부염이 있는 경우 자녀의 80%, 부모 중 한 명만 있으면 40~60%가 아토피피부염이 나타난다."고 말한다. 국내의 여러 연구 결과에 따르면, 어머니가 아토피피부염을 앓았을 때 자녀의 발병률이 아버지가 앓은 경우보다 높다.

가족력을 가진 사람이 아기를 낳으면 6개월 이상 모유 수유를 하도록 권장한다. 모유에 포함된 다양한 면역 성분이 아기가 균형 잡힌 면역력을 갖도록 해줘 아토피 피부염 억제에 도움이 되기 때문이다. 모유를 먹일 여건이 되지 않으면 가수분해 단백질 함유 분유를 먹이는 게 좋다.

조울증은 부모 중 한 명이 조울증이면 25%(양친 모두는 50%), 형제 17%, 일란성 쌍둥이는 50~90%까지 가족력을 보인다.
서울시 북부노인병원 정신과 김윤기 과장은 "조울증 외에 신경성 대식증, 공황장애, 알코올 중독, 우울증 등도 가족력의 영향을 받는다."고 말한다.
뇌에서 도파민 분비량이 과도해지면 조증(燥症)이 발생하고, 체내에 세로토닌이 감소하면 울증(鬱症)이 나타난다. 세로토닌은 몸 안에서 만들어지지 않고 100% 탄수화물 등 음식물을 통해 외부에서 공급된다. 따라서 조울증 가족력이 있는 사람은 균형 있는 식사를 충분히 해야 한다. 반면, 도파민 분비 과다는 일반인이 스스로 해결할 수 없으므로 증상이 나타나는지 관찰하는 것이 중요하다.

이렇듯 현대사회에서 유전적 요인이나 공통된 생활 습관으로 발병하는 가족력 질환이 있다는 것을 알고 대비한다면 건강한 삶을 사는 데 유익하다. 대비 측면에서 보험과 연결하여 보험금을 받는다는 보상의 측면에서 보면 확실한 의미가 있다고 하겠다. 즉, 자신의 가계에 고혈압 가족력이 있다면 고혈압 질병에 관해 보험금 청구가 광범위하고 쉽도록 보험을 계약한다든지, 자신의 가계에 갑상선암 유전력이 있다면 암에 대한 보장에 중점을 두어 보험에 가입하는 것 등이다.

2. 암의 유전력과 가족력

사망원인 상위 1위에 있는 질병인 암과 함께 유전병과 가족력까지 고려하여 보험에 가입한다면 더없이 현명한 일이다.

암은 우리나라 사망 원인 1위이다. 각자 기대 여명까지 산다면 남자는 3명 중 1명, 여자는 5명 중 2명이 암에 걸린다. 여기에 자신의 가족력에 암이 있다면 확률은 더 높아진다. 특히 암의 유전력이나 가족력을 알아둔다면 보험의 가치를 더욱 빛나게 할 수 있다.

그래서 국립암센터 자료를 참고해서 가족력과 유전력이 있는 대표적인 암들을 살펴보도록 하자.

1) 유방암

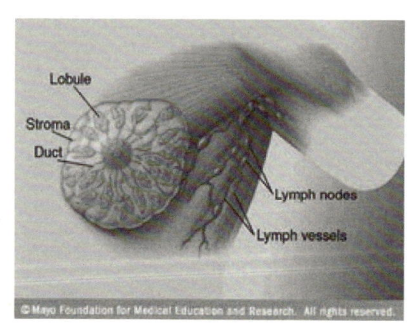

가족력과 유전적 암 중 대표적인 게 유방암이다.

다른 암과 마찬가지로 유방암도 환경적인 요인(발암물질이 좋은 예), 즉 외부의 영향과 유전적인 요인 두 가지에 의해서 생길 수 있다. 그중에서 유전적인 요인인 암 진단을 받기 쉬운 유전자를 가지고 태어나는 경우는 외국의 경우 전체 유방암의 5~10% 정도이다. 우리나라의 경우는 아직 정확한 연구 결과가 나와 있지는 않다.

그 외 유방암의 원인으로는 여성호르몬(에스트로젠), 방사선 노출과 음식물 특히 고지방식, 알코올 섭취, 흡연, 환경 호르몬 등이 꼽히고 있다. 그리고 한쪽 유방에 암이 있었던 사람, 대장암이나 난소암이 있었던 사람, 상체 비만이 있는 사람에게서 유방암 발생 가능성이 높다. 그러나 대부분의 유방암 환자들에서는 특별한 원인을 찾을 수 없는 경우가 많다.

전체 유방암의 5~10% 정도가 유전과 관련이 있으며, 나머지 90% 이상은 산발적인 여러 가지 위험인자들의 상호작용으로 발생하는 경우이다. 어머니와 자매 모두 유방암이 없는 경우에 비하여, 어머니나 자매 어느 한쪽에 유방암이 있는 경우에는 유방암을 진단받을 가능성이 약 2~3배 정도 높아지며, 어머니와 자매 모두가 유방암이 있는 경우에는 약 8~12배의 위험성을 가지는 것으로 알려져 있다.

2) 위암

위암은 기존의 관련 질병과 가족력 등에 의해서도 영향을 받는데 유전적 요인과 환경적 요인이 동시에 작용하는 것으로 알려진다.

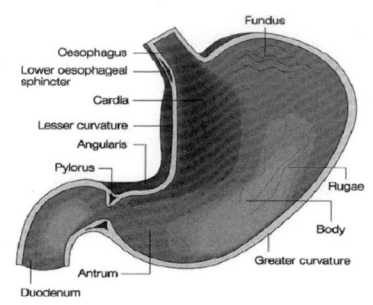

위장은 소화관 중 소화가 아직 되지 않은 상태의 음식물이 가장 오래 머물러 있는 장기인 만큼 음식물 중에 포함된 발암 관련 물질들이 가장 직접적인 영향을 미칠 수 있는 장기이다.

음식물에 첨가된 감미료, 방부제, 향료, 색소 등에는 질산염이 많이 포함되어 있는데, 이 질소 화합물이 위 내에서 발암물질인 아질산염으로 변하면서 영향을 미치기도 한다. 음식이 조리된 상태에서 상온에 하루 정도 놓아두면 음식물 중에 있는 질산염이 세균 등의 작용으로 아질산염으로 변화된다. 음식물을 냉장고에 보관하면 음식물 중에 있는 질산염이 아질산염으로 변화되는 것을 막을 수 있다. 이외에 관련된 알려진 음식물로는 고기와 생선의 탄 부분, 곰팡이에서 나오는 아플라톡신 등이 있다.

위암은 가족력이 있다면 없는 경우보다 약 2배 위암 발생률이 높다. 위암이 식생활과 연관이 되어 있는 만큼 공통의 환경적 요인이 작용했을 수도 있으나, 같은 발암 물질에 대해서도 유전적 소인에 의하여 위암이 더 발생할 수 있는 유전적 다형성 등 유전적 요인이 계속 밝혀지고 있다.

위암은 흡연과 연관이 있다. 세계보건기구(WHO)에서는 담배를 위암을 발생시키는 발암물질로 규정하고 있다. 우리나라에서 식생활이 남자와 여자 간에 큰 차이가 없음에도 위암 발생이 남자에서 2배 가까이 되는 것은 우리나라 남성 흡연율이 여성 흡연율보다 높은 것과 연관이 있을 것으로 추정한다. 물론 이외에도 음주 및 다른 환경적 요인이 있지만, 담배는 가장 잘 알려진 발암 원인이다.

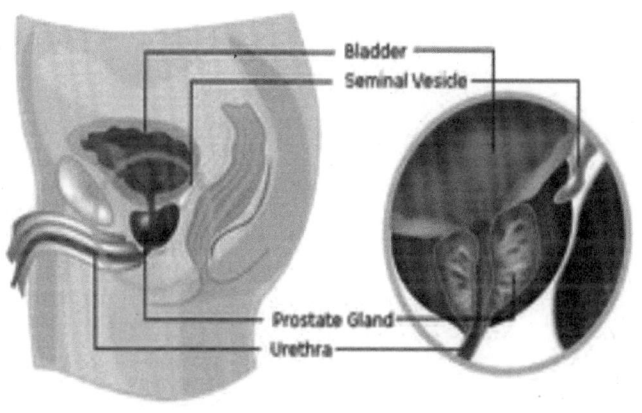

3) 전립선암

전립선암은 주로 노인에게서 많이 발생하며 전립선암의 원인으로는 유전적 소인, 남성 호르몬의 영향, 음식 및 식습관 등이 관련 있을 것으로 추측되며, 특히 지방 섭취의 증가, 즉 식생활의 서구화가 관련이 있을 것으로 인정되고 있다.

나이는 전립선암의 가장 중요한 위험인자이다. 전립선암은 나이에 비례하여 증가하는데, 40세 이하에서는 드물고, 50세 이상에서 급격히 증가한다. 주로 60세 이후의 노인에게 많이 발생하는데, 2011년 우리나라에서 발생한 전립선암은 연령대별로 70대가 41.9%로 가장 많고, 60대가 36.4%, 80대 이상이 10.9%의 순이다. 80대 이후에 발생률이 줄어드는 이유는 한국 남성의 평균수명이 76세이기 때문에 80대 이후의 전립선암 환자가 상대적으로 감소하는 것처럼 보이기 때문이다.

전립선암 중 가족력이 있는 경우는 9% 정도로 알려져 있다. 형제가 전립선암인 경우 전립선암이 발생할 확률은 3배 정도 높고, 일란성 쌍둥이의 경우도 어느 한쪽이 전립선암인 경우 다른 한 명에서 전립선암이 발병할 확률은 4배 이상 높다. 또 전립선암의 가족력이 있는 집안은 그렇지 않은 가계에 비해 전립선암의 발생 가능성이 8배 정도 높다.

전립선암과 관련된 유전 인자는 젊을 때 암의 발생을 촉진하며 상염색체 우성 유전을 한다. 이 유전자의 빈도는 약 0.003% 정도인데, 유전에 의한 전립선암은 전체 전립선암 환자의 9% 정도이지만, 55세 미만에서 발생하는, 즉 비교적 일찍 발생하는 전립선암 중에서는 약 45%를 차지한다. 전립선암과 관련된 유전 인자가 상염색체에 존재하기 때문에 부계의 가족력뿐만 아니라 모계의 가족력도 중요하다.

유전성 전립선암의 특징은 이른 나이에 발생한다는 것인데, 보통 60세 이전, 특히 55세 이전에 전립선암이 발생한다. 이는 유전성 전립선암이 일반적인 전립선암에 비해 7년 이상 일찍 발생하는 것을 의미한다.

그러나 유전성 전립선암이 이른 나이에 발생한다는 점을 제외하고는 임상적 양상은 일반적인 전립선암과 크게 다르지 않다. 이는 일본의 유전성 전립선암에 관한 연구에서도 마찬가지로 나타났는데, 따라서 유전성 전립선암의 양상은 서구인과 동양인에서 큰 차이가 없다고 볼 수 있다.

또한, 농부들이 전립선암에 걸릴 확률이 높은데 이는 제초제와 전립선암과의 인과관계가 확실해서이다. 그래서 미국 같은 경우 베트남 참전용사들의 전립선암 치료를 정부 차원에서 지원하고 있다.

4) 대장암

대장암 발병의 위험 요인으로는 식이 요인, 비만, 유전적 요인, 선종성 용종, 염증성 장 질환, 육체적 활동 수준, 음주, 50세 이상의 연령 등이 있다.

대장암은 나이에 비례하여 발생하는 경향이 있는데, 특히 50세 이상의 연령에서 흔하게 발생하는 양상을 보인다. 비만은 대장암 발생 위험이 약 1.5~3.7배 정도 증가하는 것으로 알려져 있으며, 허리둘레의 증가도 대장암 발생 위험을 높이는 요인이다.

대장암의 5%는 명확히 유전으로 발병한다고 밝혀져 있으며, 전체 대장암의 약 5~15%는 유전적 소인과 관계가 있는 것으로 알려져 있다.

유전적 요인에 의해 발생하는 대장암은 환경적인 요인에 의해 발생하는 경우와는 달리 원인이 명확한 경우가 많다. 또한, 출생 시부터 결함이 있는 유전자를 갖고 태어나므로 일반인보다 대장암 발생이 어린 시기에 나타나는 공통점을 가지고 있고, 유전자의 기능이 대장에만 국한되지는 않기 때문에 대장 외 장기에도 이상 소견을 나타내는 경우가 많다.

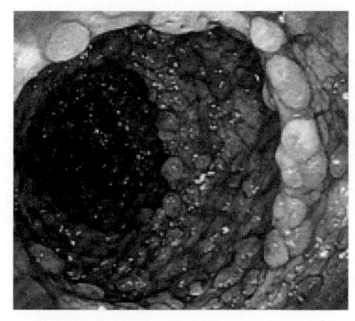

유전성 성향을 나타내는 질환 가운데 대장암과 관련된 대표적인 질환으로는 유전성 대장 용종증 증후군이 있는데, 대장에서 다발성으로 용종이 생기는 질환을 총칭하는 것이다.

가족성 용종증처럼 선종성 다발성 용종이 생기는 질환에서 각각의 선종이 대장암으로 진행될 가능성이 특별히 더 높지는 않다. 그렇지만 수백, 수천 개의 선종이 존재하기 때문에 전체적으로 대장암이 발생할 가능성이 매우 높아진다.

실제로 가족성 용종증의 경우는 치료하지 않으면 100%가 대장암으로 진행하는 것으로 알려져 있다.

5) 췌장암

당뇨병은 췌장암의 원인일 수도 있지만 반대로 췌장암에 의한 이차적인 내분비 기능 장애가 당뇨를 일으키는 것으로 보기도 한다. 당뇨병이 췌장암 발생을 증가시킨다는 근거는 5년 이상 당뇨를 앓고 있는 환자의 경우에 췌장암 발생률이 증가한다는 보고가 있기 때문이다.

반대로 췌장암이 당뇨병을 유발한다는 근거로는 췌장암을 진단받기 2년 전후에 당뇨병이 흔히 발생하고, 췌장암 환자가 수술을 통해 췌장암을 제거한 후 3개월 이내에 당뇨병이 호전되기도 한다는 점이 있다.

따라서 당뇨병을 장기간 앓고 있거나, 특히 55세 이상에서 가족력이 없이 최근 갑자기 당뇨병 진단을 받은 경우에는 췌장암 검사를 할 필요가 있다. 당뇨병이 있는 경우 췌장암 발생 위험은 증가한다. 그리고 췌장암의 증상으로 당뇨병이 나타나기도 한다. 인슐린 비의존성 당뇨병(제2형 당뇨병)이 있는 경우 췌장암 발생 위험은 1.8배 높다.

우리나라 췌장암 환자의 당뇨병 유병률은 28~30%로 일반인의 당뇨병 유병률인 7~9%에 비하여 3배 이상 높다.

가족성 췌장암은 직계가족 가운데 50세 이전에 췌장암이 발병한 사람이 1명 이상 있거나, 나이와 상관없이 2명 이상의 췌장암 환자가 직계 가족 가운데 있는 경우에는 가족성 췌장암을 의심해야 한다.

가족성 췌장암 환자가 있는 가족의 구성원은 췌장암 또는 다른 암 발생의 위험이 크다는 점을 주의해야 하며, 장기적인 추적 관찰을 통해 췌장암 발생 가능성 여부를 확인해야 한다.

유전적 소인 및 유전자 이상도 췌장암 발생에 관여한다고 의심된다. 다른 악성 종양이 생기지 않고 한 가계에서 3대에 걸쳐 췌장암이 발생한 사례도 있다.

유전성 췌장암은 전체 췌장암의 약 3%를 차지한다고 하나 췌장암과 관련된 유전적 요인에 대해서는 밝혀진 바가 많지 않으며, 일부 유전자 변형이 관련된 것으로 알려져 있다.

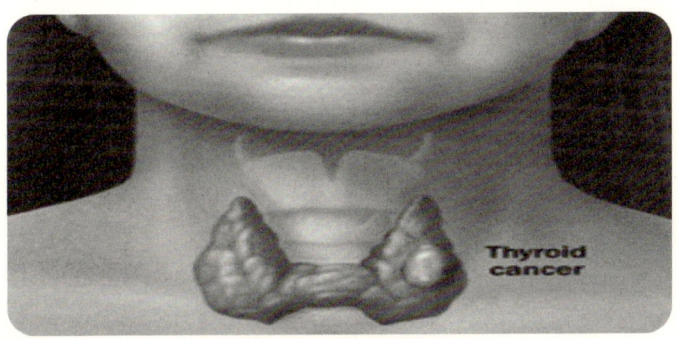

6) 갑상선암

한 개의 유전자 돌연변이로 암이 발생한다고 보지 않으며 여러 과정의 연속적인 이상이 갑상선암 발병에 관여한다고 추론되고 있다.

여러 가족성 증후군이 있는 경우 갑상선암의 발생이 증가한다. 흔하게 알려져 있는 것은 가족성 갑상선암이다. 가족성 수질암 증후군이라 하여 RET라는 유전자에 돌연변이가 발생하면 갑상선 수질암이 발생할 수 있다. 이는 전체 수질암의 20%를 차지한다.

부모가 갑상선 유두암이나 여포암을 진단받은 경우 자녀에게서 갑상선암이 발생할 위험도는 아들의 경우 7.8배, 딸의 경우 2.8배 증가한다. 일반적으로 유두암은 약 5%에서 가족력을 가지는 것으로 보고되고 있다.

가족성 대장 용종증(FAP, familial adenomatous polyposis)은 상염색체 우성 유전 질환으로 이 환자들에게서 갑상선암이 많이 발생한다.

드문 상염색체 우성 유전 질환인 크론병(Cowden's disease)[7]에서도 갑상선암을 포함한 갑상선 이상이 많이 발생하는 것으로 알려져 있다. 갑상

---

[7] 크론병(Crohn's disease): 크론병은 입에서 항문까지 소화관 전체에 걸쳐 어느 부위에서든지 발생할 수 있는 만성 염증성 장질환이다. 궤양성 대장염과 달리 염증이 장의 모든 층을 침범하며, 병적인 변화가 분포하는 양상이 연속적이지 않고 드문드문 나타나는 경우가 많다. 대장과 소장이 연결되는 부위인 회맹부에 질환이 발행하는 경우가 가장 흔하며 그다음으로 대장, 회장 말단부, 소장 등에서 흔히 발생한다.

선종, 갑상선 결절, 만성 림프구성 갑상선염이나 그레이브스병 등 기존에 갑상선 질환을 가지고 있던 사람들에게서 갑상선암이 더 많이 생기는가에 대해서는 논란이 많으나 현재까지 축적된 여러 연구를 종합해보면, 갑상선종의 병력, 양성 갑상선 결절은 갑상선암의 큰 위험 요인인 것으로 생각된다.

가족력 질환 진단 CHART

고혈압, 당뇨병, 심장병, 비만, 고지혈증: 생활습관병 / 위암, 대장암, 유방암, 자궁경부암, 췌장암, 신장암, 갑상선암: 유전성 / 우울증, 치매, 골다공증, 아토피피부, 간암, 폐암, 전립선암: 가족력

구 분	한쪽 부모	양쪽 부모	모	부	주의 요함	기타	진단
고혈압	30%	50%			뇌졸중, 심근경색	부모보다 형제자매 가족력 더 강함(57%)	
당뇨병	15~20%	30~40%			고혈압, 고지혈증, 비만, 췌장암 확률 높다	환자 중 50% - 가족력 췌장암 3배	
비만		80%	60%	40%			
심장병	2배 이상				고지혈증, 흡연, 비만, 고혈압, 당뇨병	남성 55세, 여 65세 이하 발병 시 / 가족력 더 위험	
고지혈증					협심증, 뇌졸중, 심근경색	식습관 영향받는 가족	
골다공증			2~4배		폐경기, 흡연자, 노인, 만성간질환, 악성빈혈	폐경으로 여성호르몬이 급격히 줄어드는 것이 원인	
위암	2~3배				헬리코박터균 감염자 5배 증가	만성 위축성위염, 악성빈혈, 선종, 음주,담배	
대장암	5배				가족성 용종증의 경우 100%	명확한 5% 가족력(5~15%)	
폐암	2~3배				흡연 15~80배		
간암			50%		간염 환자 중 75%가 B형 간염 보균자		
유방암	8~12배				5~10% 유전	어머니나 자매 모두	
치매	2배				알츠하이머 아포지단백 4형 유전자 1개:2.7배, 2개: 17.4배		
조울증	25%	50%					
심근병증	25%					가족성 비후성심근증 50%	
아토피 피부	40~60%	80%				환자의 70% 가족력	
심혈관 질환	1.5배				부모가 동맥경화발병: 2배		
갑상선암	아들 7,8 딸 2.6배				방사선 노출	명확한 5% 가족력, 여성	
그 외	전립선암 8배, 루프스, 황반변성, 루게릭병, 추간판탈출증(키가 큰 사람, 요추뼈가 하나 더 있는 사람), 천식, 불임, 관절염						

3. 직업성 암

　직업성 암이란, 작업 환경을 통해 노출되는 발암물질로 인해 특정 직업군이나 작업 공정의 근로자들에게 많이 발생하는 암을 말한다. 즉, 작업 환경을 통하여 발암물질에 노출됨으로써 특정 직업을 가진 사람이나 작업 공정에서 일하는 사람에게서 일반 사람들보다 더 많이 발생하는 암이다. 최초로 보고된 직업성 암은 1775년 영국에서 Pott에 의해 보고된 굴뚝 청소부에서 발생한 음낭암(scrotal cancer)이다.

　우리나라에서는 공식적으로 보고된 첫 번째 직업성 암은 1993년 석면 노출에 의한 악성 중피종이다.

　전체 암 발생이나 암 사망 중 직업과 관련된 암의 추정은 암 통계 구축과 역학적 연구가 활발한 국가에서만 하고 있다. 직업성 암 사망자(또는 발생자) 수는 추정치이며, 암의 종류와 국가별 산업 특성에 따라 많은 차이가 있다.

　우리나라의 직업성 암 사망률은 전체 암 사망의 약 9.7% 정도로 추정된다. 영국의 경우는 전체 암 사망의 4.9%(남성 암 사망의 8%, 여성 암 사망의 1.5%), 미국은 전체 암 사망의 약 2.4-4.8%가 직업성 암이라고 추정한다.

　직업성 암을 일으키는 발암인자와 그에 관련된 작업이나 업종은 다음과 같다.

- 전리방사선: 방사선과 의사, 방사선사, 원자력발전소 종사자, 라듐 다이얼도장공, 지하 광부, 비행기 승무원, 우라늄 광부
- 태양광선: 실외 작업

- 석면: 석면 광부, 석면 취급 근로자, 조선소 근로자, 석면사용 단열재 취급자, 석면함유 탈크 취급자
- 에리오나이트: 폐기물 처리 혹은 하수처리 종사자, 환경공해 제어시스템, 시멘트 응집물 취급자
- 결정형 유리규산: 석재, 세라믹, 유리 취급 근로자, 주물 공장 근로자
- 활석 함유 석면양 섬유: 도자기, 종이, 도료 및 화장품 제조 근로자
- 목재분진: 벌목업 및 제재업, 펄프, 종이, 골판지 공장 근로자, 가구 공장 근로자, 건설 근로자, 목공 종사자
- 비소 및 비소 화합물: 비철금속제련, 비소 함유 농약 생산 및 취급자, 모사 생산, 비소광산 근로자
- 베릴륨: 베릴륨 취급 근로자, 항공 및 우주산업, 전자업종 종사자, 보석세공업자
- 카드뮴 및 카드뮴 화합물: 카드뮴 제련공, 건전지 제조공, 카드뮴 합금, 염료 공장, 색소공장 근로자, 도금공
- 6가크롬 화합물: 크롬산 생산, 염료공장 근로자, 안료공장 근로자, 크롬합금공장 근로자, 도금공, 스테인리스강 용접공, 목재보존 작업자, 피혁공장 근로자, 폐수처리 작업자, 잉크 및 향수 제조작업자.
- 니켈화합물: 니켈제련, 용접
- 벤젠: 제화업, 화학약품 및 고무공장 근로자, 그라비어 인쇄 혹은 바인딩 인쇄 종사자
- 콜타르, 피치: 석유화학제품 및 콜타르 생산, 코크스 생산, 알루미늄 생산, 주물, 도로포장, 지붕 작업, 슬레이트 작업
- 광물유: 금속, 기계 가공, 인쇄, 화장품, 의약품 제조
- 혈암유(shale-oil) 및 혈암유 제제 윤활유: 혈암유 채광 및 가공, 연료 또는 화학공장 저장유, 면방직 윤활유 취급

- 검댕: 굴뚝 청소, 난방 서비스, 벽돌작업, 건물철거, 절연작업, 소방관, 야금작업, 유기물질 연소작업
- 염화비닐: 염화비닐 생산, 1974년 이전의 냉매, 용제추출, 에어로졸 작업 BCME, CME: BCME 및 CME 생산, 알킬화 물질 및 플라스틱 제조, 이온교환레진 제조
- 4-아미노비페닐, 벤지딘, 2-나프틸아민: 염료 및 안료제조
- 산화에틸렌: 산화에틸렌 생산, 화학산업, 소독제재(병원, 훈증)
- 2,3,7,8-TCDD: 페녹시계 제초제사용, 소각로, PCB 생산, 펄프 및 종이표백
- 아플라톡신: 사료생산, 화물선적, 곡류 및 옥수수 가공
- 간접흡연: 식당이나 주점 근로자, 사무실 근로자
- 머스타드 가스: 연구실, 군인
- 황산 미스트: 절인 식품 가공, 제철생산, 석유화학산업, 인산비료 생산
- 포름알데히드: 병리의사, 의학실험실 기사, 플라스틱 및 섬유산업
- 벤조[a]피렌: 유기물질 연소작업, 주물공장, 제강, 소방관, 자동차 기계공

직업성 암은 2013년 7월 이후 기존 9종(원발성 상피암(피부암), 폐암, 후두암, 비강 및 부비강암, 백혈병, 다발성 골수종, 악성중피종, 간혈관육종, 간암)에서 12종(난소암, 식도암, 침샘암, 위암, 대장암, 유방암, 뼈암, 신장암, 방광암, 갑상선암, 뇌 및 중추신경계암, 비인두암)이 추가되어 총 21종의 암이 직업성 암으로 인정받을 수 있다.

직업성 암으로 인정받게 되면 산재보험 처리가 가능하다. 실손보험과는

중복으로 보장받지는 못하지만 실손보험이 없거나 개인 보험의 보장이 부족하게 준비되었을 때 암 환자의 든든한 우산이 되어줄 것이다.

직업성 암이 의심될 때 조언을 구할 수 있는 곳은 각 대학병원이나 특수건강검진기관의 직업환경의학과 전문의에게 도움을 요청하고 노무사에게도 도움을 요청하기 바란다.

사례 따라잡기 5

초딩 짝꿍에게 받은 선물

A사에서 근무하는 FC 한 분이 강의 중인 저자를 직접 찾아왔다. 전화로 상담해도 되는데 굳이 찾아온 이유는 초등학교 친구 중에 단짝이었던 친구 어머님 때문이었다.

그는 짝꿍의 어머니가 60이 넘으셔서 뇌하수체 종양 제거수술을 받았는데, FC인 자신이 도움이 되고 싶다고 지난번 Flow-up 강의에서 들었던 뇌종양이 생각 나서 한걸음에 달려왔다고 했다. 친구를 생각하는 FC의 마음이 따뜻해서 상담해 주기 시작했다.

나는 지점에 강의를 나가면 2번에 나누어서 강의를 한다. 강의 첫날 2시간 정도 하는데 혼자 흥분하면 30분씩 오버 되기는 하지만 중간에 자리 이동하시는 분이 한 분도 없는 자랑할 만한 강의이다. 첫날 강의 1부에는 2차 보험금에 관해 설명하고 2부는 보장성 보험 특히 종신보험의 새로운 가치에 대하여 설명한다. 그리고 강의를 한, 다음 주 같은 요일에 Flow-up 교육을 하는데 두 번째인 Flow-up 강의는 실제 영업에서 2차 보험금을 고객에게 찾아줄 수 있는 실무와 기존 청구 사례를 통하여 2차 보험금을 통한 영업에 자신감을 갖게 한다.

그 FC는 이때 들은 양성종양에 관한 이야기 때문에 상담을 요청했다.

그 FC의 여자 동창은 미혼이어서 어머니와 함께 살면서 의류 디자인을 하는 디자이너이다. 그리고 위로는 결혼해서 두 아이를 둔 오빠가 한 명 있다. 결혼을 한 오빠가 어머님 생일 선물로 어머님이 평생 한 번도 해보지 않았던 건강검진을 받게 했다.

　몇백만 원이 넘는 병원의 건강검진을 받은 어머니는 자식 자랑을 늘어놓았지만, 뜻밖에도 뇌하수체 종양이 발견되었고 가족은 의사와 상의하여 종양 제거수술을 하기로 하였다. 수술은 코로 수술 도구를 삽입하여 하는 방식으로 결정되었고, 으레 그렇듯이 수술 전 다양한 검사를 시행하는데, 여기에서 황반변성이란 질병도 함께 앓고 있다는 사실을 알게 되었다.

　FC가 보여준 진단서에는 뇌하수체 양성종양과 더불어 황반변성이 함께 질병 코딩되어 있었다. 또한, 조직검사 결과지에는 종양은 양성 종양이었고 수술 결과는 잔존 종양 없이 깨끗하게 제거된 상태로 기록되어 있었다.

　양성 뇌종양 제거수술 후에 잔존 종양이 있고 신경학적 결손 문제가 있다면, 이 경우 양성종양이지만 암으로 인정받아서 암 진단금을 받을 수 있는데, 뇌 쪽 암은 고액암에 해당하는 경우가 많아서 일반암과 고액암 두 가지 암 진단금을 모두 수령하는 경우도 많다.

　그럼 왜 종양을 다 제거하지 않고 잔존종양을 남겨 놓을까?

　그것은 종양이 생겨난 위치에 따라 제거 수술 중에 잔존을 결정한다. 만약 종양이 생겨난 위치가 신경을 누르고 있거나 대동맥을 짓누르고 있다면 수술 중 자칫 신경이나 대동맥을 건들 수도 있고, 이럴 경우 수술 후 사지 마비 등 심각한 후유증을 남길 수도 있기 때문이다.

　FC의 친구 어머님은 뇌종양 제거수술에는 문제가 없었고 문제가 된 것은 사실 우리가 평소에 잘 들어보지 못하던 황반변성이었다. 황반변성이란 눈에 생기는 문제인데 눈의 수정체 뒤, 상이 맺히는 망막 황반이라는 곳의 시신경 세포에 문제가 생기고 불필요한 혈관들이 자라거나 출혈로 인해 서서히 시력을 잃거나 실명을 하는 질병이다.

황반변성에는 건성과 습성이 있는데 건성은 그 진행 정도가 서서히 일어나고 퇴행성 노인 황반변성이 이에 해당하는 경우가 많다. 문제는 황반변성 습성인데 습성일 경우는 그 진행 속도가 매우 빨라 2~3개월 안에도 실명을 하는 경우도 있다. 더욱이 우려되는 것은 황반변성은 유전력이 있어서 자녀들에게 유전되며 젊은 나이인 30~40대에도 황반변성으로 실명할 수도 있다는 점이다.

이런 사실을 듣게 된 FC는 어머니 병간호를 위해 병원에 있는 친구에게 권했다. 담당 의사에게 황반변성에 대한 질문을 하게 했고 그 결과 FC의 친구는 담당 의사에게서 자세한 설명과 더불어 유전과 가족력 이야기도 듣게 되었다.

친구를 도와주려는 우정에서 출발한 FC였지만, 황반변성을 걱정한 친구와 오빠는 FC와 상담을 하게 되었고, 보상에 대한 니드가 높아진 두 사람은 그 FC에게 자신들은 물론 오빠의 배우자와 자녀까지 여러 건의 계약을 청약하게 되었다.

FC가 친구와 상담 시 진심 어린 마음으로 2차 보험금에 관한 이야기를 해준 것이 주효했다.

질병으로 후유장해가 생겨도 합산 장해율이 50%면 보험료 납입면제가 되고 80%면 고도 후유장해 특약이나 일반 사망보험금이 지급된다는 사실을 어필하였다. 한쪽 눈의 시력을 잃어버리면 장해분류 지급률이 50%에 해당된다.

지금 두 고객은 적극적으로 예방적 검진과 혹 생길 수 있는 위험에 대비하고 있다. 그리고 고객 옆에는 든든한 FC인 친구와 우정이 있다. 우정 깊은 단짝들이 서로에게 보상과 청약이라는 선물을 주고받았다.

우리는 암에 대한 보상은 당연히 악성종양, 악성 신생물, 암이란 단어만 생각하고 있다. 그러나 양성종양이지만 임상학적으로 암으로 인정받을 수 있는 경우도 상당히 많다는 것을 잊지 말아야 한다.

5장

유능한 FC의 체크 포인트

01 고지위반 – 해지·무효·취소

해지

계약 전 알릴 의무 위반에 근거하여 청약서상 명시된 내용을 제대로 알리지 않았을 경우 행사하는 보험회사의 권한.

무효

자필 미이행, 만 15세 미만·심신상실·박약자를 피보험자로 하여 사망담보 계약(전 기간).

취소(사기에 의한 계약)

대리진단, 약물복용 진단절차 통과, 암, 에이즈 등의 뚜렷한 사기 의사(5년).

고지 위반에 따른 계약 유지 안내

항목	내 용	비고
해지	진단	1년 이내
	무고지 & 보험금 지급사유 미발생	2년 이내
	무고지 & 보험금 지급사유 발생	3년 이내
	타 질환으로 2년 내 청구	보험금 지급
무효	자필 미이행, 만15세 미만/심신상실/박약자를 피보험자로 하여 사망 담보 계약	전기간
취소	대리 진단, 약물복용 진단절차 통과, 암, 에이즈 등의 뚜렷한 사기의사	5년

고객의 당연한 권리, 포기하지 말자!

'의무' 당연히 해야 할 일을 의미하는 이 단어의 무게는 그리 가볍지 않다. 의무에는 책임이 따른다는 말처럼, 의무를 다하지 않았을 때에는 그에 상응하는 대가를 치르기 마련이다. 보험회사에서 고객들을 보호하고 계약 내용에 따라 보험금을 성실히 지급할 의무를 가지고 있다면, 고객들은 계약 전 병력 사항 등에 관한 고지의무를 성실히 이행하고 보험료를 납입할 의무를 가지고 있다.

그러나 여기서 중요한 점은 의무를 다하지 않았다는 이유로 '권리'마저 모두 박탈당하지 않는다는 점이다. 과연 보험에서 고지의무위반으로 인해 치러야 할 대가는 무엇이며, 그럼에도 불구하고 존재하는 고객의 권리는 무엇인지 상세히 살펴보겠다.

1) 고지의무위반은 계약 강제 해지 사유

> ✏️ **상법 제 651조(고지의 무위반으로 인한 계약해지)**
>
> 보험계약당시에 보험계약자 또는 피보험자가 고의 또는 중대한 과실로 인하여 중요한 사항을 고지하지 아니하거나 부실의 고지를 한 때에는 보험자는 그 사실을 안 날로부터 1월 내에, 계약을 체결한 날로부터 3년 내에 한하여 계약을 해지할 수 있다. 그러나 보험자가 계약당시에 그 사실을 알았거나 중대한 과실로 인하여 알지 못한 때에는 그러하지 아니하다.

상법 조항에서 볼 수 있듯 고지의무위반 사실이 확인되면 보험회사는 해당 계약을 강제 해지할 수 있다. 상법에서는 강제 해지가 가능한 기간을 계약 체결일로부터 3년으로 정하고 있지만, 일반적으로 보험약관에서는 2년으로 낮춰 정하고 있다. 즉, 고지의무위반 사실이 있었더라도 2년 이후에 이 사실이 적발된 경우에는 강제 해지를 할 수 없다는 의미이다.

한편 강제 해지는 필수 사항이 아니라 보험회사의 자율적인 선택 사항이다. 고지의무위반 내용과 보험금 청구내용 등을 종합하여 위험이 큰 경우에는 강제 해지를 통보하지만, 그렇지 않은 경우에는 부담보 설정이나 보험료 인상, 계약 내용 변경 등의 방법으로 넘어가기도 한다. 강제 해지가 이루어졌을 경우에는 보험회사는 계약자에게 그동안 납입한 보험료 또는 계약해지 환급금을 돌려준다.

2) 고지의무위반에도 보험금 청구는 가능해

> **상법 제 655조(계약해지와 보험금액청구권)**
>
> 보험사고가 발생한 후에도 보험자가 제650조(보험료의 지급과 지체의 효과), 제 651조(고지의무위반으로 인한 계약 해지), 제652조(위험변경증가의 통지와 계약해지)와 제 653조(보험계약자 등의 고의나 중과실로 인한 위험증가와 계약지)의 규정에 의하여 계약을 해지한 때에는 보험금을 지급할 책이 없고 이미 지급한 보험금액의 반환을 청구할 수 있다. 그러나 고지의무에 위반한 사실 또는 위험의 현저한 변경이나 증가된 사실이 보험사고의 발생에 영향을 미치지 아니하였음이 증명된 때에는 그러하지 아니하다

고지의무위반은 보험의 강제 해지로 직결될 수 있을 만큼 중요한 사항인지라 고객들은 청구한 보험금이 지급되지 않을 것으로 생각하는 경우가 많은데 실은 그렇지 않다. 위 상법 조항에서 살펴볼 수 있듯 보험금이 면책되는 경우는 고지의무위반 내용과 관련 있는 청구에만 해당하고, 그렇지 않은 경우에는 지급되어야 마땅하다.

쉽게 예를 들어 설명해 보자. A 씨는 위궤양을 고지하지 않았다가 위염으로 보험금을 청구하였고, B 씨는 위궤양을 고지하지 않았다가 고혈압으로 보험금을 청구하였다. 이 경우 A 씨는 면책되고 B 씨는 지급된다. A 씨는 만약 위궤양을 고지하였더라면 위에 부담보 설정이 되었을 것이고, 고지의무위반 한 내용과 보험금 청구내용 사이에 관련이 있는 질병이기 때문이다. 반면 B 씨는 고지의무위반 내용과 보험금 청구 내용 간에 전혀 관계가 없기 때문에 보험금 지급이 가능하다.

3) 고지의무위반 보험금 청구로 분쟁이 되는 경우

고지의무위반 내용과 보험금 청구 내용 간의 관련 여부가 애매한 경우도 있다. C 씨의 경우 보험 가입 전 두통으로 인해 종종 병원을 찾았지만, 단순 두통으로 생각하고 보험 가입 시 이를 고지하지 않았다. 가입 후에도 두통은 종종 발생하였고 급기야 증상이 심해져 정밀 검사 끝에 뇌종양 진단을 받았다. 이 경우 보험금 청구가 가능할까? D씨는 협심증을 숨기고 가입했다가 심근경색 진단을 받고 보험금 청구를 하였다. 이 경우는 어떨까?

누가 보더라도 전혀 관련이 없는 두 개의 질병, 사고라면 보험금 청구가 어렵지 않다. 하지만 위와 같이 관련이 없다고 보기에도, 있다고 보기에도 모호한 사항들은 분쟁의 대상이 되곤 한다. 보험회사에서는 조사를 통해 면책이 타당하다는 근거 자료를 제시하지만, 고객 개개인은 그에 대한 입증 자료를 제대로 마련하지 못하는 경우가 많다.

고지의무위반이 있더라도 고객의 보험금 청구 권리는 지켜져야 한다. 위 사례와 같이 면밀한 의학적 검토를 통해 반증이 필요한 경우 학습이 된 FC는 고객에게 가장 큰 힘이 되어 줄 수 있는 존재이다. 보험회사에서 면책을 주장한다면 쉽게 수긍하지 말고 제대로 된 주장이 맞는지 다시 한번 확인 자문을 구해 보기 바란다

QnA

추간판탈출증으로 통원의료비를 청구하기 위해 보험회사에 전화하던 차 가입 전에 자궁근종으로 치료받은 내역을 말하게 되었습니다. 보험사 담당자가 가입 전 병력에 대해 고지하지 않은 사항이기에 자궁근종 치료 차트를 제출하라고 계속 연락이

옵니다. 상법에 의거하여 계약해지가 된다고 합니다. 보험 가입한 지는 2년 6개월째입니다.

Answer 상법 651조에 의거하여, 고지의무위반일 경우 계약일로부터 3년 이내에 보험 회사에 해지권한이 있습니다. 다만, 계약자 및 피보험자를 보호하기 위한 약관에서는 보험금 지급사유가 발생하지 아니하면 보험회사의 해지권한은 2년으로 축소됩니다. 계약일로부터 2년간 보험금 지급사유가 발생하지 않는 한, 보험회사의 계약해지 권한은 없습니다.

Question 보험가입 전 고혈압으로 3달간 투약한 사실을 고지하지 않고 유지 중에 계약일로부터 3년 6개월이 경과한 시점에 뇌출혈이 발생하였습니다. 실비 및 진단금을 보험회사에 청구하였으나, 가입 전 병력이 뇌출혈과 인과관계가 있으므로, 청구한 보험금은 모두 부지급 되었습니다.

Answer 의료비특약을 살펴보면 청약일 이전에 진단 확정된 질병이라 하더라도 청약일 이후 5년이 지나는 동안 그 질병으로 인하여 추가적인 진단 또는 치료 사실이 없을 경우, 청약일로부터 5년이 지난 이후에는 이 약관에 따라 보상을 한다고 명시하고 있습니다. 여기서 진단 확정된 질병이란 청약일 이전과 동일한 질환을 말하며 인과관계가 있는 질환까지 모두 담보하지 않겠다는 건 약관 해석의 원칙상 확대해석입니다.

Question 보험 가입 후 1년 6개월이 경과된 상태입니다. 산부인과 정기검진을 받으려고 하니 주변에서 보험회사에 가입 전 병력을 고지하지 않으면 불이익을 당할 수 있다 하여 가입 전에 자궁근종에 대해 추가고지를 하였습니다. 보험회사에서는 그럼 자궁, 난소부위에 1년간 부담보를 잡겠다 하더군요. 그리고 나서 자궁 초음파 및 원추절제술을 하고 나니 자궁 경부암으로 진단되었습니다. 보험회사에 청구하였더니 부담보 기간이기 때문에 아무것도 보상해줄 수 없다고 합니다.

Answer 특별조건부 인수특약(일명 부담보법)에서는 부담보의 기산점이 명시되어 있습니다. 회사의 보장개시일은 제1회 보험료 및 회사의 보장에서 정한 보장 개시일과 동일합니다. 그러므로 1년 6개월이 지나셨다면 부담보 기간은 종료되었다고 볼 수 있습니다.

Question 보험가입 6개월 후 건강검진을 받다가 대장의 용종이 발견되어 용종절제술을 하였습니다. 수술비 지급이 된다 하여 보험금을 청구하였더니 조사를 한다고 합니다. 그리고 가입 전 3년 전에 교통사고로 7일간 입원한 내용으로 고지의무위반이니 해지를 하겠다고 합니다. 이럴 경우 어떻게 해야 하는지요?

Answer 청약하셨을 당시 청약서에는 개인 질병 확인에 대한 동의란이 있습니다. 그곳에 기재를 하지 않으면 인수가 되지 않습니다. 그 동의를 받고 보험사별 보험금 지급 내역을 확인합니다. 그리고 언더라이터는 과거 병력에 대한 확인을 합니다. 개인정보활용동의를 했음에도 불구하고 보험회사에서 확인하지 않고 인수를 한 경우에는 계약 전 알릴 의무 위반을 적용할 수 없습니다

쟁점 1

보험가입 전에 높게 나타난 혈압수치를 고혈압으로 알리지 않은 것에 대하여 계약 전 알릴 의무 위반을 적용할 수 있는지 여부.

주장

(가) 계약자 측 주장

매년 병원에서 건강검진을 받고 있으며, 2001년에도 대학병원에서 기본 혈액검사, 요검사, 간기능검사, 당뇨검사, 혈압측정 등을 받았으나 아무런 이상이 없었는데 계약 전 알릴 의무 위반으로 계약을 해지 처리하는 것은 부당하다.

(나) 보험자 측 주장

신청인이 보험가입 전에 고혈압, 심계항진으로 진료받았고 1년 전에도 고혈압으로 진단받은 사실이 있음에도 이를 알리지 않았으므로 계약 전 알릴 의무 위반으로 당해 계약을 해지 처리한 것은 정당하다.

판결

보험 계약 체결 전 검사상 혈압 수치가 높게 나왔으나 이를 고혈압으로

미기재한 것에 대하여 정기적 검사 및 투약 사실이 없어 중요한 사항으로 볼 수 없다고 한 사례.

보상전문 FC는 이렇게 한다!

올바른 고지의무 설명이 결국에는 고객을 보호하고 FC 자신을 지키는 첫걸음이다. 청약 전 고객의 건강검진 결과는 주의해야 할 사항이며 그래야 보험사의 해지로부터 고객을 보호할 수 있다.

출처: 금융감독원-분쟁조정위원회

쟁점 2

계약 체결 시 수 개의 타 계약 가입 사실을 미고지한 것은 고지의무위반에 해당하는지 여부.

주장

(가) 계약자 측(원고)

원고는 이 사건 사고로 인하여 상해를 입고 이에 따른 후유장해가 발생하였다고 주장하며, 이 사건 보험계약이 유효함을 전제로 하여 보험자인 피고 회사에 대하여 이 사건 보험계약에 따른 약정보험금의 지급을 구한다.

(나) 보험자 측(피고)

피고 회사는 원고가 다른 보험계약 체결 여부를 사실대로 알리지 아니하여 상법상 고지의무 및 이 사건 보험 계약의 약관상의 계약 전 알릴 의무를 위반하였고, 피고 회사가 이에 대하여 이 사건 보험계약을 해지하는 의사표시를 하여 이 사건 보험계약이 적법하게 해지되었으므로, 피고 회사는 원고에 대하여 이 사건 보험계약에 따른 보험금 지급 의무를 부담하지 않는다고 주장.

판결 1

유사한 위험을 담보하기 위한 다수의 보험계약 체결 사실을 고지하지 아니한 경우 고지의무위반에 해당한다고 판시한 사례.

판결 2

보험계약자 또는 피보험자가 보험가입의 전력이 있다 하더라도 다른 계약의 존재가 고지를 요하는 사항임을 설명받지 못한 경우 고지의무위반에 해당되지 않는다고 판시한 사례.

보상전문 FC는 이렇게 한다!

올바른 고지의무 설명이 결국에는 고객을 보호하고 FC 자신을 지키는 첫걸음이다. 보험사고의 고의 유발로 보험사고의 발생 개연성을 높일 수 있다는 법원의 시각을 볼 수 있다. 고지 관련 질문 시 타 계약 가입 사실을 미고지할 때 받는 불이익을 설명하면서 자연스럽게 증권 수집을 해본다.

출처: 사건번호 인천지방법원 2004가합3280

쟁점 3

대장암으로 치료받은 사실을 알리지 않은 것이 계약 전 알릴 의무 위반에 해당되는지 여부 및 간암과의 인과관계 여부.

주장

(가) 계약자 측 주장

보험에 가입하여 유지하고 있던 중 피보험자가 암으로 진단을 받자 아무런 이유도 설명하지 않고 일방적으로 계약을 해지하고 암 관련 보험금을 지급하지 않는 것은 부당하다.

(나) 보험자 측 주장

보험가입 전 대장암으로 치료받은 사실을 고지하지 않았으므로 계약 전 알릴 의무 위반에 해당되고, 대장암과 간암 간에 인과관계가 있다는 의사의 소견이 있으므로 간암 진단과 관련한 보험금을 지급하지 않은 것은 정당함.

판결

보험가입 전 대장암 치료 위한 항암제 투약 사실을 고지하지 않은 것은 고지의무위반에 해당되며 간암은 의료 경험칙상 대장암 위암 등에서 전이되는 경우가 많으므로 보험계약자의 반증이 없는 한 보험금 지급책임이 없다고 한 사례.

보상전문 FC는 이렇게 한다!

올바른 고지의무 설명이 결국에는 고객을 보호하고 FC 자신을 지키는 첫걸음이다. 계약 전 알릴 의무 위반 사실과 보험사고 발생 간에 인과관계가 없다는 점에 대한 입증 책임은 보험계약자 측에 있고, 만약 그 인과관계를 조금이라도 엿볼 수 있는 여지가 있다면 보험금은 지급되지 않는다고 보아야 할 것이다 (대법원 92다28259 판결).

출처: 사건번호 금융감독원 제2001-37호

쟁점 4

계약 전 암 진단 확정되어 무효인 계약을 아무런 조치 없이 유지한 경우 별도 암 청구 시 보상책임 발생 여부.

주장

(가) 계약자 측(피고)

약관규정을 잘 알고 있는 원고가 2005. 12. 1. 피고로부터 신세포암 진단확정에 따른 보험금청구를 받고 보험금을 지급하지 아니한 이후에도, 이 사건 암 담보 부분을 무효로 하여 이미 받은 그 부분 보험료를 돌려주는 등 조치를 취하지 아니하고, 계속하여 종전과 같이 이 사건 암 담보 부분 보험료를 포함한 보험료를 받아온 이상 피고에 대하여 암 관련 보험금을 지급하여야 한다고 하면서, 원고가 이 사건 약관규정에 따라 무효인 이 사건 암 담보 부분을 묵시적으로 추인하였다는 취지로 주장.

(나) 보험자 측(원고)

이 사건 약관규정을 근거로 이 사건 보험계약 중 암 진단비 및 암 수술비에 관한 담보 부분(이하 '이 사건 암담보 부분')은 이 사건 보험계약 보장개시일 이전에 발생한 신세포암 진단확정으로 이미 무효가 되었으므로 피고에 대하여 1,500만 원의 보험금지급 채무가 존재하지 아니한다.

판결

계약 전 암 진단 확정되어 무효인 계약을 아무런 조치 없이 유지한 경우 무효계약을 추인한 것으로 보아야 한다고 판시한 사례.

보상전문 FC는 이렇게 한다!

보험사의 주장은 언제나 올바르지는 않다. 고객관리의 시작은 FC가 보험금 청구에 관하여 정확하게 알고 있는 것이다. 2차 보험금에 관하여 아는 것이 성공하는 FC의 경쟁력이다.

출처: 사건번호 서울중앙지법 2006가단308724

쟁점 5

본인의 서명 없이 체결된 계약의 무효 여부.

주장

(가) 계약자 측 주장

당해 보험계약은 계약체결 당시 신청인이 자필서명을 하지 않았으며 12회부터 보험료가 자동이체된 통장도 신청인의 어머니가 관리하여 신청인은 보험료 인출 사실을 몰랐는바, 해당 보험계약은 무효이므로 피신청인은 기납입보험료를 반환하여야 한다.

(나) 보험자 측 주장

당해 보험계약의 보험료가 12회부터 신청인의 은행계좌를 통하여 자동이체 되었으므로 신청인은 일상적인 상황에서도 보험료 납입 상황을 충분히 인지할 수 있었다고 보이며, 또한 신청인은 2005. 6. 20. 피신청인이 콜센터에 동 보험 가입 사실을 확인하여 주고 보험료 납입 자동이체를 문의한 이후에도 7회에 걸쳐서 추가로 보험료를 납입한 것은 해당 계약을 추인한 것으로 보아야 할 것인바, 본건 보험계약은 유효하다.

판결

무권대리 행위가 있었음을 알고 있으면서 이에 대한 이의 제기가 없이 보험료 납입이 이루어졌다면 이는 묵시적 추인이 인정되어 보험계약이 유효하다고 판단한 사례.

보상전문 FC는 이렇게 한다!

　3대 기본 지키기는 언제나 FC에게 중요한 일이다. 과거의 관행처럼 행해진 자필미이행 고객과 상담은 계약자와 피보험자의 자동이체부터 권한다. 보험료 자동이체 납부는 FC long-run의 지름길이다.

출처: 사건번호 금융감독원 분쟁조정위원회 2006.8.22 결정 2006-46
대법원 1990.4.27. 선고 89다카2100 판결

02 통지의무

약관

계약자 또는 피보험자는 보험기간 중에 그 직업 또는 직무를 변경(자가용 운전자가 영업용 운전자로 직업 또는 직무를 변경하는 등의 경우를 말합니다.)하거나 이륜자동차 또는 원동기 자전거를 계속적으로 사용하게 된 경우에는 지체 없이 회사에 알려야 합니다.

상법

제652조(위험변경증가의 통지와 계약해지) ① 보험기간 중에 보험계약자 또는 피보험자가 사고발생의 위험이 현저하게 변경 또는 증가된 사실을 안 때에는 지체 없이 보험자에게 통지하여야 한다. 이를 해태한 때에는 보험자는 그 사실을 안 날로부터 1월 내에 한하여 계약을 해지할 수 있다.

쟁점 1

(가) 보험자가 통지의무 위반의 효과로 보험금을 삭감 지급하는 경우 제척기간(1개월)이 적용되는지 여부.

(나) 모집인의 직업변경 통지 수령권 인정 여부.

주장

(가) 피고는 자신이 이 사건 상해를 입기 전에 직업변경 사실을 이 사건 보험계약의 보험모집인에게 통지하였음을 주장.

(나) 피보험자는 이 사건 보험계약해지가 피고의 직업변경 사실을 안 때로부터 1개월이 경과한 후에 이루어진 것으로서 부적법함을 주장.

판결

통지의무 위반의 효과로 보험금을 삭감하는 경우 위반 사실을 안 날로부터 1개월 이내 지급하는 것은 유효하며 보험모집인에게는 직업변경의 통지 수령권한이 없다고 판시한 사례.

보상전문 FC는 이렇게 한다!

직업·직무·운전 여부 변경 통지의무는 보험이 유지되는 기간까지는 항상 존재한다. 통지의무 위반으로부터 보험금 삭감 없이 보험금 청구해 주는 보상전문 FC가 할 일이다. 특히 대학생의 방학 아르바이트도 직업변경의 통지의무 대상이다.

출처: 사건번호 서울중지법 2005.8.30 선고, 2004가합110941, 2005가합38800 판결

쟁점 2

보험계약 체결 후 군입대 사실을 알리지 않은 것이 계약 후 알릴 의무 위반에 해당되는지 여부.

주장

(가) 계약자 측 주장

보험계약체결 당시에 피신청인은 피보험자가 군입대를 하게 되면 보험회사에 이를 알려야 한다거나 보험금 지급조건이 변경된다는 사실을 전혀 설명한 바 없으므로 통지의무 위반을 적용할 수 없음. 그러므로 피신청인은 임시생활비 전액을 지급하여야 한다.

(나) 보험자 측 주장

통지의무는 상법상의 법정의무이므로 이를 약관의 내용으로서 설명하지 않았다고 하더라도 직업 또는 직무의 변경으로 위험이 증가된 경우에는 통지하여야 하고, 신청인이 이를 이행하지 않았으므로 보험금을 비례 지급한 것이라 주장.

판결

병역의무 이행을 위한 군입대를 직업 직무의 변동으로 볼 수 없으므로 계약 후 알릴 의무 위반에 해당하지 않는 것으로 인정한 사례.

보상전문 FC는 이렇게 한다!

보험사의 보험금지급 관련 직원은 경험 많은 직원들만 있을까?

아니다, 신입직원도 배치된다. 선임직원과 신입직원의 경험과 지식은 다르다. 그들도 실수한다. 한 번 더 보상전문가에게 확인하는 것이 고객을 보호하는 길이다. 직업·직무·운전 여부 변경 통지의무 위반 조심해야 한다.

출처: 사건번호 금융감독위원회 - 분쟁조정위원회

03 청구권 소멸 시효

약관

보험금 청구권, 보험료 또는 환급금 반환청구권 및 배당금 청구권은 사고일로부터 2년간 행사하지 아니하면 소멸시효가 완성됩니다.

상법

662조 보험금액의 청구권과 보험료 또는 적립금의 반환청구권은 2년간, 보험료의 청구권은 1년간 행사하지 아니하면 소멸시효가 완성한다. 민법 제166조(소멸시효의 기산점): 소멸시효는 권리를 행사할 수 있는 때로부터 진행한다.

QnA

2008년도에 전자레인지를 들다가 허리를 삐끗하는 사고를 당했습니다. 그 이후 좋아졌다 나빠졌다를 반복하다 요근래 더욱 아파옵니다. 개인보험에 허리장해가 가능하다는 말을 듣고 장해진단금을 청구하였더니 사고발생일로부터 2년이 경과되었기 때문에 서류반송을 하겠다고 합니다. 맞는건가요?

Answer 상법에서는 보험금 청구권은 2년간 행사해야 한다고 명시되어 있습니다. 하지만 그 기산점에 대한 해석은 없습니다. 이럴 경우에는 기산점에 대한 언급을 하고 있는 상위법 민법조항을 따라야 합니다. 민법의 소멸시효 기산점은 권리를 행사할 수 있을 때부터라고 해석하고 있습니다. 그러므로 장해의 기산점은 장해진단서를 발행한 시점입니다.

Question 대뇌경색에 의한 상하지마비로 동사무소 뇌병변장애 1급으로 진단받았습니다. 진단받고 2년 6개월이 경과된 시점에 개인보험 가입이 되어 있는 사실을 알게 되었습니다. 일반사망보험금 청구를 하였더니 국가장애 진단 시점에서 2년이 경과되었기 때문에 소멸시효 완성이 되었다고 하네요.

Answer 민법의 기산점은 권리를 행사할 수 있을 때입니다. 장해발생 시점을 알게 된 시점 이라고 할 수 있습니다. 피보험자는 장해발생 시점을 국가 장애진단서 발행시점에 이미 인지하고 있었다고 판단할 수 있습니다. 하지만 장애인복지법과 개인보험에서의 장해평가방법은 상이합니다. 국가장애에 해당되는 사실은 인지하고 있었을지언정 개인보험의 장해까지 모두 인지하였다고 평가할 수 없습니다. 그러므로 청구권소멸시효를 주장할 수 없습니다.

쟁점

보험금청구권 소멸시효의 기산시점

주장

보험자는 피보험자가 1999. 2. 26.경 사고로 사망하였고, 그 후 2년이 경과하였으므로 상법 제662조에 의하여 원고의 보험금청구권은 시효 소멸하였다고 주장한다.

판결

피보험자가 연락이 두절된 날로부터 2년이 지난 시점에서 익사체로 발견된 경우 보험금 청구권자로서는 보험사고 발생 사실을 알 수 없었던 때에 해당하므로 보험금 청구권 소멸시효는 사체가 발견된 시점부터 기산된다고 판시한 사례.

보상전문 FC는 이렇게 한다!

보험금 청구권 소멸시효는 무조건 보험사고 발생일로부터 2년이 아니다. 보험금 청구권자의 과실이 없다면 보험금청구권 소멸시효의 기산일은 다를 수 있다. 고객이 2년이 지났다고 미청구한 보험금을 살펴본다.

04 부담보

부담보 기간

부담보(특별조건부 인수특약) 기간이란 보험사에서 표준미달체의 보험계약 시 질병이나 장해 등으로 인하여 가입이 제한되는 피보험자의 계약을 조건부로 승낙하는 경우, 혹은 도덕적 해이 등에 의한 보험사기가 우려되는 경우 계약일로부터 일정 기간 이내에 발생되는 보험사고에 대하여는 보상하지 않는 것을 말한다. 이는 일반적으로 보험계약 청약 시 피보험자가 병력에 대해 보험회사에 고지하고, 보험회사에서는 해당 질병 및 부위에 대해 보장을 하지 않는 것으로 계약을 인수할 때 발생한다. 부담보 기간은 피보험자의 과거 병력, 치료기간, 치료부위 등에 따라 상이하며, 경우에 따라서는 보험기간 전 기간에 걸쳐 부담보하는 조건으로 인수를 하기도 한다. 암보험에서 계약체결 이후 90일간 암 담보를 하지 않는 것은 대표적인 부담보 사례라 할 수 있다. (금융감독용어사전, 2011. 2. 금융감독원)

부담보 기간 면책의 제외

특정 부위에 발생한 질병의 합병증으로 인하여 특정부위 이외의 부위에 발생한 질병으로 주계약에서 정한 보험금의 지급사유가 발생한 경우(다만, 전이는 합병증으로 보지 않는다).

특정 부위에 발생한 질병의 합병증으로 인하여 특정부위 이외의 부위에 발생한 질병으로 주계약에서 정한 보험금의 지급사유 또는 보험료 납입면제 사유가 발생한 경우.

재해로 인하여 주계약에서 정한 보험금의 지급사유 또는 보험료 납입면제 사유가 발생한 경우.

보험계약 청약일 이후 5년이 지나는 동안 지정한 질병으로 인하여 추가적인 진단(단순 건강검진 제외) 또는 치료 사실이 없고, 청약일로부터 5년이 지난 이후 지정한 질병으로 주계약에서 정한 보험금의 지급사유 또는 보험료 납입면제 사유가 발생한 경우.

약관에 없어도 계약자 간 형평성 맞춰야

고객들은 청약 시 종신 부담보를 해야 한다고 하면 계약을 망설이거나 아예 취소하는 경우를 종종 볼 수 있다. 그러나 이제부터는 그렇지 않아도 된다.

2009년 4월 1일부터는 종신 부담보를 걸더라도 5년이 지나는 동안 지정한 질병으로 인하여 추가적인 진단 또는 치료 사실이 없으면 그 이후로부터는 보상을 정상적으로 받을 수 있다.

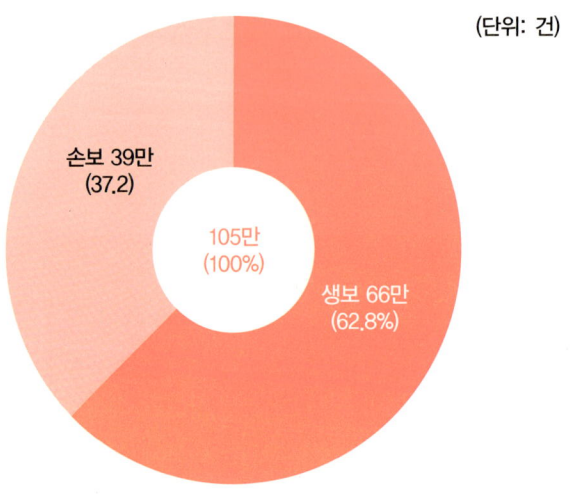

(출처: 금융감독원)

　부담보(특정보장인수제한 특약) 가입자 간의 형평성 문제로 분쟁이 많이 발생하자 금융감독원이 조치에 나섰다. 금감원 분쟁조정국에서는 "부담보 면책조항과 고지의무에 관한 내용을 몰라 보험금을 못 받았다는 소비자들의 민원이 많이 들어온다. 또 과거의 부담보 계약 중에는 청약일 이후 5년간 부담보 부위·질병으로 확진을 받지 않으면 보험금을 주도록 하는 내용이 약관에 없어 분쟁으로 이어지고 있다."고 발표했다.
　이러한 문제로 약관에 없어도 청약일 이후 5년간 부담보 부위나 질병으로 확진·치료를 받지 않으면 보험금을 주도록 했다.

05 납입면제

약관

　납입면제란 보험료 납입기간 중 약관에 정한 질병 또는 상해로 몇 % 이상의 후유장해 발생 시 또는 암으로 진단확정 시(소액암 제외) 차회부터 보험료의 납입을 면제하는 기능을 말합니다.

　보험료 납입기간 중 피보험자(보험대상자)가 암보장 개시일 이후 암(기타피부암, 갑상선암, 제자리암 및 경계성종양 제외)으로 진단확정되거나, 보장개시일 이후 장해분류표 중 동일한 재해 또는 재해 이외의 동일한 원인으로 여러 신체 부위의 장해지급률을 더하여 50% 이상인 장해상태가 된 경우에는 차회 이후의 보험료 납입을 면제하여 드립니다.

쟁점

　보험약관에서 '피보험자가 사망 또는 제1급 내지 제3급의 장해상태가 되었을 경우에는 차회 이후 보험료 납입을 면제한다'고 규정하고 있는 경우의 보험료 납입면제.

판결

보험약관에서 '피보험자가 사망 또는 제1급 내지 제3급의 장해상태가 되었을 경우에는 차회 이후 보험료 납입을 면제한다'고 규정하고 있는 경우, 보험료는 수익자 또는 계약자의 보험료 납입면제.

보상전문 FC는 이렇게 한다!

주위에 보험료 납입면제 대상 고객분들이 의외로 많이 존재한다. 그러나 실제로 납입면제 혜택을 받고 계신 분들은 몇 안 된다. 왜 그럴까? 보험은 청구해야지만 보험금을 지급하는 구조로 되어 있기 때문에 고객이 납입면제를 청구하지 않으면 보험사가 알아서 납입면제 혜택을 주지는 않는다. 이렇듯 보상전문 FC의 역할이 갈수록 중요해지고 있으며, 이는 차별화된 보험영업의 새로운 전략이다.

출처: 사건번호 대법원 2007-12-28 2005다63221,63238

06 실효안내
– 납입최고·계약의 해지

약관 ....

보험료 납입이 연체 중인 경우에 회사는 14일(보험기간이 1년 미만인 경우에는 7일) 이상의 기간을 납입 최고기간으로 정합니다.

또한, 납입 최고기간이 끝나는 날의 다음 날에 계약이 해지된다는 내용을 서면, 전화 또는 전자문서 등으로 알려드립니다.

Question
4월 보험료 미납으로 인해 6월 1일 보험실효가 되었습니다. 6월 15일 계속되는 기침과 숨을 쉴 때마다 쇳소리가 나는 증상으로 병원 방문하여 폐 CT검사 결과, 폐암 3기로 진단을 받았습니다. 보험회사에 청구하였더니 실효기간 중에 진단받은 내용으로 보험금 부지급 결정이 떨어진 상태입니다. 보험금을 받을 방법이 있나요?

Answer
실효가 되기 전 14일 이상의 기간 동안 납입최고를 해야 하며 실효가 되었을 경우 해약안내문을 계약자에게 통보해야 합니다. 그 방법으로는 문서, 전화, 전자메일로 가능하며 계약자에게 도달하지 못한 경우에는 실효가 완성되지 않습니다. 위의 사항에 대해 확인결과 보통우편으로 발송한 기록 외 확인되는 사항이 없는 바, 실효를 주장할 수 없습니다.

Question 통장 잔고가 없어 보험료 이체가 되지 않던 중 보험회사에서 전화가 걸려와 보험료 미납상태임을 확인받았습니다. 통장에 돈을 넣어두려고 했으나 깜빡 잊고 있던 중 실효 후에 교통사고로 입원을 하게 되었습니다. 보험회사에 청구하였으나 실효상태이고 해지안내 등기우편을 7살 아들이 수령하였기 때문에 보험금 지급 책임이 없다고 합니다.

Answer 실효가 완성되기 위해서는 납입최고와 해지안내 두 가지 모두를 통보하여야 합니다. 통보뿐만이 아니라 그 사실이 계약자에게 도달해야 합니다. 납입최고는 계약자에게 전화상으로 도달되었으나 해지안내는 의사결정불능자인 초등학생에게 전달되었으므로 도달되었다고 보지 않습니다. 단, 아파트 경비원은 도달하였다고 봅니다.

07 암

쟁점 1

미세침흡인 세포검사에 의하여 암 진단받은 것이 당해 약관에서 암 진단 방법으로 규정한 미세침흡인 검사에 해당되어 암 확정 진단으로 볼 수 있는지 여부.

주장

(가) 계약자 측 주장

책임개시일 이전 미세침흡인 세포검사에서 암 진단을 받은 것은 당해 약관에서 규정한 암 확정진단방법이 아니므로 피신청인의 계약무효 처리는 부당하다.

(나) 보험자 측 주장

현실적으로 미세침흡인 검사 진단서에는 "미세침흡인 검사, FNA, FNAB, FNAC" 등으로 표기되고 임상병원의 실정에 따라 FNAB와 FNAC를 선택적으로 시행하고 있는데 FNAB만 암 진단으로 인정하는 것은 오히려 다수 보험계약자에게 불이익하게 되며, FNAC에서 Cell Block을 제작하여 검사하면 FNAB와 동일한 효과가 있으므로 FNAC에 의한 암 진단도 확정 진단방법으로 보아야 함.

판결

갑상선암의 경우 실제로 의료계에서 미세침흡인 세포검사와 미세침흡인 조직검사를 엄격하게 구분치 않고 동일 진단방법으로 보며 미세침흡인 세포검사의 정확도가 95%에 달하므로, 갑상선암의 수술 전 진단법으로 보험약관의 미세침흡인검사(FNAB) 규정은 미세침흡인 세포검사를 포함하는 것으로 해석함.

보상전문 FC는 이렇게 한다!

새로운 의학기술은 보험금청구에서 논쟁거리가 될 수 있다. 새로운 진단방법, 수술방법 때문에 보험금청구 거절 시 포기하지 말고 전문가에게 다시 한번 확인해 봐야 한다. 새로운 의학기술에 관한 금융감독원의 조정사례나 판결 수집을 하는 학습된 FC는 전문가로서 경쟁력을 확보하게 된다.

출처: 사건번호 금융감독원 분쟁조정사례 2005-33호

쟁점 2

피보험자가 보험기간 중 암 진단을 받고 보험기간 이후 수술 및 입원치료를 받은 경우, 암 진단 보험금 외 수술 및 입원치료 관련 보험금이 당해 보험약관상 보상하는 손해에 해당되는지 여부.

판결

암으로 진단되어 입원하고, 수술하는 과정은 시간의 경과에 따라 연속되어 발생하는 것이 의료 경험칙상 일반적이라 할 수 있으므로, 이러한 과정을 일련의 사고(단일한 사고)라고 보아야 할 것이며, 각각 다른 별개의 사고(독립적인 사고)라고 보기 어려우므로 보험기간 중 암 진단을 받고 보험기간 종료 후 발생한 암 입원과 수술은 보험기간 중 사고에 해당되지 않는다며 보험금 지급을 거부한 조치는 부당한 것으로 판단함.

보상전문 FC는 이렇게 한다!

보험기간에 발생한 보험금 청구 건은 고객의 권리이다. FC가 보험금 청구에 대해 아는 만큼 고객의 권리를 보호해 주며 찾아줄 수 있다.

출처: 사건번호 금융감독원 분쟁조정사례 2010-91호

08 심혈관 질환

쟁점 1

운동하던 중 갑자기 쓰러져 사망한 피보험자가 '급성 심근경색이나 뇌졸중에 의해 사망한 것으로 추정'된다는 의사 소견을 받은 경우 특정질병보험금 지급 여부.

주장

(가) 계약자 측

특별약관 제1조 제4, 5항은 진단 확정의 방법을 예시한 것에 불과하여 망인의 사망 직후 ○○병원의 의사인 하○○가 망인의 사망원인을 급성심근경색이나 뇌졸중으로 추정한 이상 3대 질병으로 진단 확정되었다고 보아야 하고, 나아가 위 특별약관 제1조 제1항은 3대 질병으로 진단확정되면 실제로 간병을 필요로 하는지 여부와 상관없이 확정 보험금을 지급하도록 규정하고 있으므로, 이 사건 특별약관상의 보험금을 지급할 의무가 있다.

(나) 보험자 측

망인이 이 사건 특별약관 제1조 제4, 5항에서 정한 검사방법에 따라 3대 질병으로 진단 확정되지 아니하였고, 나아가 위 특별약관에 따른 보험금은 피보험자가 생존하여 치료를 받는 경우에 환자의 치료비나 간병인 비용을 담보하여 주기 위한 것인데, 망인이 진단 확정을 받기 전에 사망하여 병원에 내원하였으므로, 원고는 망인의 상속인들인 피고들에 대하여 이 사건 특별약관에 기한 보험금 지급 채무를 부담하지 아니한다.

판결

운동하던 중 갑자기 쓰러져 사망하여 의사 소견상 급성심근경색이나 뇌졸중에 의해 사망한 것으로 추정된 경우 3대 질병으로 진단된 것으로 보아야 한다고 판시한 사례.

보상전문 FC는 이렇게 한다!

보험사와 보험금 청구권자와 법적 다툼이 있을 경우 의사의 의학적 견해는 법원의 가장 중요한 판단 근거가 된다. FC는 보험사고 초기 대응 시부터 조언을 해주는 것이 중요하다. 사망사고에서 부검에 불응 시 법원 판결에 불이익을 받게 되는 경우가 많다.

출처: 사건번호 중앙지법 2005가합9729 판결

쟁점 2

욕실 좌변기 모서리에 부딪혀 실신상태로 발견되어 치료받던 중 사망한 사고의 상해인정 여부.

주장

(가) 계약자 측

원고들은, 박○○이 이 사건 사고로 사망하기 이전에는 전혀 질병을 앓은 적이 없을 정도로 건강하게 생활하였으나 우연히 세면하기 위하여 욕실에 들어갔다가 미끄러져 넘어지면서 턱이 좌변기 모서리에 부딪혀 턱부위가 함몰되고 코뼈가 부러지는 급격하고도 우연한 외래의 사고로 인하여 사망하였으므로 피고는 박○○의 피부양자들로서 보험수익자로 지정된 법정상속인들인 원고들에게 이 사건 보험계약의 부양자 사망 및 고도후유장해 위로금담보 특별약관에 따른 보험금 각 금1,000,000,000원 및 이에 대한 지연손해금을 지급할 의무가 있다고 주장.

(나) 보험자 측

이에 대하여 피고는, 이 사건 사고는 박○○이 평소 앓고 있던 지병이 악화되어 발생한 것으로서 이 사건 보험계약상의 급격하고 우연한 외래의 사고라 할 수 없어 보험금을 지급할 책임이 없다.

판결

욕실에서 좌변기에 턱을 부딪힌 후 사망한 경우 뇌 CT 촬영 결과 뇌지주막하출혈이 발견된 점 등으로 미루어 볼 때 상해사고가 아닌 질병으로 인한 사망이라고 판시한 사례.

보상전문 FC는 이렇게 한다!

　뇌지주막하 출혈과 경막하 출혈의 원인은 질병과 상해 모두 가능할 수 있다. 지주막하 출혈은 질병 담보로 보장받고 경막하 출혈은 상해담보 특약으로 보장받을 수 있다. 보상전문 FC는 고객에게 질병과 상해 모두 보장이 되도록 설계할 필요가 있다.

출처: 사건번호 대법원 2003다 5009 판결

09 선천성 기형

쟁점

선천성 기형이 면책사유에 해당하는지 여부.

주장

(가) 계약자 측 주장

10년 동안 아무런 증상 없이 건강하게 생활한 피보험자의 질병이 약관에서 면책사유로 규정하고 있는 선천성 기형에 해당한다는 이유로 보험금을 지급하지 않는 피신청인의 업무처리는 부당하다.

(나) 보험자 측 주장

피보험자는 당해 보험 가입 이전에 이미 대동맥 축착 진단을 받았고, 대동맥 축착은 당해 보험약관에서 면책사유로 정하고 있는 선천성 기형에 해당하므로 당해 보험 질병입원의료비 특별약관의 면책조항에 따라 보험금 지급책임은 없다.

판결

선천성 기형으로 인한 신체적 이상이 10년이 지난 시점에서 발현되었다 하더라도 상병이 선천성 기형에 해당한다면 이는 약관상 보상하지 않는 손해로 명시되었고, 특약의 위험률 산정 시 선천성기형을 배제하였으므로 보험자 보상책임이 없다고 한 사례.

보상전문 FC는 이렇게 한다!

선천성 기형 면책조항을 고객과 상담 초기부터 제대로 인지시킴으로써 고객과의 불필요한 민원을 줄이고 신뢰관계 형성에서 오해소지를 감소시킨다. 신뢰는 영업의 꽃이다.

출처: 사건번호 금융감독원 분쟁조정사례 2005-1호

10 재해·상해 사망

쟁점 1

상해사망 인정 여부 및 사고의 외래성 입증 책임.

주 장

등산 중 갑자기 의식을 잃고 쓰러져 사망한 사고의 사인에 대해 부검 미실시하여 명확한 사인입증은 불가하나, 협심증 등 기왕 질병이 있는 자로 상해사망으로 추정할 수 없다고 판시한 사례.

판 결

상해란 외부로부터의 우연한 돌발적인 사고로 인한 신체의 손상을 말하는 것으로 그 사고의 원인이 피보험자의 신체의 외부로부터 작용하는 것을 말하고 신체의 질병 등과 같은 내부적 원인에 기한 것은 제외되며, 이러한 사고의 외래성과 사망의 인과관계에 대해서는 보험금 청구자에게 입증 책임이 있다. (대법원 2001다27579)

보상전문 FC는 이렇게 한다!

상해사고에 대한 입증 책임은 보험금 청구권자에게 있어서 보험사고 초기 대응이 매우 중요하다. 사망사고에서 부검에 불응 시 법원 판결에 불이익을 받게 되는 경우가 많다.

출처: 사건번호 광주지방법원 2009가단38716

쟁점 2

투약으로 인한 양안 실명을 상해로 볼 수 있는지 여부.

주 장

원고는 피고가 위 보험계약을 체결하기 이전부터 장기간에 걸친 항결핵약 복용으로 시력이 점차적으로 떨어지면서 결국 양안 실명 상태에 이른 것이므로, 보험약관에서 규정하고 있는 보험사고의 급격성과 우연성이 결여되어 있어 보험금을 지급할 수 없다.

판 결

항결핵제의 장기복용으로 인하여 실명한 경우 전문적 의학지식이 없는 피보험자로서는 결핵약의 장기적 투약으로 실명할 수 있다는 점을 예견할 수 없을 것이므로, 급격하고 우연한 외래의 사고에 해당한다고 판시한 사례.

보상전문 FC는 이렇게 한다!

급격성, 우연성, 외래성 있는 상해사고의 정의에 대해 알아두자. 스테로이드 약물 투약 후 고관절 무혈성 괴사도 상해 사고이다. 보험사고 발생 시 급격성, 우연성, 외래성 판단에 대한 어려움은 전문가의 도움을 받아야 한다.

출처: 사건번호 서울지방법원 선고 2000나 46763 판결

쟁점 2

간경화를 앓고 있는 피보험자가 벌에 쏘여 사망한 경우 재해사망으로 인정할 수 있는지 여부.

주 장

(가) 계약자 측 주장

피보험자가 벌에 쏘여 쇼크로 사망하였다고 시체검안서에 기재되어 있는데, 간경화라는 체질적 요인이 있었다는 이유로 피보험자의 사망을 재해사망으로 인정하지 않는 것은 부당하다.

(나) 보험자 측 주장

본건 피보험자는 알콜성 간경변으로 진단되어 치료를 받고 있었고, 당시 시체검안의사도 피보험자는 간이 비대하였고 간경화증이 사망에 영향

을 줄 수 있다는 소견을 제시하는 등 제반 사정을 고려하면 체질적 요인이 있는 상태에서 경미한 외부요인에 의해 사망한 것이라고 보아야 하므로 약관상 재해사망보험금 지급대상이 아니다.

판 결

벌과의 접촉이 재해에 해당하며 벌에 쏘인 것이 경미한 외인으로 보기 어려우며 재해와 사망 간에 인과관계가 있다고 보므로 벌에 쏘여 사망한 경우 상해사고로 인정한다고 결정한 사례.

보상전문 FC는 이렇게 한다!

재해, 상해와 일반 보험사고는 보험금 수령 차원에서 커다란 차이가 있다. FC의 보험금 청구 지식이 곧 경쟁력이다. 공부할 자신이 없으면 필요할 때 물어볼 전문가를 사귀어 두는 것이 현명한 FC이다.

출처: 사건번호 서울지방법원 2001.4.20 선고 2000나 46763 판결

쟁점 3

싸움이나 폭력행위로 인한 부상이 상해보험사고에 해당되는지 여부.

주 장

(가) 계약자 측

원고는 이 사건 사고는 급격하고도 우연한 외래의 사고이므로 피고는 위 보험계약의 약관에 따라 원고에게 보험금 2,510만 원(=후유장해보험금 2,400만 원+ 일반상해 의료비 100만 원 + 임시생활비 10만 원)을 지급하여야 한다고 주장.

(나) 보험자 측

피고는 이 사건 사고는 원고와 김○○이 서로 싸우는 과정에서 원고의 폭력행위로 인하여 발생한 것으로서 이 사건 보험약관에서 정한 보험금 지급의 면책사유에 해당하므로 원고에게 보험금을 지급할 의무가 없다고 주장한다.

판 결

피보험자의 폭력의 결과 쌍방폭행이 되어 피보험자에게 장해가 남은 경우 피보험자는 자신의 폭력으로 자신도 상해를 입으리라는 사실을 예측할 수 있었으므로 이는 급격하고 우연한 외래의 사고라고 할 수 없다고 판시한 사례.

보상전문 FC는 이렇게 한다!

정당방위, 긴급피난, 정당행위는 보상 가능하다. 쌍방폭행은 건강보험공단에서도 보험 혜택이 없다. 보험사고가 정당방위 성격이라면 발생 초기부터 경찰신고 및 전문가의 도움을 받아야 한다.

출처: 사건번호 대법원 2006.2.10. 선고 2005나1080 판결

11 자살

　보험은 피보험자, 보험계약자, 보험수익자가 고의로 일으킨 사고에 대해서는 보상하지 않는다. 보험의 목적이 우연하고 예기치 못한 사고에 대비하기 위한 것이기에 원칙적으로 자살도 고의적인 사고로 보는 것이 보통이다. 스스로 목숨을 끊는 행위에는 고의성이 있음을 가장 먼저 의심해 볼 수 있기 때문이다.

쟁점 1

　부채가 많았으며 혼자서 술을 마신 후 발목에 흙이 묻어 있는 상태로 사체로 발견된 경우 자살로 볼 수 있는지 여부.

주 장

(가) 계약자 측

　○○○은 이 사건 보험계약의 보험기간 중 급격하고도 우연한 외래의 사

고로 인하여 사망하였다고 할 것이므로 다른 특별한 사정이 없다면 피고는 이 사건 보험계약의 약관에 따라 ○○○의 법정 상속인인 원고들에게 그들의 상속지분(원고 ○○○ : 3/7, 원고 ○○○, ○○○ 각 2/7)에 따른 보험금을 지급할 의무가 있다.

(나) 보험자 측

이에 대하여 피고는, ○○○은 스스로 형산강에 뛰어들어 자살하였던 것이고, 이는 이 사건 보험계약의 약관에 정한 면책사유에 해당하므로 피고는 원고들에게 보험금을 지급할 의무가 없다고 주장한다.

판 결

자살의 동기나 이유, 원인이나 징후 등의 입증이 없는 한 자살로 보기 어렵다고 판시한 사례.

보상전문 FC는 이렇게 한다!

사인 미상인 보험금청구 시, 보험사가 면책 주장 가능성이 높으므로 전문가의 도움을 청한다. 자살 면책 주장 시 자살 입증 책임은 보험사에 있다. 유서 없는 사인 미상 사고들, 익사 및 실족사 등은 관련 자료 확보가 우선 되어야 유리하다.

출처: 사건번호 대구지방법원 2005나15084

쟁점 2

정신질환으로 자살한 경우 보상하지 아니하는 손해로 볼 수 있는지 여부.

주 장

피고는 망인이 고의로 자살하였다는 이유로 면책을 주장하나, 이 사건 사고 전후의 정황에 비추어 보면 망인은 자살을 할 이유가 전혀 없고, 오히려 부부싸움 도중 극심한 흥분으로 인한 심신장애 외에 남편으로부터의 위협, 옆구리 통증 및 현기증 등으로 인하여 비틀거리며 베란다에 기대다가 추락하였으므로, 고의로 자살하였다고 할 수 없다. 피보험자인 망인이 보험기간 중에 추락이라는 재해를 원인으로 사망하였으므로 사망보험금을 지급할 의무가 있다고 주장.

판 결

부부싸움 후 베란다 아래로 추락하여 사망하였다 하더라도 사고 전 자살의 징후가 없었고 오히려 산후 우울증 등의 심신장애 상태에서 우발적으로 추락한 것으로 추정되는 이상 자살로 보기 어렵다고 판시한 사례.

보상전문 FC는 이렇게 한다!

심신상실 상태에서 자신을 해친 경우는 자살이 아니다. 유서가 있어도 법리해석에 따라 보험금 청구 가능성을 다투어 볼 수 있다. 우리나라 정서상 고객의 유가족이 사망 원인을 숨기는 경우가 있어서 보험금 청구에 도움이 되려면 유가족과 자세한 대화가 필요하다.

출처: 사건번호 대구지방법원 2005나15084

사례 따라잡기 5

아이들은 아직 몰라요?

  15년 전에 FC로 일 할 때 모셨던 지점장님 소개로 찾아간 I 사 지점에서 2시간의 공소연 2차 보험금 강의를 끝내고 반가운 얼굴을 만났다. 서○○ FC. 그는 I 사에서 17년을 넘게 열정적으로 FC로 근무하고 있었다.
"강의 잘 들었어. 17년 동안 아무것도 모르고 영업했네. 고객들에게 미안하네. 허허…" 그러면서 그는 보장 내역과 그 위에 사인펜으로 눌러쓴 고객의 전화번호를 건네며 "이 분을 꼭 좀 도와 달라."고 신신당부했다.
  그 날 오후 그 선배에게서 전화가 왔다. 고객분에게 이야기해놓았으니 만나보라고 하면서 전화상으로 대략의 사연을 들려주었다.

  선배의 고객이 자살한 사연이다.
  2001년, 선배는 사업을 하던 고객을 만났고, 그 고객은 그 해 3월에 60세납 일반사망 3억, 재해사망 3억, 재해상해 5억, 의료비보장 5천, 암 치료 3천의 보험에 가입했다.
  그런데 그 고객에게 사고가 생겼다. 사업상 거래처에 접대하러 갔다가 계단에서 굴러서 머리를 심하게 다쳤다. 그 후유증으로 한쪽 귀의 청력을 잃어버렸고 한쪽 귀는 심한 이명 현상이 생긴 것이다.
  사람을 만나야 하는 이 분은 조금만 소란스러운 곳에서는 이명과 청력 상실로 대화가 불가능한 일이 자주 생기자 심한 스트레스와 정신적 고통을 느끼게 됐고, 사업은 점차 힘들어지며 부채가 늘어나게 되었다. 그런 사고가 생긴 지 3년 후인 2012년에 그분은 유서를 쓰고 자살하고 말았다.

생명보험에서는 가입 후 2년이 경과 되면 자살을 해도 사망 보험금을 준다. 그래서 이 고객의 유가족은 일반 사망보험금 3억은 받게 되었지만, 재해사망 보험금은 3억은 받지 못했다. 왜냐하면, 보험사가 알려 주지 않으며, FC에게도 교육하지 않기 때문이다. 피보험자(보험대상자)가 심신상실 등으로 자유로운 의사결정을 할 수 없는 상태에서 자신을 해침으로써 사망에 이르게 된 경우에는 재해사망보험금을 지급해야 하는데도….

제17조(보험금을 지급하지 아니하는 보험사고) 회사는 다음 중 어느 한 가지의 경우에 의하여 보험금 지급사유가 발생한 때에는 보험금을 드리지 아니합니다.
1. 피보험자(보험대상자)가 고의로 자신을 해친 경우
다만, 다음 각 항목의 경우에는 그러하지 아니합니다.
가. 피보험자(보험대상자)가 심신상실 등으로 자유로운 의사결정을 할 수 없는 상태에서 자신을 해친 경우
피보험자(보험대상자)가 심신상실 등으로 자유로운 의사결정을 할 수 없는 상태에서 자신을 해침으로써 사망에 이르게 된 경우에는 재해사망보험금(약관에서 정한 재해사망보험금이 없는 경우에는 재해 이외의 원인으로 인한 사망보험금을 지급하고, 재해 이외의 원인으로 인한 사망보험금이 없는 경우에는 "보험료 및 책임준비금 산출방법서"에서 정하는 바에 따라 회사가 적립한 사망 당시의 책임준비금을 지급)을 지급합니다.
나. 계약의 보장개시일[부활(효력회복)계약의 경우는 부활(효력회복)청약일]부터 2년이 경과된 후에 자살한 경우에는 재해 이외의 원인에 해당하는 보험금을 지급(약관에서 정한 재해 이외의 원인으로 인한 사망보험금이 없는 경우에는 "보험료 및 책임준비금 산출방법서"에서 정하는 바에 따라 회사가 적립한 사망 당시의 책임준비금을 지급)합니다.

2. 보험수익자(보험금을 받는 자)가 고의로 피보험자(보험대상자)를 해
친 경우

그러나 그 보험수익자(보험금을 받는 자)가 보험금의 일부 보험수익자(보험금을 받는 자)인 경우에는 그 보험수익자(보험금을 받는 자)에 해당하는 보험금을 제외한 나머지 보험금을 다른 보험수익자(보험금을 받는 자)에게 지급합니다.

3. 계약자가 고의로 피보험자(보험대상자)를 해친 경우

이제 관점은 고객이 심신상실 상태에서 자신을 헤쳤느냐이다.

먼저 심신상실 상태란 심신장애로 사물에 대한 변별력이 없거나 의사를 전혀 결정하지 못하는 상태를 말한다. 심신상실의 요인으로는 정신병이나 정신지체(정신박약), 심한 의식장애나 중증의 심신장애적 이상 등을 들 수 있다. 이 같은 심신상실로 인해 사물에 대한 식별력과 의사 결정력이 있는지 여부는 전문가의 도움으로 판단할 수 있지만, 이를 결정하는 것은 법관의 재량이다. 즉, 심신상실은 의학상의 개념이 아니라 법률학상의 개념인 것이다. 따라서 심신상실 여부는 의학상의 정도에 따라 결정되는 것이 아니며, 전문가의 감정을 토대로 법관이 결정해야 할 법적·규범적 문제에 속한다.

우리나라 민법에서는 법원은 심신상실의 상태에 있는 자에 대해 본인과 배우자, 4촌 이내의 친족, 후견인 또는 검사의 청구에 따라 금치산을 선고하도록 규정한다(12조).

형법에서는 심신상실의 상태에 있는 자를 책임무능력자(의사무능력자)로 간주하여 그의 행위를 처벌하지 않으며, 심신장애로 인해 변별력과 의사 결정력이 미약한 자의 행위는 형(刑)을 감경하도록 규정한다(10조).

사망자가 심신상실 상태에서 행한 일인가는 법원이 판단할 일이라 법적인 법리해석이 매우 중요하다. 비록 유서가 있고 목을 매 자신을 스스로 사망케 했어도 사망자의 행위의 심신 상태 여부가 2차 보험금을 받을 수 있는 중요한 포인트다. 이것을 증명하기 위해서는 몇 가지 자료가 필요하다.

첫째 사망자의 사망원인에 대한 수사기록이다. 사망 수사를 한 해당 경찰서에 유가족 및 그 대리인이 서면으로 정보공개요청을 신청하면 신청일 10일 이내 수사기록을 열람할 수 있다. 여기서 수시기록인 변사사실확인원과 내사종결보고서 내용이 중요하다. 사망자 유가족은 본인들이 믿고 싶은 것만 말하는 경향이 있고 유가족의 말과 경찰서에서 수사한 기록의 내용이 서로 다른 경우가 왕왕 있는데 법원의 심신상실 상태의 판단은 유가족의 심증보다는 수시기록을 더 중요시한다.

두 번째 사망자의 국세청에 신고자료 중에 5년 치 카드사용 내역 조회이다. 이 기록 중에 사망자 가족에게 말하지 않고 다닌 병원 기록을 찾을 수 있다. 요즘은 대부분 병원에서도 카드를 사용하고 있기 때문이다. 우리가 관심 갖는 기록은 정신과병원 기록 등이다.

세 번째 필요한 기록은 사망자의 5년 치 병원 검진 기록이다. 이 기록은 건강보험공단에 유가족이 신청하면 받을 수 있다. 우리나라에서는 아직도 정신과 치료를 받았다면 색안경을 끼고 보는 경향이 있어서 많은 사람이 정신과 방문을 꺼린다. 자살에 이르게 하는 원인이야 많지만, 특히 원인이 우울증일 경우 적극적 대응이 필요하다. 사망자의 이런 기록을 살펴볼 필요가 있다.

선배의 부탁으로 자살 등 사망사고를 전문적으로 다루는 변호사와 함께 사망자의 배우자를 만나게 되었다. 고객의 첫인상은 곱게 자란 부잣집

외동딸 같은 분이었지만 지금은 백화점 매장에서 일하는 상태였다. 보험금 청구에 관한 진행 사항과 필요한 내용 들을 설명해 드리는데 사망자의 배우자분이 하신 이야기가 아직도 저자의 마음을 무겁게 한다.

"아이들에게는 비밀로 했으면 해요 아이들은 아직 몰라요."

자녀들이 상처받을까 봐 아버지의 사망을 자연사로 알려주었던 것이다. 자녀 중 큰딸이 올해 성인이 되면서 재해사망 보험금을 받게 되면 상속지분별로 상속을 받는데, 자녀들이 알고 그들이 큰 상처를 받을까 우려하는 어머니의 마음을 대하니 자식 키우는 사람으로서 마음이 짠하였다. 물론 자녀분에게 알리지 않고 대표 수익자를 지정하여 처리하였다.

유가족은 다행히 사망자가 사망 전 청력 상실과 이명으로 인한 심한 우울증 증세로 정신과에서 우울증 치료를 받았던 사실을 찾게 되었고, 청력 상실 이후 계속되는 사업 실패로 심한 스트레스가 가중되어 심신상실 상태에서 스스로 사망케 했다고 보험사에 주장하며 청구했다. 해당 보험사와 법무법인이 원만하게 합의를 유도하고 유가족도 동의를 해서 재해사망 보험금 전부는 아니지만 50%인 1억 5,000만 원에 합의를 보고 재해사망 보험금의 50%를 수령하였다.

법무법인 팀장이 유가족에게 한 말이 아직도 기억이 난다.

"이 돈(1억 5,000만 원)은 아버님이 사랑하는 가족에게 드리는 마지막 선물입니다. 소중히 쓰세요."

에필로그

지금까지 학습해온 2차 보험금에 대한 이해도는 어느 정도이십니까?

항상 그렇듯이 이론만으로는 아무런 의미가 없는 것이 보험 Sales입니다. 실전에서 고객들에게 의미가 전달되고 계약이 체결되어야지 의미있는 Concept가 되는 것입니다.

보상전문 FC로서 마켓에서 차별화된 전략으로 Prospecting 할 수 있는 방법에 대해 말씀드리도록 하겠습니다.

재테크 관련 세미나는 이미 10년째 활용되고 있어서 이제는 차별화하기 어렵습니다. 저자가 2005년에 '부자 의사 만들기'라는 Project를 개원의 협의회와 함께 주관하여 의사 선생님 1,000명에게 재테크 주제 세미나를 하였습니다. 그 당시에는 획기적인 세미나라는 평을 들으며, 장안의 화제가 되어 신문기사와 의료계에 널리 알려지기도 하였습니다. 그 이후로 제 파트너들은 1,200여 차례에 걸친 세미나를 진행하고 있습니다. 세미나 참석자들은 비슷한 주제로 세미나를 최소한 몇 차례 들었던 경험이 있는 터라 이제 더 이상 세미나에 집중하지 않는 실정입니다.

차별화된 주제와 기획이 절실히 요구되는 상황입니다.

그래서 2차 보험금에 대한 생각은 획기적이며 신선하다는 반응을 받고 있습니다. 실제로 의사 선생님 모임에서 간략하게 브리핑했는데 의사

선생님께서 큰 관심을 가지며 본인의 증권을 검토해 달라고 할 정도였습니다. 2차 보험금은 세미나에 새로운 바람을 일으킬 수 있으며 Target 마케팅을 통해 마켓을 발굴할 수 있는 강력한 무기로 자리 잡을 수 있습니다.

몇 가지 시장에 대한 사례를 통해 좀 더 자세히 살펴보도록 하겠습니다.
 저자의 파트너 중에는 축구 국가대표 상비군 출신이 있습니다. 보통 운동선수들은 격렬한 연습과 실전으로 부상을 당하기 쉽습니다. 운동선수들은 담당 의사가 있고 지정 병원이 있어서 치료를 받게 됩니다. 정식 등록 선수로서 대회에 출전하는 선수는 당연히 부상을 당했더라도 장해 판정을 받아서 후유장해 진단금을 받지는 못합니다. 그러나 선수 생활을 은퇴하고 지속적으로 장애가 남아 있다면 부상당했을 때, 구단에서 가입한 단체보험과 개인이 가입한 보험에서 장애율에 따른 보험금을 지급받을 수 있습니다.

그러므로 운동선수들은 굉장히 좋은 마켓이 될 수 있습니다. 특히 아직 프로에 입단하기 전 학생 신분일 때는 보장에 가입할 수 있기에 2차 보험금에 대한 개념을 정확히만 전달할 수 있다면 코치나 학부모들에게 큰 호응을 얻을 수 있습니다.

프로가 아니더라도 요즘은 조기 축구나 야구 모임이 굉장히 많이 있습니다. 구별로 전국적으로 조직이 되어 있고 각종 대회까지 있습니다. 보통 조기 축구회 한 팀 모임을 보면 30여 명 중에 십자인대 파열 경험이 있는 분이 2~3명 정도는 꼭 있었습니다. 등산 모임에서도 발목 등의 부상 경험자가 꽤 많이 발견되고 있습니다. 보험스쿨을 수강한 한 FC는 이 이야기를 듣고 관악산 입구에서 아예 자리를 잡고 2차 보험금을 홍보하여 좋은 성과를 얻었다고 합니다.

 군인, 소방서, 경찰 등의 공무원들은 항상 긴급한 상황에 대비하느라 평소에도 훈련을 하고 실전에서는 여러 위험에 노출되기도 합니다. 그래서 국가에서 보험에 가입해 줍니다. 자신의 개인 보험도 가지고 있고요.
 저자의 파트너 중에 소방 관련 전공을 한 FC가 있는데, 소방관들은 갑작스러운 실전에서 본인의 몸보다 사고 상황에 집중하다 보니 상당히 많이 부상을 당한다고 합니다. 무거운 물건을 들다가, 화재 불길을 피하려다가 넘어져서 디스크 진단을 받게 되어 단체 5,000만 원, 본인 1억, 배우자 단체보험 1억, 합계 2억 5천에 대한 15%의 보상을 받게 된 사례도 있습니다. 전혀 생각지도 않았고 들어보지도 못했던 2차 보험금을 받게 되어 무척 좋아하셨고 주변 소방서 5곳을 소개해 주셔서 추가 계약 18건을 하게 되었습니다.

 사회복지사나 요양보호사분들은 업 자체가 부상을 당했거나 이미 장애를 입고 있는 분들과 업무를 하다 보니 본인 스스로 이미 니드 환기가 잘 되어 있습니다. 이분들은 자동으로 FC의 key man이 될 수 있습니다. 물리치료사분들도 항상 환자를 치료하므로 말씀드리면 이해가 빠르시고 주변 분들에게 Big Mouse가 되어 주십니다.

 그러한 특별한 경험이 없는 FC들도 충분히 새로운 마켓을 창출할 수 있습니다.
 파트너 FC가 평소 잘 가던 재래시장에 가서 2차 보험금에 대해 홍보를 하였습니다. 보험스쿨에서 공부하고 제작해드린 책받침을 가지고 허리 디스크와 자동차 사고 나신 분들 있는지를 물어보고 다녔습니다. 두 분이 해당되어 2차 보험금을 받아 가셨는데 허리디스크로 1,200만 원, 자동차 사고로 2,200만 원을 받게 되었습니다. 20년 넘게 보험을 들고 있었고 시장에 많은 FC가 왔다 가고 했었는데 당연히 그 누구도 말해 주지 않았던 2차 보험금을 받게 되어 매우 기뻐하셨고 본인도 추가 계약하셨으며, 주변 상인들도 소개해 주셔서 미래에 발생할 경우를 대비하여 증액도 하게 되었습니다.

아파트에는 부녀회가 있습니다. 아파트를 위해 여러 가지 행사도 하고 봉사 활동도 하지요. 요즘은 주부들이 대부분 가정의 경제권을 쥐고 있고, 주부들의 정보 전달 속도가 굉장히 빠르다는 것은 누구라도 알고 있습니다.

주부들은 자녀를 출산한 후 몸조리를 잘 하지 못하면 차후 여러 가지 증상이 몸에 남게 되는데 이러한 상태에서 사고를 당하게 되면 그 후유증이 심하고 오래가게 됩니다.

가족과 친척까지도 안부를 묻고 연락을 하기에 주변에 디스크나 자동차 사고 등으로 입원이나 수술하신 분들에 대한 정보가 많이 있습니다. 또한, 집안에 꼭 한 분쯤은 암 환자분들이 있습니다. 그런데 위에서 보셨듯이 암 보험금을 받을 수 있는데 소액암 보험금을 받는다든지, 경계성 종양으로 암 보험금을 받을 수 있는데 양성종양으로 판정받아 한 푼도 못 받은 사례들이 상당히 많습니다. 이런 분들이 아파트에 최소한 한 분 이상 있습니다. 그렇게 된다면 그 아파트는 FC의 무대가 될 것입니다.

여성의 전문직 중에 골프장 캐디 시장이 있습니다. 캐디는 사고 난 후 상실 수익액을 산정할 때 정년을 35세로 볼 정도로 업무 기간이 짧고 이직률이 높으며 수당도 현금으로 받는 특성이 있습니다. 락카나 휴게실에는 여성만이 들어갈 수 있으므로 여성 FC들이 진입하기 좋은 마켓입니다. 공을 쫓아다니고 무거운 골프채 가방을 운반하면서 부상을 입는 경우가 상당히 많이 발생하는 직업입니다. 특히 캐디 매니저가 만족하여 고객이 된다면 그 인근 골프장 시장은 FC의 독무대가 될 수 있습니다. 캐디분들에게도 수많은 재테크 세미나를 경험하였기에 당연히 차별화되고 신선하면서 본인에게 도움이 되는 2차 보험금이 큰 호응을 얻고 있습니다.

일반 직장인 시장도 마찬가지입니다. 선생님, 간호사처럼 오랫동안 서서 근무를 해야 하는 직종이나 하루 종일 앉아서 업무를 보는 직종에서는 허리 디스크나 목 디스크 같은 진단을 받는 분들이 의외로 많이 있습니다. 그런데 그분들 거의 모두는 단순히 1차 보험금으로 입원비나 수술비 실손 의료비 정도만 받았을 뿐 2차 보험금에 대해서는 모르고 계십니다. 이런 분들에게 보험의 가치를 제대로 전달해 주기 위해서는 반드시 2차 보험금에 대한 설명을 해주셔야 합니다. 그래야 그러한 상황이 발생했을 때, 제대로 된 보상을 받을 수 있게 됩니다.

백화점이나 마트에서는 고객서비스 차원에서 문화센터를 통해 다양한 강좌를 개최합니다. 요즘은 구청에서도 수준급의 강좌가 개설되고 있습니다. 저자의 고객분이 문화센터의 센터장인데 2차 보험금에 대한 설명을 듣더니 정말 좋다고 하면서 백화점 문화센터에 꼭 강의를 부탁한다고 하여 현재 진행 중에 있습니다. 참석하신 분들은 '세상에 어떻게 그럴 수 있어, 왜 여태까지 저걸 몰랐을까?' 하면서 끊이지 않는 질문을 하십니다. 강좌에 참석하신 분들을 통해 여러 명의 신규 고객이 창출되고 있습니다.

고액시장으로 전환하기 위해 많은 FC가 CEO 모임이나 골프 모임, 경영대학원에 등록하여 CEO들과 관계를 맺으려고 돈과 시간을 많이 투자하고 있습니다.

어떤 학교에서는 보험사 FC의 등록을 제한할 정도입니다. 등록을 하더라도 예전과 같지 않게 실질적인 효과를 보기가 쉽지가 않습니다. 비슷한 상황이 반복되고 비슷한 이야기로 접근하기 때문에 그런 것이죠. 그래서 단순 관계성으로 보험에 가입해 주는 경우가 있는데 그것도 과거만 같지 않은 실정입니다.

대부분 CEO 분들은 본인이 원하든 원치 않든 사업상 어쩔 수 없이 보험에 가입한 경우가 상당히 많습니다. 어떤 CEO와 만나서 증권을 받아보니 30개가 넘고 또 몇 개가 더 있는지조차 모르고 계셨습니다. 보험의 보장액을 살펴보니 재해상해특약 10억이 가입되어 있었습니다. 그렇다고 한다면 이 분은 디스크 수술만 받더라도 15% 장애율로 1억 5천만 원의 2차 보험금을 수령합니다. 그 말씀을 드리니 깜짝 놀라시며 지금까지 그 어떤 FC도 이런 말을 하지 않았다며, 다음 CEO 모임에 와서 설명해 달라고 하셨습니다. 모두 다 CEO PLAN만 이야기하여 이제 본인도 웬만한 FC보다 더 잘 안다고 농담까지 하시면서요.

고정적인 장소에 손님이 오셔서 일정 시간 머물려야 하는 업종에서는 포스터나 전단을 통해서 2차 보험금을 홍보할 수 있습니다. 제 지인이 일산에서 반찬가게를 하는데 하루에 100여 분의 단골손님께서 다녀가시는데, 그분들에게 간단히 정보를 전달할 수 있도록 포스터와 전단을 비치하여 마케팅을 전개하고 있습니다. 이와 같은 비슷한 프랜차이즈나 상가에서는 시도해 볼 만한 전략입니다.

요즘 젊은 층은 전화보다 오히려 카톡을 더 자주 사용합니다. 카카오 스토리나 페이스북을 통해 글과 사진을 전달하면 이는 소통의 중요한 매체가 되고 있습니다. 보험스쿨을 수강한 FC가 본인의 카카오스토리에 2차 보험금 홍보 책받침 내용을 올려놓았을 뿐인데 12분의 고객이 문의가 왔고 요청도 안 했는데 증권을 모두 보내왔다고 합니다. 사람은 자기한테 도움이 되고 돈이 된다면 스스로 알아서 한다더니…, FC 시작한 지 2년이 되도록 몇 차례 찾아가서 증권을 달라고 했을 때는 핑계를 대면서 주지 않았는데 말입니다.

주변의 모든 상황이 2차 보험금을 홍보하는 데 도움이 됩니다. 왜냐하면, 아무도 그동안 2차 보험금을 몰랐고 그래서 고객들에게 알려주지 않았기 때문입니다. 고로 대한민국 5,000만 명이 모두 새로운 Prospecting 대상이 된다는 말입니다.

보험이 나에게 가치가 있고 큰 도움이 될 거라는 확신이 든다면 고객님들은 서슴없이 본인의 가족을 소개해 줍니다. 지금까지와는 다른 2차 보험금을 통해 기존에 알고 계셨던 지인, 기고객들께 보험의 진정한 혜택을 전달해 주시기 바랍니다. 그것은 고객의 권리를 찾아드리는 일인 동시에 FC로서 비즈니스를 성공적으로 발전시키는 절대적인 포인트가 될 것입니다.

특히 2차 보험금에 대해서는 전문적인 보상전문 FC의 역할이 크게 필요함을 인식하고, 보상전문 FC만이 미래의 보험시장에서 경쟁력을 가진 보험 전문가로서 살아남을 수 있다는 확신하며, 그 지침서가 되기를 간절히 바랍니다.

부록

'공익소비자보험연구소'
보험스쿨 소개

– 깊이 있고 영업에 실질적 도움이 되는 강좌

'공소연(공익소비자보험연구소) 보험스쿨'은 2차 보험금에 관하여 좀 더 깊이 있는 지식을 쌓고 실무와 함께 사용하여 FC들에게 실질적인 도움을 주려고 시작하였다.

공소연 보험스쿨을 수강한 FC들에게 기대하는 변화는 세 가지이다.

첫 번째 공소연 보험스쿨을 수강한 FC 본인의 기존 고객에 대한 서비스 강화이다. 두 번째는 공소연 보험스쿨에서 습득한 2차 보험금의 지식을 사용하여 가망고객 발굴이다. 세 번째는 공소연 보험스쿨을 수강한 FC들이 공소연에서 늘 이야기하는 종신보험의 가치에 대한 새로운 패러다임을 통하여 침체해 있는 보험시장에서 스스로 성장해 나갈 수 있는 동력을 갖기를 바란다.

공소연 보험스쿨에서 주제로 삼고 있는 내용과 시사점은 보험영업 시장에서 새로운 프로스펙팅과 영업 방법이 되고 있다. 공소연 보험스쿨에서 강의 내용을 듣고 자신의 영업 방법과 어떻게 접목시키느냐에 따라 향후 Long-Run과 업적에 큰 차이를 보일 것이다.

- 기초 강의와 정규 코스로 보험지식과 영업기반 확보

　FC 자신의 확신과 결정만이 스스로 결과에 책임질 수 있기 때문에 올바른 판단에 도움이 되도록 공소연 보험스쿨에서 강의하는 주제와 내용을 소개한다.

　공소연 보험스쿨은 넓게 보면 크게 두 가지 주제와 두 가지 방법으로 나누어서 진행한다.

　먼저 공소연 보험스쿨에 등록하기 위해서는 일차적으로 본 저자가 강의하는 2차 보험금에 관한 기초 강의를 들어야 한다.

　"2차 보험금을 아시나요?"란 주제의 기초 강의는 두 번에 나누어서 4시간가량을 진행한다. 먼저 2시간은 2차 보험금의 의미와 FC들이 몰랐던 보험금 청구에 관한 비밀과 종신보험의 새로운 가치에 관하여 설명한다. 이렇게 일차적으로 강의가 끝나면 일주일 후에 FC들에게 2차 보험금 주제로 본인 고객들에게 보험금 청구에 관한 도움을 줄 수 있게 실무 위주의 팔로업 교육을 진행한다.

　이런 기초 지식을 습득한 후에 FC 각자가 개별 신청해서 공소연 보험스쿨에 참여하게 되고 이 FC들은 놀라운 경험을 하게 된다.

　공소연 보험스쿨의 진행은 두 가지 방법으로 진행하고 있다.

　먼저 정기적으로 매주 토요일 오전 9시부터 13시까지 1회에 4시간 강의로 6주간 시행하는 정규 코스 보험스쿨과 보험사의 지점이나 지사 단위로 지점장들의 단체 신청을 받아서 신청 지점 FC들만 독자적으로 수강할 수 있는 개별적인 보험스쿨, 두 가지이다.

　보험스쿨의 정규코스는 1일 4시간 6주간 진행하지만, 단체 신청으로 진행되는 보험스쿨은 2+1일 코스로도 진행된다. 2+1일 코스는 처음 2일

코스는 1일 8시간씩 2일 강의 후 10일간 시차를 둔 후에 마지막 3일 차 교육을 진행한다. 10일간 시차를 두는 이유는 이 기간에 교육과정에 있는 과제를 제출해야 하기 때문이다.

 과제는 교육 중에 제공한 스크립트를 바탕으로 본인의 마켓에 맞도록 스크립트를 작성한 다음, 실전에서 상담하면서 녹음을 하거나, 사무실에서 동료와 R/P를 하면서 녹음을 하여 제출하는 것이다. 이렇게 제출한 과제는 강사가 직접 스크립트 교정 및 R/P 교정과 코칭을 해드리고 있다. 수강생들은 이 부분에서 가장 만족도가 높기도 하다.

 단체교육 단독 진행 신청은 사전에 미리 신청해야 한다. 왜냐하면, 공소연 보험스쿨은 6명의 전문 강사가 진행하기 때문에 각각 강사의 강의 스케줄을 조율해야 하기 때문이다.

- 6주 24시간으로 진행하는 보험금 청구와 보험 판매 실무교육

보험스쿨의 진행과정을 살펴보았다면 이제부터는 보험스쿨의 강의 내용을 설명하겠다. 공소연 보험스쿨의 강의 주제는 크게 두 가지이다. 이 두 가지를 가지고 보험스쿨의 정규 코스에서 어떻게 여러분에게 강의하는지 보험스쿨 정규코스 강의 스케줄로 설명하겠다.

첫 번째는 보험금 청구에 관한 주제이고 두 번째는 2차 보험금을 바탕으로 한 보험 판매에 대한 실무 위주의 교육이다.

첫 번째 보험금 청구에 대한 주제는 보험금 청구에 관하여 기초부터 실전에 적용할 수 있는 지식을 광범위하게 학습하는 시간이다. 그 이유는 현재 보험시장은 생명보험과 손해보험 등 영업적 경계가 모호해져서 FC가 고객에게 필요한 모든 보험을 취급할 수 있는 것이 커다란 영업적 이점이 된다. 또한, 서로 교차 판매가 가능하고, 아예 GA처럼 시작부터 다양한 상품군을 취급할 수도 있기 때문이다. 그래서 보험금 청구에 관해서는 4가지 주제로 13시간에 걸쳐서 4명의 전문 강사가 강의를 한다.

1주차 4시간은 손해사정 업무와 고객이 자주 하는 보험금 청구 유형에 관하여 4시간을 경험 많은 손해사정사가 강의한다. 이 4시간에는 손해사정이 필요한 이유를 필두로 FC나 고객들이 잘못 알고 있는 보험금 청구에 관한 상식과 보험금 청구 권리를 행사하려면 꼭 알아두어야 하는 내용으로 이루어져 있다.

잘못 알고 있는 상식들은

1) 청구하면 보험회사에서 알아서 다 처리해준다?
2) 금융감독원에 민원제기를 하면 구제받을 수 있다?
3) 고지위반 건의 경우 5년만 버티면 된다?
4) 수술하지 않을 경우 후유장해 대상이 아니다?
5) 보험회사와 분쟁 시 소송으로 가면 더 받을 수 있다?
6) 의료비 담보에서 가입금액이 큰 쪽으로 청구해야 한다?
7) 의사의 진단서 코드대로 지급이 된다?
8) 의료자문, 건강보험 급여내역, 국세청자료 동의해줘야 한다?
등이다.

그리고 꼭 알아야 하는 내용인
1) 재해와 상해의 차이
2) 해지, 무효, 취소란
3) 계약 후 알릴 의무(통지의무)
4) 청구권 소멸시효
5) 실효
등의 이론적인 내용과 고객의 의뢰를 해결해 주었던 실제 사례를 중심으로 강의가 진행된다.

2주차 4시간 강의는 생명보험과 손해보험의 약관설명과 FC나 고객이 자주 청구하지만, 보험금 청구에 관한 정확한 내용을 몰라서 불이익을 받고 논란이 되고 있는 보험금에 관해서 이론과 실례를 듣게 된다.
이 시간에는 CI보험에서 청구할 수 있는 질병과 생보, 손보에서 청구 가능한 질병의 실제 사례와 후유장해에 관하여 강의를 한다. 예를 들면 중대한 심근 경색증, 뇌에 있는 양성종양의 암 가능성, 척추에 관한 후유장해 등이다. 또한, 이 시간에 태아 보험, 장애인복지법에 따른 국가장애, 보훈장애 등도 개략적으로 공부하게 된다.

3주차 4시간 강의는 자동차 보험에 관한 보험금 청구를 자동차 보험금을 전문으로 청구해 주는 손해사정사가 다음의 주제로 이론과 실무를 사례 중심으로 강의한다.

1) 자동차 약관 이론
2) 자동차 보상 사례
3) 과실인정 기준 및 사례
4) 알아 두면 좋은 자동차보험 상식

예를 들면 FC가 영업 현장에서 고객들에게 자동차 사고에 대하여 가장 많이 받는 질문 중 하나는 '언제 합의해야 하고 얼마를 보험사에 요구하면 되는가?'이다. 그래서 이 시간에 자동차 사고 시 과실인정 기준과 보험금 산출 기준 등 실제 계산도 해볼 기회가 주어진다. 또한, 알아 두어야 하는 자동차보험 상식은 앞으로 FC 본인과 고객이 불이익을 당하지 않게 해줄 것이다.

3주차에는 또 배상책임 보험과 화재보험에 관한 전문 손해자격이 있는 경험 많은 손해사정사가 일상생활배상과 의료배상에 대한 보험금 청구와 화재 발생 시 받게 되는 화재보험의 보험금 청구에 관한 이론과 실사례를 들으면서 관련 지식을 습득하게 된다.
일상생활배상의 보험금 청구에 관하여 숙지하고 있으면 고객과 초회 면담에서 편하게 이야깃거리로 많이 사용할 수 있어 소개받은 고객과 처음 만남의 서먹한 시간을 많이 줄일 수 있는 장점이 있다.

　4주차 4시간 강의는 자살을 포함한 일반 사망과 재해 사망의 보험사 면책 건에 관하여 법무법인의 강의와 공소연에서 처음 제시하는 종신보험의 새로운 가치에 대하여 강의를 듣게 된다.
　먼저 자살에 관한 보험금 청구에 지식이 부족하여 보험사로부터 보험금 청구가 거절되었던 실제 면책 사례로 진실이 무엇이고 어떻게 고객이 정당하게 보험금을 받을 수 있는지에 대해 전문가의 강의를 들을 수 있다. 한마디로 자살도 법원에서 판단하는 심신상실 상태에서 자신을 해친 결과이면 법리해석을 통하여 일반사망 보험금과 재해사망 보험금까지 청구 가능하다.

　종신보험의 새로운 가치인 '인간의 존엄성을 지켜라'는 기존 종신보험 판매에서 가장의 사망 시 남아 있는 가족에 대한 사랑 실천, 즉 "이 세상에 없어도 유학을 보내는 가장이 있습니다."란 보험의 전통적인 가치가 초고령화 시대로 접어들면서 무너지는 시대 상황에 맞게 종신보험을 재조명하게 된다. 이에 논리적이고 과학적인 근거를 제시하므로 FC들이 실제 영업 현장에서 새롭게 종신보험을 판매할 수 있는 자신감을 갖게 해주는 든든한 초석이 될 것이다.
　여기서 다루는 주제는 공소연 종신보험 AP와 AP의 배경인 헬스케어, 암, 치매에 관한 방대한 통계자료를 바탕으로 강의를 듣게 된다.

　5주 4시간은 2차 보험금과 강력한 closing을 위해서 가족력과 유전력에 대한 지식 습득과 현재 A사 전국 5개 지점의 대표 지점장이면서 공소연 이사로 있는 강사가 종신보험의 새로운 가치와 판매 7단계에 대한 노하우를 전수한다.

　질병에 대한 가족력과 유전력은 FC가 고객과 응대 상황에서 추가 계약이나 가족력이 있는 질병을 공유할 가능성이 있는 가족을 소개받기 좋은 주제이고, 강력한 청약 크로징 화법이 된다. 이 화법을 자유롭게 활용할 수 있게 가족력과 유전력에 대한 일반적인 내용과 소개 요청 방법을 학습한다.

　이 책 공동저자이기도 한 이 강사의 강의는 실제 2차 보험금을 주제로 FC들이 현업에서 어떻게 고객에게 보험을 판매해야 하는지 등, 고능률 FC의 생생한 판매 7단계 노하우를 전수해 준다. 또 표준 RP 스크립트 여러 편을 통해 기초를 습득한 후에 이를 토대로 본인의 마켓에 맞게 실제 교육받는 수강생들이 직접 RP 대본을 작성해보는 시간도 갖는다.
　수강생들이 작성한 RP 대본은 친절하게 무한 수정을 봐주며 이를 통해서 공소연 보험스쿨을 수강한 FC들이 교육 수료 이후에도 혼자서 새로운 판매 7단계를 사용할 수 있는 기초를 마련해 주고 있다.

　마지막 6주차 4시간은 FC가 알아 두어야 할 약관 변경 상황과 2차 보험금 개념에 맞추어서 공소연에서 개발한 증권분석 툴에 관한 강의와 공소연에서 제시한 2차 보험금을 주제로 다양하게 현업에서 성공하고 있는 마케팅 성공 사례, 간단한 종합 테스트를 하고, 수료식을 통하여 공소연 보험스쿨 인증서를 수여하고 있다.
　FC가 약관 변경에 관하여 알아야 하는 이유는 보험사에서 판매한 같은 이름의 같은 보종의 보험도 판매연도에 따라서 보장내용이 다를 수 있기 때문이다. 대장의 경계성 종양 중에 2008년 3월 이전은 암으로 보상하지만, 2008년 이후에는 경계성 종양으로 보상하는 경우 등, 약관 변경

내용을 모르면 보상받을 수 없는 경우에 대비한 교육 시간이다.

이와 함께 공소연에서 개발한 증권 분석 툴과 방법을 숙지하면 보험 영업을 하는 다른 FC와 차별화를 추구할 수 있다. 이런 차별화를 통하여 고객에게 색다르고 진정한 프로 FC의 모습을 보여 줄 수 있다.

공소연 보험스쿨은 이렇듯 2차 보험금 마케팅을 공유함으로써 다양한 방법으로 발전하고 업그레이드된 보험 판매 방법을 알게 하며, 성공한 마케팅을 공유함으로써 교육에 참가한 FC들이 지속적으로 성장하고 성공하는 선순환의 성공구조를 만들고 있다.

마지막으로 수료증 수료식이다. 수료식 장면을 수강생 각자가 사진을 찍게 하고 FC 본인의 SNS에 활용하므로 자연스럽게 주변에 궁금증을 유발시킬 수 있다.

예로 카카오톡에 올려진 수료증과 사진에 '무슨 상장 받았어?' 하는 호기심 있는 질문에 자연스럽게 2차 보험금에 관한 이야기를 나눌 기회를 가질 수 있고 어렵지 않게 현업에 접목시키려는, 공소연의 작은 아이디어이다.

－ 미래 보험시장을 선점하는 공소연 보험스쿨

　6주간 24시간의 공소연 보험스쿨에서 2차 보험금에 관한 교육을 받은 FC와 그렇지 않은 FC와의 차이는 앞으로 크게 날 것이다. 단순히 보험금을 찾아 주는 단순한 차이가 아니다.
　2014년 7월 15일 금융위원회에서 발표한 보험혁신 및 건전화 방안에 관한 내용 중 보험금 지급 관련 공정성 제고에 관한 내용에는 공소연이 평소에 주장해 왔던 내용들이 입법화될 예정이다.
　그 내용은 보험금 청구와 지급 관련 보험업법 변경, 보험금 부지급 및 삭감 사례 안내, 보험사에서 고객에게 보험금 지급과 관련하여 제기한 소송 건수 공개, 보험금 지급 현황 조회 서비스 제공 등이다.

　사전에 공소연 보험스쿨에서 미리 수강한 FC들은 남들보다 먼저 새로운 시장을 선점하게 될 것이다. 한번 생각해 보라! 보험금 청구에 대해서 아무것도 모르는 친구에게 보험에 가입하겠나? 아니면 수억에서 몇만 원까지 확실하고 빠르게 보험금을 받게 해주는 공소연 FC에게 보험을 청약하겠나? 불 보듯 뻔하다.

　또한, 현재와 미래에 직면하게 될 보험시장의 변화가 2차 보험금을 공부한 FC에게는 커다란 기회가 될 것이다. 왜냐하면, 보험회사의 이익 구조를 살펴보면 그 답을 찾을 수 있다. 보험회사의 이익 구조는 비차이익, 이차이익, 사차이익 3가지이다.
　비차이익은 예정사업비율에 의한 사업비보다 실제 사업비가 적게 사용되었을 때 발생하는 이익을 말한다. 이차이익은 재산운영 결과 실제 이율이 보험료 계산에 사용한 예정이율을 초과했을 때에 생기는 이익금을 말한다. 사차이익은 보험사가 위험률 등의 관리를 잘해서 고객에게 거둔 보험료보다 적은 보험금을 돌려줘 남게 되는 이익이다.

　보험시장의 경쟁이 과열되고 저금리와 저성장 시대에 진입한 현재 우리나라의 경제 상황에서는 비차와 이차이익을 내기가 점점 어려워지고 있다.

　그러면 보험회사가 이익을 남기는 쉬운 방법 중 남은 것은 사차이익이다. 받은 보험료보다 나가는 보험금을 적게 주면 된다. 그래서 보험사가 보험금 청구 시 그렇게 주지 않으려는 것이고 자기 회사의 FC에게도 이를 알려주지 않는 이유이다.

　앞으로 보험사의 남은 이익 창출 방법은 언더라이팅 강화와 보험금 부지급을 통한 사차이익 실현이다. 이는 분명한 현실이기에 미래에도 여전히 보험금 청구에 관하여 억울한 사연이 많을 것이다.

　여기에 우리 FC들의 미래가 있다.
　권리 위에 잠자는 자는 보호 받지 못한다.
　공소연 보험스쿨과 함께 고객의 권리를 찾아 주는 동시에 보험시장의 새로운 블루오션에 동참하길 바란다.

◆ 보험스쿨 문의: 010-3334-1905
　　　　　　　　010-5490-2848
　　　　　　　　E-mail: gsc119@naver.com

공소연 보험스쿨 4단계

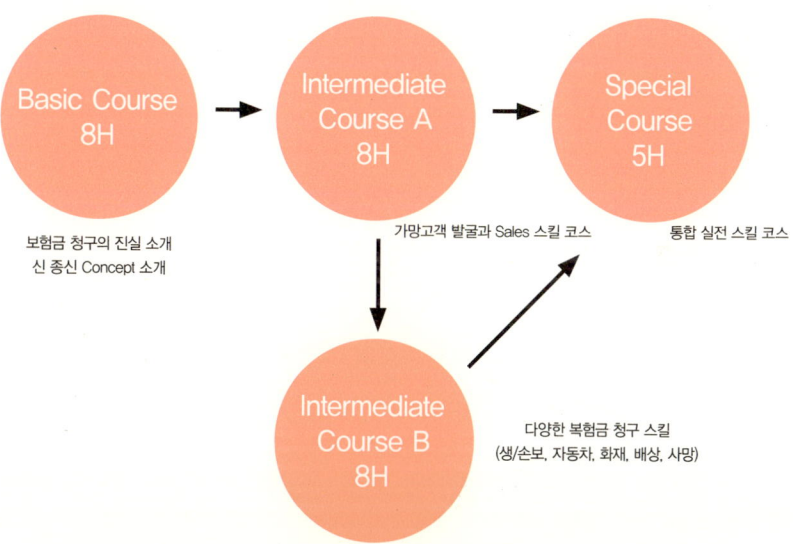

특징: 1) 보험회사가 알려주지 않는 보험금 청구 비밀과 보험금 청구를 이용한 가망고객 발굴 Program
      2) 보장성 보험 판매의 새로운 Sales 기법과 실전 비법 공개 Program

공익 소비자 보험 연구소 보험스쿨 4th STEP

	대 상	효 과
1단계	COT에 도전하고 싶은 FC	- 고액 종신보험 판매로 자산가 시장 진입. - 보험의 종합설계의 자신감을 갖는다. - 시장에서 보상 전문 FC로서 인정 받게 된다. - 자산가 시장에서 새로운 Sales 컨셉(세미나, CEO Plan)
2단계	MDRT 도전과 영업시장 확대를 원하는 FC	- 나도 3W 할 수 있다는 자신감을 얻게 된다. - 생보, 손보, 배상, 화재, 자동차 등 다양한 주제로 다양한 가망고객 발굴이 가능하게 된다. - 보험금 청구와 프로스펙팅 그리고 계약의 System을 통한 Sales Preocess 확립.
3단계	MDRT 달성 목표에 도전하는 FC	- 빽빽한 주간 스케줄을 보며 자신감을 갖는다. - Closing 능력의 한 단계 업그레이드 된다. - 고객이 스스로 소개해주는 경험을 한다. - 고객과의 만남에서 자신감이 생긴다.
4단계	- 맨날 고객이 없다는 FC - 영업에 대한 자신이 없는 FC - 고객을 만나면 할 말이 없다는 FC	- 타 FC와 차별화 된 자신감을 갖게 된다. - 고객이 먼저 FC에게 질문을 하며 관심 보인다. - 고객과 대화주제가 다양해지는 경험을 하게 된다. - 기존 고객 방문 시 소개와 추가 계약 기회를 얻는다.

■ Challenge of 2w Course

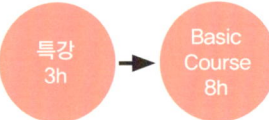

■ Challenge of MDRT Course

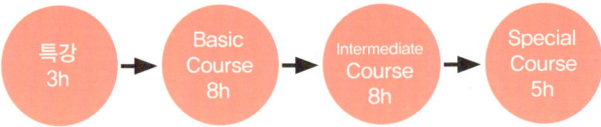

■ Challenge of COT Course

보험스쿨 참가자 특전

1) 성공 경험 공유 보험스쿨 밴드 가입 자격 부여
2) 보험스쿨 수료증 부여
3) 실시간 보상 전문가와 상담자격 부여

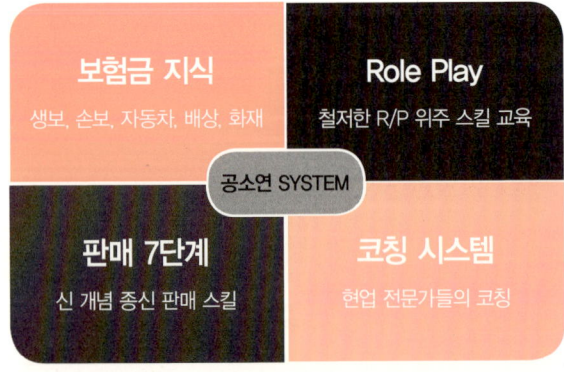

영업현장의 생생한 성공 스토리를 전해드립니다.

– 보험스쿨 수강 후기

　10년이 넘게 보험업에 종사했지만 2차 보험금에 관련한 이야기는 전혀 들어본 적이 없었는데 이번 기회를 통해 고객에게 도움이 되는 소중한 정보를 같이 나눌 수 있게 되었다. 많은 설계사가 이 책을 통해 정보를 함께 공유한다면 소중한 고객에게 도움이 되는 전문가로 거듭나는 기회가 될 것이라고 확신한다. 2차 보험금을 알게 된 후에 실적이 2배 이상 신장되었다. 이 정보를 알게 해준 공소연에게 깊은 감사를 드린다.

– 보험스쿨 수강자 최00

　45만 명 FC들의 가장 큰 고민은 만날 사람이 없다는 것이다. 보험스쿨은 그에 대한 해답을 제시해 주었다. 고객의 정당한 권리를 찾아주는 것이 보험 영업의 정도라는 것을 입증하는 컨셉이다. 이제 보험인으로서 자부심을 느낄 수 있다. 존경받는 보상 전문 FC로 거듭나는데 보험스쿨은 명확한 솔루션을 제공해 주고 있다.

– 보험스쿨 수강자 변00

　3W 230주를 달리고 있는 저로서도 매주 만날 사람에 대한 고민이 끊이지 않았었다. 그런데 보험스쿨을 수강한 후 그런 고민이 완전히 사라졌다. 앞으로 3W 500주까지 무난히 갈 것이라 생각한다. FC로서 진정한 고객 관리란 보장의 혜택을 올바로 찾아주는 것이라 믿는다. 앞으로도 고객의 이익을 대변해 주는 FC로서 든든한 보장 지킴이가 될 것이다. 또한, 실전에서 1년간 검증하고 성과를 낸 결과를 많은 보험인과 공유하기 위해 보험스쿨을 진행해주신 분들께 진심으로 감사드린다.

– 보험스쿨 수강자 김00

- 2차 보험금을 받은 고객의 한마디

　담당 설계사님을 통해서 생각지도 않았던 보험금 1,800만 원을 받았습니다. 보험에 대한 인식도 바뀌게 되었습니다. 보험은 꼭 필요합니다. 가장 힘들 때 가장 큰 힘이 되더라고요. 주변 친구, 가족들에게도 소개해줄 테니 잘 부탁드립니다.

- 대전에서 김OO

　감사의 표현을 안 할 수가 없어서 몇 자 적어 봅니다. 제가 조기 축구하다가 넘어져서 병원에서 치료받고 40만 원 받았습니다. 보험금을 더 받을 수 있다고 했을 때는 믿지 않았는데, 2,300만 원이나 더 받고 보니 무척 기분이 좋습니다. 앞으로도 계속해서 관리해 주시기 바라고 물질적으로 혜택을 받게 해주셔서 다시 한번 감사합니다.

- 부산에서 이OO

　팀장님 감사합니다. 우연한 기회에 뵙게 되어 잃어버릴 뻔한 돈을 찾게 해주셨네요. 십자인대 파열로 다시는 농구를 할 수는 없지만 큰 보상이 힘이 되네요. 다시 한번 감사드리고 더 많은 분께 이런 서비스 부탁드립니다.

- 일산에서 정OO

　자동차 사고로 압박골절이 생겨서 1차로 수술비와 입원비만 받고 끝났었는데, 2차 보험금을 받을 수 있다고 해서 혹시나 했는데 무려 1,800만 원이나 더 받았습니다. 감사합니다. 앞으로도 우리 가족 잘 부탁드립니다.

-수원에서 김OO

뇌경색으로 청구를 해서 당연히 보험금이 지급될 줄 알았는데, 열공성인지 뭔지 그건 해당 안 된다는 보험사의 말에 크게 좌절했었는데 이렇게 찾아와 도와주셔서 2천만 원이란 큰 금액을 받게 해주시니 정말 감사합니다. 또 그럴 일은 없어야겠지만 주위에 이런 일이 있다면 도움받을 수 있도록 많이 알려줘야겠습니다.

– 서울에서 이00

- 추천사

　보험금 수령과 관련하여 영업현장의 FC뿐만 아니라 계약자도 쉽게 이해할 수 있도록, 보험가입 후 빈번하게 발생하는 질병, 재해사고와 약관 지식을 일목요연하게 기술해 놓은 좋은 책이다. 이 책을 통해 보험인들이 보험을 더 쉽게 이해하고 친근하게 다가가는 계기가 되기를 바란다.

― 유퍼스트보험(주) 사장 전영

　급변하는 금융환경 속에서 보험에 가입하고도 혜택을 받지 못한다면 그것은 보험가입의 본질이 아니다. 이 책은 전문가가 면밀히 분석하여 보험 가입 전후에 일어날 수 있는, 보험가입자의 이해를 돕기에 충분한 정보가 들어 있다. 이러한 패러다임은 보험 영업에 새로운 기회가 될 것이라 생각한다.

― 김병기 대표이사 ChFCKorea평가인증주식회사

　수많은 보험 서적들은 그저 자신의 경험만을 토대로 동기부여를 목적으로 하는 반면에 이 책은 설계사뿐만 아니라 고객의 심금도 울리는 진정성을 담고 있다. 그리고 '인간의 존엄성'에 기초한 저자들의 종신보험에 대한 새로운 가치 조명은 영업 현장에서 힘들어하는 많은 동료에게 큰 도움이 될 것이라 확신한다. 이런 책을 집필해준 정영조 지점장과 김승환 대표에게 감사드린다.

― 전, 한국MDRT 회장 원승현 대표

　매달 만날 사람에 대한 고민과 한숨의 연속. 보험스쿨을 통해 9년간 앓앉던 체중이 확 달아났다. 보험의 혜택을 올바로 알려주고 도와주어 보험금을 받게 해주니 고객분께 "선생님 고맙습니다.", "우리 언니도 체크해주세요." 소리를 들으며 '을'이 아닌 선생님으로 상담을 의뢰받고, 이제는 당당히 보험의 가치를 자신 있게 전달할 수 있게 되었다. 종신 MDRT 회원도 자신 있다.

3W 230주, MDRT 4회 조경현 FC

　보험업에 입문한 후 최단기간에 TOT 달성과 Champion을 달성한 저자를 지켜보면서 그에게는 특별함이 있다고 생각했었다. 그는 영업을 할 때도 새로운 컨셉으로 차별화된 전략을 세웠고 매니저를 할 때도 그 탁월함을 이어갔었다. 금번에 출간할 책을 보면서 또다시 대한민국 보험업에 신선한 바람을 일으킬 거라는 확신이 든다. 보험의 진정한 가치를 새롭게 조명한 그의 2차 보험금 컨셉은 침체되어 있는 보험업계에 큰 반향을 일으킬 것이며 보험에 가입하고 있는 고객에게는 소비자의 권리를 찾아주는 이정표가 될 것이다.

- 김지영 매니저

　'이 책을 읽지 않고 보험인이라 말하지 말라.' 이 책의 첫 페이지를 펴는 순간 마지막 장을 넘길 때까지 나는 단 한 순간도 눈을 뗄 수가 없었다. 10여 년간 사명감과 긍지를 가지고 보장을 전달하면서도 2% 부족한 그 무엇이 늘 나의 가슴 한편을 짓누르고 있었는데, 이 책을 통해 그 실체를 알게 되었다. 그건 바로 고객이 제대로 보험금을 지급받을 수 있는 컨셉이었다. 이 책은 보험인의 마지막 미션을 완수할 수 있게 해주는 바이블이다.

- 한연호 매니저